Manual de linguística

Mário Eduardo Martelotta (org.)
Mariangela Rios de Oliveira – Maria Maura Cezario
Angélica Furtado da Cunha – Sebastião Votre
Marcos Antonio Costa – Victoria Wilson
Eduardo Kenedy – Márcio Martins Leitão
Roza Palomanes

Manual de linguística

editoracontexto

Capa e diagramação
Gustavo S. Vilas Boas

Preparação de textos
Daniela Marini Iwamoto

Revisão
Lilian Aquino

Dados Internacionais de Catalogação na Publicação (CIP)
(Câmara Brasileira do Livro, SP, Brasil)

Manual de linguística / Mário Eduardo Martelotta, (org.). –
2. ed., 12ª reimpressão. – São Paulo : Contexto, 2025.

Vários autores.
Bibliografia.
ISBN 978-85-7244-386-9

1. Linguística I. Martelotta, Mário Eduardo.

07-9635 CDD-410

Índice para catálogo sistemático:
1. Linguística 410

2025

Editora Contexto
Diretor editorial: *Jaime Pinsky*

Rua Dr. José Elias, 520 – Alto da Lapa
05083-030 – São Paulo – SP
PABX: (11) 3832 5838
contato@editoracontexto.com.br
www.editoracontexto.com.br

Ao Professor Anthony Julius Naro,
por sua valiosa contribuição
à Linguística brasileira.

Sumário

Apresentação

Mário Eduardo Martelotta

Este livro foi concebido para suprir as necessidades de alunos e professores nas salas de aula de linguística e de língua portuguesa em cursos de graduação em letras e em outras áreas, como fonoaudiologia e comunicação social.

Nesse sentido, resolvemos juntar esforços para elaborar um manual que nos fornecesse meios mais eficazes de executar a difícil tarefa de introduzir informações básicas acerca de uma ciência que é inteiramente desconhecida para a imensa maioria dos estudantes brasileiros que ingressam em uma universidade, além de apresentar uma série de discussões acerca da natureza da linguagem que ajudarão na formação desses alunos no decorrer de sua graduação. E mais: pretendemos cumprir essa tarefa, buscando estimular o estudante a fazer reflexões sobre a natureza e o funcionamento da linguagem, através de uma abordagem instigante, convidando-o a se aprofundar em seus estudos no sentido de participar de projetos de iniciação científica e, em seguida, partir para a pós-graduação.

Cientes das dificuldades – ou até da impossibilidade, se pensarmos na imensa quantidade de informação disponível – que tal tarefa impõe aos que tentam executá-la, buscamos selecionar o conteúdo transmitido a fim de harmonizar tradição e modernidade. Em outras palavras, o livro tenta conciliar algumas informações de caráter tradicional, buscando dialogar com outros manuais já publicados de conteúdo semelhante, com reflexões mais modernas, apontando as tendências que atualmente estão se delineando nas pesquisas acerca da linguagem.

Desse modo, este manual introdutório aos princípios da linguística discute os aspectos que caracterizam esse ramo do conhecimento como uma ciência, apresenta sua história e desenvolvimento, seus conceitos mais básicos e gerais, suas principais escolas teóricas, assim como os pontos em que apresenta interface com outras áreas de pesquisa, incluindo aí o ensino de línguas. Tudo escrito em uma linguagem simples e objetiva, por uma equipe de professores – todos especialistas nos assuntos sobre os quais escreveram – com grande experiência no ensino de linguística e língua portuguesa e que trabalham em várias universidades brasileiras, como Universidade Federal do Rio de Janeiro (UFRJ), Universidade Federal Fluminense (UFF), Universidade do Estado do Rio de Janeiro (UERJ), Universidade Federal do Rio Grande do Norte (UFRN) e Universidade Federal da Paraíba (UFPB).

Ao final de cada capítulo, é oferecida uma série de exercícios. Na maioria dos casos, trata-se de exercícios de fixação, ou seja, tarefas que o aluno conseguirá resolver com uma mera revisão do texto. Isso, é claro, não impede que ele busque, em outras fontes, as informações necessárias para uma resposta mais aprofundada, como também não impede que o docente proponha outras tarefas acadêmicas em torno dos pontos tratados em cada capítulo.

Por tudo isso, espero que este livro consiga atingir seu objetivo e contribuir, de alguma forma, para a divulgação das teorias linguísticas entre os alunos de graduação, bem como para a preparação dos alunos para a pós-graduação em linguística e língua portuguesa.

Finalizo agradecendo aos autores que participaram do livro, não apenas por terem feito um ótimo trabalho em seus textos, mas também por terem ajudado com uma leitura crítica dos outros capítulos. Pelo mesmo motivo, agradeço aos bolsistas de iniciação científica, aos mestrandos e doutorandos ligados ao Grupo de Estudos Discurso & Gramática, e aos colegas professores da UFRJ e de outras instituições por sua contribuição crítica em alguns textos.

Linguística e linguagem

Linguística

Angélica Furtado da Cunha
Marcos Antonio Costa
Mário Eduardo Martelotta

Conceituação

A linguística é definida, na maioria dos manuais especializados, como a disciplina que estuda cientificamente a linguagem. Essa definição, pouco elucidativa por sua simplicidade, nos obriga a fazer algumas considerações importantes. Primeiramente, precisamos determinar o que estamos entendendo pelo termo "linguagem", que nem sempre é empregado com o mesmo sentido. Precisamos também delimitar o que significa estudar *cientificamente* a linguagem.

Além disso, não podemos esquecer que existem outros ramos do conhecimento que, à sua maneira, também se interessam pelo estudo da linguagem. Isso nos leva a estabelecer alguns contrastes entre a linguística e algumas ciências ou disciplinas afins, de modo a delimitar seu campo de atuação.

A partir de agora tentaremos desenvolver algumas observações sobre os conceitos de linguagem e de língua, estabelecendo o que há de científico nos estudos elaborados na área da linguística. Além disso, buscaremos estabelecer diferenças entre essa disciplina e outros ramos do conhecimento que também se interessam em compreender a linguagem, bem como apresentar algumas áreas de aplicação das teorias linguísticas.

Linguagem e língua

O termo "linguagem" apresenta mais de um sentido. Ele é mais comumente empregado para referir-se a qualquer processo de comunicação, como a linguagem dos animais, a linguagem corporal, a linguagem das artes, a linguagem da sinalização, a linguagem escrita, entre outras. Nessa acepção, as línguas naturais, como o português ou o italiano, por exemplo, são formas de linguagem, já que constituem instrumentos que possibilitam o processo de comunicação entre os membros de uma comunidade.

Entretanto, os linguistas – cientistas que se dedicam à linguística – costumam estabelecer uma relação diferente entre os conceitos de linguagem e língua. Entendendo linguagem como uma habilidade, os linguistas definem o termo como a capacidade que apenas os seres humanos possuem de se comunicar por meio de línguas. Por sua vez, o termo "língua" é normalmente definido como um sistema de signos vocais[1] utilizado como meio de comunicação entre os membros de um grupo social ou de uma comunidade linguística.

Quando falamos, então, que os linguistas estudam a linguagem, queremos dizer que, embora observem a estrutura das línguas naturais, eles não estão interessados apenas na estrutura particular dessas línguas, mas nos processos que estão na base da sua utilização como instrumentos de comunicação. Em outras palavras, o linguista não é necessariamente um poliglota ou um conhecedor do funcionamento específico de várias línguas, mas um estudioso dos processos através dos quais essas várias línguas refletem, em sua estrutura, aspectos universais essencialmente humanos.

A linguística, como ocorre com outras ciências, apresenta diferentes escolas teóricas que diferem na sua maneira de compreender o fenômeno da linguagem. Em uma tentativa de apresentar uma visão mais geral e, sobretudo, imparcial em relação a essas escolas, propomos que a capacidade da linguagem, eminentemente humana, parece implicar um conjunto de características. Vejamos algumas delas:

a) Uma técnica articulatória complexa

Quando falamos em técnica articulatória, nos referimos a um conjunto de movimentos corporais necessários para a produção dos sons que compõem a fala. Esses movimentos envolvem desde a expulsão de ar a partir dos pulmões – através dos brônquios, da traqueia e da laringe – até sua saída pelas cavidades bucal e nasal.

A sutileza que caracteriza esses movimentos e, sobretudo, a particularidade que distingue os vários sons e sua função no sistema da língua fazem com que o domínio desse processo de produção vocal seja uma tarefa de complexidade tal que apenas a espécie humana parece ser capaz de realizar.

No que diz respeito à produção sonora dos elementos fonéticos, vejamos, por exemplo, a distinção entre /b/ e /p/. Ambos são oclusivos, bilabiais, orais. A única diferença entre eles é que /b/ é sonoro e /p/ é surdo. Ou seja, na pronúncia do /b/ a glote (espaço entre as cordas vocais) está semifechada, fazendo com que o ar, ao passar, ponha as cordas vocais em vibração. No caso de /p/, a glote está aberta, o que faz com que o ar passe sem dificuldade e sem causar a vibração das cordas vocais. Essa diferença articulatória é um traço distintivo no sistema da língua portuguesa, pois a troca de /p/ por /b/ (e vice-versa) leva a uma mudança de significado das palavras, como em "bote" e "pote".

A esse fato está associado o domínio que o falante tem sobre complexos fenômenos de ordem fonológica que caracterizam o uso diário de uma língua. Nesse sentido, são interessantes fatos como a troca de /e/ por /i/, por exemplo, que na oposição entre "pera" e "pira" causa uma modificação de sentido, mas na oposição entre /*menino*/ e /*minino*/ não.

Esses fenômenos demonstram que o uso da linguagem implica o domínio de um conjunto de procedimentos bastante complexos, associados não apenas à produção e percepção dos diferentes sons da fala, mas também aos efeitos característicos da distribuição funcional desses sons pela cadeia sonora.

b) Uma base neurobiológica composta de centros nervosos que são utilizados na comunicação verbal

Um exemplo que ilustra bem essa relação entre a linguagem e nossa estrutura neurobiológica pode ser visto nas afasias, que se caracterizam como distúrbios de linguagem provenientes de acidentes cardiovasculares ou lesões no cérebro. Desde meados do século XIX, a partir dos estudos de cientistas como Paul Broca e Karl Wernicke, ficou estabelecido que lesões ou traumatismos em determinadas áreas do cérebro provocam problemas de linguagem.

Broca propôs que, se as lesões ocorrem na parte frontal do hemisfério esquerdo do cérebro, elas causam, nas pessoas afetadas, uma articulação deficiente e uma séria dificuldade de formar frases sem que, no entanto, sua compreensão daquilo que as outras pessoas falam seja comprometida. Diz-se que os pacientes que apresentam esse problema sofrem de *afasia de Broca*.

Wernicke, por sua vez, percebeu que pacientes com lesão na parte posterior do lóbulo temporal esquerdo apresentavam problemas de linguagem diferentes dos descobertos por Broca. Embora conseguissem falar fluentemente, com boa pronúncia e com frases sintaticamente bem formadas, esses pacientes perdiam a capacidade de produzir enunciados com significado, assim como a capacidade de compreender a fala de outras pessoas. Costuma-se caracterizar essa deficiência como *afasia de Wernicke*.[2] A partir de então vêm sendo desenvolvidos estudos acerca da interface entre cérebro/mente/linguagem, caracterizando uma área de pesquisa normalmente chamada de neurolinguística ou afasiologia. Descobriu-se, por exemplo, que as áreas de Broca e de Wernicke são conectadas por um feixe de fibras chamado *fasciculus arcuatus*, cuja lesão gera um terceiro tipo de afasia chamado de *afasia de condução*.

O que queremos demonstrar com essas informações sobre as relações entre linguagem e estrutura neurobiológica é que o funcionamento da linguagem, tal como ocorre, está relacionado a uma estrutura biológica que o veicula.

c) Uma base cognitiva, que rege as relações entre o homem e o mundo biossocial e, consequentemente, a simbolização ou representação desse mundo em termos linguísticos

Associado a essa base neurobiológica está o que poderíamos chamar, para usar uma expressão simplificada, de *funcionamento mental*, ou seja, os processos associados à nossa capacidade de compreender a realidade que nos cerca, armazenar organizadamente na memória as informações consequentes dessa compreensão e transmiti-las aos nossos semelhantes em situações reais de comunicação. Podemos dizer que o termo *cognição* se relaciona a esse funcionamento mental e que, em linguística, existem diferentes teorias que descrevem esse funcionamento.

Para formarmos uma ideia bem geral de como a linguística trata esses fenômenos, é interessante traçarmos um breve histórico do modo como os linguistas compreenderam a relação entre o uso da linguagem e o funcionamento da mente ao longo da evolução dos estudos linguísticos. Começaremos da chamada *hipótese do relativismo linguístico*, que pode ser vista nas ideias apresentadas no início do século XX por Edward Sapir e Benjamin Lee Whorf.[3]

Segundo essa hipótese, cada língua segmenta a realidade de um modo peculiar e impõe tal segmentação a todos os que a falam. Isso significa que a linguagem é importante não só para a organização do pensamento, como também para a compreensão e categorização do mundo que nos cerca.

Vejamos um exemplo de como isso ocorre. Algumas línguas indígenas apresentam o mesmo termo para designar o sol e a lua. Isso significa, segundo essa teoria, que os falantes dessas línguas identificam esses dois objetos celestes como pertencentes a uma mesma categoria de coisas. Em nossa cultura, isso não acontece: temos nomes distintos para designá-los: "sol" e "lua". Isso se dá porque acreditamos se tratar de duas coisas de natureza diferente.

Assim, a linguagem determinaria a percepção e o pensamento: as pessoas que falam diferentes línguas veem o mundo de modos distintos. Por sua vez, as diferenças de significados existentes numa língua são relativas às diferenças culturais relevantes para o povo que usa essa língua. Os autores procuram mostrar, portanto, a importância que a linguagem tem na compreensão e na construção da realidade.

Essa forma de ver a linguagem foi mais tarde severamente criticada por Noam Chomsky e pelos linguistas gerativistas (ver o capítulo "Gerativismo"), os quais propõem uma visão de que o pensamento humano apresenta uma espécie de organização interna e universal, que, pelo menos em sua essência, pouco tem a ver com questões de caráter sociocultural.

Por sua vez, os linguistas sociocognitivistas (ver o capítulo "Linguística cognitiva") retomam a proposta relativista, atribuindo-lhe argumentos mais modernos: adotam a hipótese de que existem universais conceptuais que apenas motivam os conceitos humanos, mas que não têm a capacidade de prevê-los de modo definitivo. Segundo essa visão, os universais conceptuais não determinam o pensamento humano, pois sofrem a influência de fatores socioculturais.

Não é nosso objetivo, no momento, entrar nos detalhes associados às discussões sobre a natureza da estrutura cognitiva humana, e sim registrar o fato de que a capacidade da linguagem implica um tipo de organização mental sem a qual ela não existiria ou, pelo menos, não teria as características que tem.

d) Uma base sociocultural que atribui à linguagem humana os aspectos variáveis que ela apresenta no tempo e no espaço

A linguagem é um dos ingredientes fundamentais para a vida em sociedade. Desse modo, ela está relacionada à maneira como interagimos com nossos semelhantes, refletindo tendências de comportamento delimitadas socialmente. Cada grupo social tem um comportamento que lhe é peculiar e isso vai se manifestar também na maneira de falar de seus representantes: os cariocas não falam como os gaúchos ou como os mineiros e, do mesmo modo, indivíduos pertencentes a um grupo social menos favorecido têm características de fala distintas dos indivíduos de classes favorecidas.

Além disso, um mesmo indivíduo em situações diferentes usa a linguagem de formas diferentes. Quando está no trabalho, discutindo questões profissionais com seu chefe, por exemplo, o falante tende a empregar uma linguagem mais formal, mas em casa, conversando com os familiares, a tendência é o falante utilizar uma linguagem mais simples, com termos mais corriqueiros e populares.

É também importante registrar que nossas vidas, em função da evolução cultural, mudam com o tempo. Assim, as línguas acabam sofrendo mudanças decorrentes de modificações nas estruturas sociais e políticas. Podemos perceber isso com facilidade no vocabulário. Palavras referentes a objetos que não são mais utilizados desaparecem: é o caso de "mata-borrão",[4] por exemplo. Por outro lado, termos novos aparecem para designar novas atividades ou novos aparelhos surgem com o desenvolvimento cultural ou tecnológico: é o caso de uma série de termos utilizados na área da computação, como impressora, *scanner*, *software*, *pen drive,* entre outros.

Desse modo, podemos dizer que as línguas variam e mudam ao sabor dos fenômenos de natureza sociocultural que caracterizam a vida na sociedade. Variam pela vontade que os indivíduos ou os grupos têm de se identificar por meio da linguagem e mudam em função da necessidade de se buscar novas expressões para designar novos objetos, novos conceitos ou novas formas de relação social.

e) Uma base comunicativa que fornece os dados que regulam a interação entre os falantes

Como a linguagem se manifesta no exercício da comunicação, existem aspectos provenientes da interação entre os indivíduos que se revelam na estrutura das línguas. Um bom exemplo disso pode ser visto no processo de criação de formas novas e mais expressivas para substituir construções que perderam sua expressividade em função da alta frequência de uso.

A construção negativa dupla, como em "Não quero isso, não", ilustra bem esse ponto. No discurso falado no português do Brasil, a pronúncia do "não" tônico que precede o verbo frequentemente se reduz a um "*num*" átono, ou até mesmo a uma simples nasalização. Para reforçar a ideia de negação, o falante utiliza um segundo "não" no fim da oração, como uma estratégia para suprir o enfraquecimento fonético do "não" pré-verbal e o consequente esvaziamento do seu conteúdo semântico. Assim, o acréscimo do segundo "não" tem motivação comunicativa.

É interessante o fato de que em algumas áreas do Brasil, mais especificamente no Nordeste, desenvolveu-se uma tendência de utilizar apenas o segundo "não": "quero não", "sei não", e assim por diante. Essa estrutura frasal só é possível pela existência de um estágio intermediário em que, por motivos comunicativos, ocorre a negativa dupla mencionada anteriormente.

A linguística como estudo científico

Para proceder ao estudo científico da linguagem é necessário que se construa uma teoria geral sobre o modo como ela se estrutura e/ou funciona. O linguista busca sistematizar suas observações sobre a linguagem, relacionando-as a uma teoria linguística construída para esse propósito. A partir dessa teoria, criam-se métodos rigorosos para a descrição das línguas.

O estatuto científico da linguística deve-se, portanto, à observância de certos requisitos que caracterizam as ciências de um modo geral. Em primeiro lugar, a linguística tem um objeto de estudo próprio: a capacidade da linguagem, que é observada a partir dos enunciados falados e escritos. Esses enunciados são investigados e descritos à luz de princípios teóricos e de acordo com uma terminologia específica e apropriada. A universalidade desses princípios teóricos é testada através da análise de enunciados em várias línguas.

Em segundo lugar, a linguística tende a ser empírica,[5] e não especulativa ou intuitiva, ou seja, tende a basear suas descobertas em métodos rígidos de observação. Ou seja, a maioria dos modelos linguísticos contemporâneos trabalha com dados publicamente verificáveis por meio de observações e experiências.

Estreitamente relacionada ao caráter empírico da linguística está a atitude não preconceituosa em relação aos diferentes usos da língua. Essa atitude torna a linguística, primordialmente, uma ciência descritiva, analítica e, sobretudo, não prescritiva. Para tanto, examina e analisa as línguas sem preconceitos sociais, culturais e nacionalistas, normalmente ligados a uma visão leiga acerca do funcionamento das línguas.

A linguística considera, pois, que nenhuma língua é intrinsecamente melhor ou pior do que outra, uma vez que todo sistema linguístico é capaz de expressar adequadamente a cultura do povo que a fala. Desse modo, uma língua indígena, por exemplo, não é inferior a línguas de povos considerados "mais desenvolvidos", como o português, o inglês ou o francês.

Além disso, a linguística respeita qualquer variação que uma língua apresente, independentemente da região e do grupo social que a utilize. Isso porque é natural que toda língua apresente variações – de pronúncia (*falar* vs. *falá*; *bicicleta* vs. *bicicreta*), de vocabulário (aipim/macaxeira; abóbora/jerimum) ou de sintaxe (casa de Paulo/casa do Paulo) – que manifestam níveis semelhantes de complexidade estrutural e funcional. Desse modo, ao observar essas variedades da língua, os linguistas reconhecem sua relação com diferentes regiões do país, grupos sociais, etários e assim por diante.

A postura metodológica adotada na linguística, portanto, decorre naturalmente da definição do seu objeto e considera, sobretudo, que:

- todas as línguas e todas as variedades de uma mesma língua são igualmente apropriadas ao estudo, uma vez que interessa ao linguista a construção de uma teoria geral sobre a linguagem humana. Cabe ao pesquisador descrever com objetividade o modo como as pessoas realmente usam a sua língua, falando ou escrevendo, sem atribuir às formas linguísticas qualquer julgamento de valor, como certo ou errado. Isso significa dizer que a linguística é não prescritiva.
- a língua falada, excluída durante muito tempo como objeto de pesquisa, tem características próprias que a distinguem da escrita e constitui foco de interesse de investigação. Ou seja, a linguística, apesar de se interessar também pela escrita, apresenta interesse especial pela fala, uma vez que é nesse meio que a linguagem se manifesta de modo mais natural.

Como se pode concluir a partir do que foi visto até aqui, a linguística tem como objeto de estudo a linguagem humana através da observação de sua manifestação oral ou escrita (ou gestual, no caso da língua dos sinais). Seu objetivo final é depreender os princípios fundamentais que regem essa capacidade exclusivamente humana de expressão por meio de línguas. Para atingir esse objetivo, os linguistas analisam como as línguas naturais se estruturam e funcionam. A investigação de diferentes aspectos das diversas línguas do mundo é o procedimento seguido para detectar as características da faculdade da linguagem: o que há de universal e inato, o que há de cultural e adquirido, entre outras coisas.

Pode-se, portanto, dizer que a linguística executa duas tarefas principais: o estudo das línguas particulares como um fim em si mesmo, com o propósito de produzir descrições adequadas de cada uma delas, e o estudo das línguas como um meio para obter informações sobre a natureza da linguagem de um modo geral.

Linguística e sua relação com outras ciências

Uma vez afirmada como ciência, delimitando objeto e metodologia próprios, a linguística reivindica sua autonomia em relação às outras áreas do conhecimento. No passado, o estudo da linguagem se subordinava, por exemplo, às investigações da

Filosofia através da Lógica. Sobretudo a partir do início do século XX, com a publicação do *Curso de linguística geral* (marco inicial da chamada linguística moderna), obra póstuma do linguista suíço Ferdinand de Saussure, instaura-se uma nova postura, e os estudiosos da linguagem adquirem consciência da tarefa que lhes cabe: utilizando-se de uma metodologia adequada, estudar, analisar e descrever as línguas a partir dos elementos formais que lhes são próprios.

Entretanto, isso não significa dizer que a linguística encontra-se isolada das demais ciências e de outras áreas de pesquisa. Ao contrário, existem relações bastante estreitas entre elas, o que faz com que, algumas vezes, seus limites não se apresentem nitidamente. Desse modo, a caracterização dessas disciplinas é útil na medida em que permite delimitar mais claramente o campo de atuação da linguística, contrastando-o com o de outras ciências. Temos, assim, duas faces da relação entre linguística e as demais ciências.

Por um lado, essa relação é de interface: ciências que não têm a linguagem como seu objeto de estudo específico passam a se interessar por ela, porque a linguagem faz parte de alguns aspectos do seu objeto de estudo. Ou seja, quando falamos em interface, nos referimos a pontos de interseção entre a linguística e outras ciências. A sociologia, por exemplo, se interessa pelo estudo da linguagem, uma vez que a vida em sociedade só é possível em função da comunicação entre os indivíduos. Outros exemplos podem ser vistos na filosofia, que se ocupa da natureza da relação entre linguagem e realidade, e na psicologia, que, estudando o funcionamento da mente, interessa-se por essa habilidade essencialmente humana que é a linguagem.

Por outro lado, essa relação é de proximidade ou semelhança: linguística, gramática tradicional, filologia e, em menor grau, semiologia estudam específica e exclusivamente a linguagem, diferindo na concepção que possuem da natureza da linguagem, do foco que dão aos seus diferentes aspectos, dos objetivos a que se propõem e da metodologia que adotam. Vejamos, com mais detalhes, essa relação de proximidade ou semelhança entre a linguística e outras ciências, sem perder de vista o fato de que é extremamente difícil estabelecer uma fronteira clara entre duas áreas de conhecimento.

Linguística e semiologia

Comecemos estabelecendo uma distinção entre a linguística e a semiologia ou semiótica.[6] É difícil delimitar o campo de atuação da semiologia, mas costuma-se caracterizar esse campo de pesquisa como a ciência geral dos signos. Ou seja, a semiologia não se interessa apenas pela linguagem humana de natureza verbal, mas por qualquer sistema de signos naturais (a fumaça é um sinal de fogo, nuvens negras são um sinal de chuva, etc.) ou culturais (sinais de trânsito, gestos, formas de dança, etc.).

A semiologia surgiu a partir das ideias do linguista suíço Ferdinand de Saussure, para quem essa disciplina deveria se interessar pela relação entre linguagem e realidade e pela natureza da intermediação que os sistemas de signos fazem entre os indivíduos.

Para o linguista suíço, a linguística seria um ramo da semiologia, apresentando um caráter mais específico em função de seu particular interesse pela linguagem verbal. Na prática, entretanto, a semiologia vem se desenvolvendo separadamente da linguística como consequência do trabalho de não linguistas, sobretudo na França.

Independentemente da dificuldade de delimitar o campo dessas duas disciplinas, podemos apontar, como fator de diferenciação, um aspecto que parece estar presente na maioria dos manuais da disciplina: a linguística estuda a linguagem verbal, enquanto a semiologia, com seu caráter mais geral, interessa-se por todas as formas de linguagem.

Linguística e filologia

Quanto à diferença entre linguística e filologia, podemos dizer que a última é uma ciência eminentemente histórica, que por tradição se ocupa do estudo de civilizações passadas através da observação dos textos escritos que elas nos deixaram, com o intuito de interpretá-los, comentá-los, fixá-los e de esclarecer ao leitor o processo de transmissão textual.

Como ocorre com todas as ciências, o que é considerado campo de atuação dos estudos filológicos pode variar de acordo com diferentes autores. Alguns incluem no campo dessa ciência, por exemplo, o estudo da evolução das línguas, observando, entre outras coisas, as transformações sofridas pelas formas da língua – as palavras, seu emprego, a construção da frase – através da verificação de documentos cronologicamente sucessivos.

Um exemplo é o estudo da evolução do latim em direção às diferentes línguas românicas, tanto nos seus aspectos históricos (história externa) quanto estruturais (história interna). Esse campo de estudo tem sido chamado de filologia românica e busca descrever, de um lado, os aspectos políticos, sociais e históricos característicos do crescimento do Império Romano que tiveram influência na evolução da língua e, de outro, os aspectos linguísticos associados à mudança fonética, morfossintática e semântica.

Nesse sentido, alguns autores identificam a filologia com a linguística histórica,[7] cujo objetivo básico é o estudo comparativo entre as línguas a fim de classificá-las de acordo com as semelhanças que elas apresentam. Essa identificação, entretanto, não é consensual. Muitos autores veem o surgimento da linguística histórica como o advento da própria linguística, já que marca o desenvolvimento de uma análise voltada para a compreensão da própria estrutura das línguas, bem como o aparecimento de teorias mais consistentes acerca da mudança linguística.

Segundo essa visão, o campo de atuação da filologia se restringe ao estudo do texto escrito. Esse estudo engloba a exploração exaustiva dos mais variados aspectos do texto: linguístico, literário, crítico-textual, sócio-histórico, entre outros. Cabe à filologia interpretar e comentar os textos antigos a fim de fornecer as informações necessárias para sua compreensão: sentidos que, por ventura, as palavras possuíam num passado remoto ou recente, mas que se perderam; formas e usos linguísticos atualmente não utilizados, mas necessários para esclarecer-nos eventuais passagens obscuras de um texto. Além disso, a disciplina visa apresentar ao leitor o texto que mais se aproxima da última forma materializada pelo seu autor.

Assim, quando observa um determinado manuscrito, o filólogo deve saber de que época é a letra, se é texto original ou cópia, se o copista foi fiel ou se inseriu modernismos. Deve observar não apenas aspectos linguísticos, como, por exemplo, as características ortográficas, mas também aspectos não linguísticos, como a disposição da mancha, dos títulos, do uso diferenciado dos caracteres gráficos, do conjunto de ilustrações, entre outros fatores. Nesse sentido, a filologia busca levantar o contexto em que o texto foi produzido, o que inclui seu autor, sua época exata, suas condições de produção e tudo o que ajuda a compreender a sua estrutura.

Todo esse material desenvolvido pela filologia é muito importante para cientistas de outras áreas. Por exemplo, é fundamental para o estudioso da literatura porque fornece as informações necessárias para a caracterização do texto por ele estudado. É fundamental também para o linguista já que fornece para análise um material constituído de textos fidedignos, que refletem, com maior precisão, os diferentes momentos da evolução histórica de uma língua.

Podemos dizer, então, resumindo o que foi visto até aqui, que a filologia é uma ciência eminentemente histórica, ao contrário da linguística, cujo interesse é a compreensão do fenômeno da linguagem através da observação dos mecanismos universais que estão na base da utilização das línguas. Isso significa que o estudo chamado sincrônico,[8] desde Ferdinand de Saussure, é um procedimento válido entre os linguistas.

A filologia se interessa pelo estudo do texto escrito, enquanto a linguística, embora não despreze a escrita, se volta para a linguagem oral. Essa estratégia se justifica pelo fato de a fala refletir o funcionamento da linguagem de modo mais natural e espontâneo do que a escrita, que é mais planejada e, muitas vezes, retificada em nome de um texto mais elaborado. Isso faz da fala um material mais interessante para que se possa compreender o funcionamento da linguagem humana.

No campo da história das línguas, a filologia se limita a descrever as formas características das diferentes épocas da evolução histórica das línguas, tendo um caráter mais didático no sentido de que oferece informações básicas para a compreensão dessas formas. A linguística, por outro lado, ao desenvolver teorias mais consistentes com relação ao funcionamento da linguagem, tende a dar conta de alguns aspectos universais da mudança, transcendendo o nível meramente descritivo. Os linguistas não querem apenas saber como o latim gerou o português, o francês ou o italiano, por exemplo. Seu interesse recai sobre os mecanismos universais que regem a mudança linguística, procurando saber se a mudança ocorre, por exemplo, de geração para geração, se os fatores sociais ou interativos influenciam o processo. A relação entre mudança e variação demonstrada pela sociolinguística e a teoria da gramaticalização retomada no final do século xx pelos linguistas funcionalistas são exemplos de propostas mais universais de mudança linguística.

Linguística e gramática tradicional

Cabe agora diferenciar a linguística da chamada *gramática tradicional*. As pessoas frequentemente pensam que a linguística é a velha gramática ensinada nas escolas, avivada com alguns termos novos. Porém, a diferença entre ambas se manifesta em vários aspectos básicos.

Em primeiro lugar, devemos registrar que a gramática tradicional foi criada e desenvolvida por filósofos gregos. Representa uma tradição, que se iniciou em Aristóteles, de estabelecer uma relação entre linguagem e lógica, buscando sistematizar, através da observação das formas linguísticas, as leis de elaboração do raciocínio. Essa tradição tem, portanto, suas raízes na filosofia e predominou na base dos estudos gramaticais até o século xix, quando se desenvolveram novas teorias sobre a linguagem que caracterizariam o surgimento de uma nova ciência: a linguística.[9]

Além disso, essa tradição gramatical se caracterizava por uma orientação normativa, já que, ao tentar impor o dialeto ático como ideal, buscou instituir uma maneira correta de usar a língua. Vale ressaltar que essa concepção normativa é estranha à linguística, ciência que se propõe a analisar e descrever a estrutura e o funcionamento dos sistemas de língua, e não prescrever regras de uso para esses sistemas.

Os linguistas, portanto, estão interessados no que *é* dito, e não no que alguns acham que *deveria* ser dito. Eles descrevem a língua em todos os seus aspectos, mas não prescrevem regras de correção. É um equívoco comum achar que há um padrão absoluto de correção que é dever de linguistas, professores, gramáticos e dicionaristas manter. A noção de correção absoluta e imutável é alheia aos linguistas.

É verdade que, através da roda do tempo, um tipo de fala pode ser mais prestigiado do que outros, mas isso não torna a variedade socialmente aceitável mais interessante para os linguistas do que as outras. Tomemos como exemplo a variação na regência do verbo "assistir" quando ele significa "ver". Na língua falada usa-se comumente "assistir o jogo", e não "assistir ao jogo", que representa a forma-padrão utilizada preferencialmente na escrita.

É importante observar que os critérios de correção que privilegiam a forma-padrão em detrimento da coloquial não são estritamente linguísticos, mas decorrem de pressões políticas e/ou socioculturais. Isso significa que, em termos linguísticos, não há nada em uma forma de falar que a caracterize como correta ou errada. As formas consideradas corretas são, na realidade, aquelas utilizadas pelos grupos sociais predominantes.

Cabe ainda mencionar que essa posição dos linguistas em relação à noção de correção é um reflexo de seu trabalho como cientistas da linguagem, que observam, sem preconceitos, todas as formas de expressão a fim de compreender a natureza da linguagem. Entretanto, é evidente que essa posição não deve ser estendida para o ensino de língua materna sem um mínimo de reflexão.

Os linguistas têm plena consciência da importância da norma-padrão para o ensino do português e reconhecem que o aprendizado ou não desse padrão tem implicações importantes no desenvolvimento sociocultural dos indivíduos.

Nesse sentido, é válido dizer que para a linguística não há formas de expressão corretas ou erradas, mas adequadas ou não aos diferentes contextos de uso. É tão inadequado o uso de formas não padronizadas da língua por parte de um deputado ao discursar na Câmara, por exemplo, quanto a utilização por parte desse mesmo deputado de uma linguagem formal, marcada pelas regras do padrão culto, quando ele estiver nas ruas pedindo votos para as pessoas humildes.

Uma segunda diferença importante entre a linguística e a gramática tradicional é que os linguistas consideram a língua falada, e não a escrita, como primária. Qualquer atividade de escrita representa um processo mais sofisticado e adquirido mais tardiamente, como comprovam as seguintes observações gerais: começamos a falar antes de aprender a escrever, falamos mais do que escrevemos em nossa rotina diária, todas as línguas naturais foram faladas antes de serem escritas. Ao longo dos anos, os gramáticos têm enfatizado a importância da língua escrita, em parte por causa de seu caráter permanente reforçado pela padronização da ortografia e pelo advento da imprensa.

A prática educativa tradicional insiste em moldar a língua de acordo com o uso dos *melhores autores clássicos*, mas os linguistas olham primeiro para a fala, que cronologicamente precedeu a escrita em todas as partes do mundo. Vale notar que, enquanto todas as comunidades humanas existentes, ou que já existiram, possuem a capacidade de se comunicar através da fala, o sistema de escrita, pelo que se sabe, existe há seis ou sete mil anos no máximo. Por outro lado, há ainda hoje línguas desprovidas de tradição escrita, as chamadas línguas ágrafas, como, por exemplo, algumas línguas indígenas brasileiras e algumas línguas africanas.

Os linguistas, portanto, consideram as formas faladas e escritas pertencentes a sistemas distintos, já que exibem diferentes padrões de gramática e vocabulário e seguem regras de uso que lhes são específicas. Logo, embora sobrepostos, esses sistemas devem ser analisados separadamente: a fala primeiro, depois a escrita.

Do que foi exposto, podemos concluir que, em virtude da natureza complexa do objeto de estudo da linguística, torna-se difícil – se não impossível – traçar com clareza os limites dessa disciplina ou mesmo enumerar com segurança suas tendências de análise que, como é comum em qualquer ciência, variam de acordo com diferentes autores ou escolas.

Aplicações

A linguística está longe de ser uma disciplina homogênea; ao contrário, é um vasto território com muitas noções e orientações teóricas em competição. Assim sendo, ela oferece muitas opções para a pesquisa aplicada, e muitos ramos ou teorias linguísticas são fortemente orientados para a resolução de questões práticas que envolvem a linguagem.

Nos últimos anos, tem-se registrado o crescimento de uma tendência aplicada, comprometida com a utilização dos resultados da pesquisa linguística e de outras áreas do conhecimento com vistas à resolução de problemas da vida cotidiana que envolvem o uso da linguagem.

Comecemos pela chamada linguística aplicada. Segundo alguns autores, o termo "linguística aplicada" surgiu na metade da década de 50 do século passado, quase simultaneamente na Inglaterra e nos Estados Unidos, motivado talvez pelo desejo dos professores de língua de se distinguirem dos professores de literatura e de se associarem a algo mais científico e objetivo, como a linguística.

Embora ainda não haja um consenso quanto ao escopo e critérios definidores dessa área do conhecimento, é evidente que ela está se tornando uma disciplina reconhecida que vem ampliando seus domínios. Em sua origem, a linguística aplicada tem sua atuação voltada para o ensino de línguas, especialmente de línguas estrangeiras, buscando, para isso, subsídios de teorias referentes à linguagem, sejam elas provenientes da linguística, da filosofia da linguagem ou de qualquer outra área afim.

A literatura especializada frequentemente emprega uma definição operacional de linguística aplicada: a linguística aplicada é uma abordagem multidisciplinar para a solução de problemas associados à linguagem. Logo, é uma característica central dessa disciplina o fato de que ela está relacionada a tarefas, orientada para problemas, centrada em projetos e guiada para a demanda. Para cumprir seus objetivos, ela se fundamenta primeiramente, mas não exclusivamente, na linguística, já que esta é a disciplina que fornece informações que tratam exclusivamente da linguagem. Contudo, a linguística aplicada não está preocupada em descrever a linguagem em si mesma e, portanto, busca conhecimento também em uma variedade de outras ciências sociais, indo da antropologia, teoria educacional, psicologia e sociologia até a sociologia da aprendizagem, a sociologia da informação, a sociologia do conhecimento, etc. É, portanto, um campo interdisciplinar.

Para tentar descrever a que tipos de aplicação a linguística se pode prestar, duas questões amplas devem ser respondidas: primeiro, que parte da linguística pode ser utilizada nos problemas baseados na linguagem que a linguística aplicada se propõe a mediar? Segundo, que tipos de problemas podem ser resolvidos através da mediação da linguística aplicada? Pode-se dizer que virtualmente todas as áreas da linguística contribuem para a linguística aplicada. Nesse sentido, informação relevante pode vir da fonologia, sintaxe, semântica, linguística textual, sociolinguística e psicolinguística, por exemplo. Os tipos de problemas com os quais a linguística aplicada está envolvida podem ser identificados como problemas de comunicação de um modo geral, sejam eles entre indivíduos, comunidades de indivíduos ou nações.

Um exame superficial dos títulos dos artigos publicados nas revistas de linguística aplicada revela algumas tendências. Grande volume desses trabalhos está relacionado, de um modo ou de outro, ao ensino e aprendizagem de língua, incluindo aspectos de alfabetização, letramento,[10] aquisição e aprendizagem de línguas estrangeiras, elaboração de testes e material educacional de língua. A parte remanescente se divide em quatro categorias amplas, que incluem política e planejamento linguísticos, usos profissionais da linguagem, comportamento linguístico desviante e bilinguismo, multilinguismo e multiculturalismo. São essas as áreas em que a linguística aplicada tem estado ativa, intervindo nos modelos teóricos e nos praticantes, numa via de mão dupla, ajudando a trazer preocupações teóricas a situações concretas e, ao mesmo tempo, expandindo a teoria ao trazer essas situações problemas e questões que não foram (ou não foram adequadamente) focalizados pela teoria. A relação entre linguística e linguística aplicada é, pois, simbiótica.[11] A colaboração da linguística aplicada em projetos linguísticos tem contribuído para disseminar um maior conhecimento na comunidade letrada da natureza da linguagem e do seu papel na sociedade, além de ter despertado uma disposição entre os linguistas aplicados de examinar conceitos de outras disciplinas e determinar sua relevância para a linguística aplicada.

Num contexto em que o ensino de línguas tem sido encarregado da *proteção* ou *defesa* da linguagem *correta,* a linguística tem sido aplicada, em maior ou menor grau, em contextos de aprendizagem de língua (ver o capítulo "Linguística e ensino"). Os estudiosos da língua têm usado informações linguísticas em tarefas educacionais, e os professores de língua têm se debruçado sobre as descobertas dos estudiosos para definir tanto o que será ensinado em sala de aula quanto o modo como será ensinado. Nesse sentido, a aplicação de informações linguísticas na resolução de problemas reais não pode ser considerada uma orientação recente.

As aplicações da linguística não se restringem, porém, ao domínio do ensino de línguas ou ao campo de atuação da disciplina denominada linguística aplicada; outras áreas utilizam, produtivamente, as descobertas teóricas da pesquisa linguística para fins práticos, como a afasiologia, a inteligência artificial, a tradução automática e o desenvolvimento de *softwares* capazes de traduzir a fala humana em escrita e vice-versa.

Em questões de natureza clínica, o tratamento e reabilitação de pacientes com problemas de fala, como afasia ou mal de Alzheimer, por exemplo, tem se beneficiado recentemente com a incorporação de conteúdos linguísticos em cursos que formam terapeutas da fala. Psicolinguistas e neurolinguistas têm procurado entender como a linguagem é processada no cérebro e como os vários danos cerebrais afetam tanto a memória linguística quanto a produção linguística.

Em contextos forenses, a linguagem tem se tornado um campo de estudo em ascensão. Analisam-se conversações para descobrir conspiração, ameaças, difamação e outras questões pertinentes à lei. O uso da linguagem em contextos legais afeta não apenas como um advogado apresenta seu caso à corte, mas também como se percebe a veracidade de um testemunho, a escolha dos membros do júri, a compreensão das instruções para os jurados, a transcrição de registros de julgamentos, a admissão de evidências no julgamento e a força do testemunho de especialistas.

Os progressos na área da tecnologia da comunicação também requerem informação linguística sofisticada. Na área das telecomunicações, engenheiros elétricos e eletrônicos contam com a colaboração de especialistas em fonética para, por exemplo, aumentar o número de conversações em um único circuito de telefone. A participação da linguística aplicada é especialmente notável em projetos que lidam com o reconhecimento automático da fala, a síntese automática do discurso, tradução automática, inteligência artificial e campos afins.

Em resumo, há vários domínios em que a linguística pode ser aplicada produtivamente. Dependendo do propósito da aplicação, as disciplinas relevantes a esses propósitos vão variar. A relação entre disciplinas e os domínios da linguística aplicada é paralela à relação entre, por exemplo, de um lado, a engenharia, a matemática, a física, a química, etc., e, de outro lado, os objetivos do engenheiro em determinadas circunstâncias práticas.

Exercícios

1) Faça um comentário acerca do conceito de "linguística" apresentado no início do texto: "disciplina que estuda cientificamente a linguagem".
2) Que argumento(s) poderia(m) ser usados para privilegiar a análise da língua falada?
3) Aponte um aspecto que caracterize a relação entre a linguagem e nossa estrutura neurobiológica e comente sua escolha.
4) Que aspectos caracterizam a linguística como o *estudo científico da linguagem*?
5) Estabeleça uma distinção entre linguística, filologia e semiologia.
6) Cite algumas áreas em que os resultados da pesquisa linguística podem ser aplicados.

Notas

1 Cabe registrar a existência da chamada língua dos sinais, utilizada pelos surdos, em que não há signos vocais, mas visuais. O sistema de comunicação dos surdos é considerado uma língua pela grande maioria dos autores, já que, embora não se constitua de sinais sonoros, apresenta as características básicas das línguas naturais.

2 As zonas cerebrais afetadas nas afasias de Broca e de Wernicke são chamadas respectivamente de *área de Broca* e *área de Wernicke*.

3 Linguistas norte-americanos que, na primeira metade do século XX, ajudaram a criar a tradição dos estudos linguísticos nos EUA.

4 Papel próprio para absorver a tinta fresca.

5 O termo "empírico" deve ser entendido aqui como uma atitude de buscar a comprovação empírica dos fatos, ou seja, que as hipóteses levantadas pelos linguistas sejam comprovadas através da observação dos dados.

6 O termo "semiologia" está relacionado à tradição saussuriana, constituindo uma tradução do francês *sémiologie*. O termo "semiótica" (de *semiotics*, em inglês) está associado ao trabalho, desenvolvido nos Estados Unidos, pelo filósofo Charles Sanders Peirce.

[7] Essa identificação provavelmente tem sua origem no fato de o linguista Georg Curtius, no século XIX, ter colocado a filologia clássica no campo da linguística.

[8] Segundo Saussure, o termo "sincrônico" relaciona-se ao estudo de um língua em um determinado momento de sua evolução histórica, em oposição ao estudo "diacrônico", que se caracteriza pela comparação entre dois momentos diferentes da evolução da língua através do tempo.

[9] Essa concepção de uma base lógica e universal para a linguagem, abandonada pelos primeiros estruturalistas, foi retomada por Chomsky em meados da década de 1950 e caracteriza até hoje os estudos gerativistas. Entretanto, essa posição não se estende a outras escolas linguísticas da atualidade nem predomina em estudos atuais da filosofia da linguagem.

[10] O termo "letramento" refere-se ao processo de ensino/aprendizagem de leitura e produção textual, com vistas à formação cidadã, à inserção social plenamente participativa.

[11] "Simbiose" é um termo da biologia que designa a associação entre dois ou mais seres de espécies diferentes da qual todos tiram vantagem. O exemplo mais citado é o líquen, que é constituído pela simbiose de uma alga e de um cogumelo.

Funções da linguagem

Mário Eduardo Martelotta

Quando nos deparamos com a expressão "funções da linguagem", devemos inicialmente nos perguntar em que sentido o vocábulo "função" está sendo empregado. Trata-se de um termo de difícil definição, já que, além de ser utilizado com acepções distintas por autores diferentes, não é raro um mesmo autor lhe atribuir significados um pouco distintos.

Entretanto, deixando de lado questões teóricas mais complexas, podemos atingir uma boa compreensão do termo, apelando para o conceito de função que empregamos no nosso dia a dia. Se alguém nos perguntasse qual a função do apagador na sala de aula, não teríamos dificuldade em responder que, como o próprio nome sugere, tal objeto serve para apagar o quadro. Do mesmo modo, não teríamos problemas em enumerar funções de ferramentas como o martelo ou a chave de fenda.

Mas, quando se trata de algo abstrato e complexo como a linguagem, a pergunta se torna mais difícil de responder: qual a função – ou as funções – da linguagem? Poderíamos propor que a função da linguagem é transmitir informações de um indivíduo a outro ou de uma geração a outra. Mas essa visão se mostra, no mínimo, ingênua quando presenciamos o seguinte diálogo entre duas pessoas que se encontram na rua: um deles pergunta "Como vai? Tudo bem?", o outro responde com a mesma pergunta "Como vai? tudo bem?", e ambos continuam seu caminho com a consciência de ter cumprido plenamente seu papel social. Não podemos dizer que, em casos como esse, tenha ocorrido, de fato, transmissão de informação.

Se a linguagem possui diferentes funções, associadas a comportamentos enraizados na vida social que transcendem a mera transmissão de informações, como delimitar essas funções? Vários cientistas tentaram responder a essa pergunta, como o psicólogo alemão Karl Bühler e linguistas como Roman Jakobson e, mais recentemente, M. A. K. Halliday. Passaremos a analisar a proposta de Jakobson.

As funções da linguagem segundo Jakobson

Segundo o autor, a linguagem apresenta uma variedade de funções, mas, para que possamos compreender cada uma delas, devemos levar em conta os elementos constitutivos de todo ato de comunicação, que estão abaixo arranjados:

CONTEXTO

REMETENTE MENSAGEM DESTINATÁRIO

....

CONTATO

CÓDIGO

Devemos entender desse quadro que, para que haja comunicação, não basta que um remetente envie uma mensagem a um destinatário, pois, para que essa mensagem seja compreendida, é necessário que ela preencha algumas condições. Isso significa que uma mensagem eficaz requer:

a) Um *contexto* apreensível pelo destinatário

Estamos aqui diante de outro termo de difícil definição. A noção de "contexto" remete ao próprio conteúdo referencial da mensagem, ou seja, às informações que fazem referência à realidade biossocial que circunda nossa vida e que estão em evidência na mensagem transmitida. Nesse sentido, podemos dizer que as informações, na prática, nunca se limitam ao conteúdo da mensagem em si. Ou seja, a interpretação adequada de uma frase pode, por exemplo, depender de informações transmitidas em frases proferidas anteriormente (contexto linguístico) ou de dados referentes ao local, ao momento da comunicação ou mesmo ao tipo de relação entre os interlocutores (situação extralinguística).

Quando ouvimos, por exemplo, alguém proferir uma frase como "Passei muitos exercícios na aula de hoje", acionamos um conjunto de conhecimentos referentes à estrutura de uma aula, que são necessários para que possamos compreender plenamente o conteúdo dessa frase. Sabemos de antemão que aulas são eventos diários, o que nos permite compreender, sem problemas, a expressão "aula de hoje". Temos conhecimento, através de nossa vivência escolar, de que exercícios de fixação fazem parte do procedimento, assim como sabemos como eles são normalmente ministrados. Essas informações, embora não estejam expressas na frase, são evocadas pelo destinatário no processo de decodificação e sem elas não seria possível uma interpretação adequada.

Ampliando um pouco mais a noção de contexto, podemos dizer que o termo abrange todas as informações referentes às condições de produção da mensagem: o emissor, o destinatário, o tipo de relação existente entre eles, o local e a situação em que a mensagem é proferida, entre outras coisas. Nesse sentido, se a frase acima fosse enunciada por um professor de português, por exemplo, assumiria um sentido diferente daquele que apresentaria se tivesse sido dita por um professor de ginástica, já que, no segundo caso os exercícios seriam de natureza física.

Resumindo, para que o destinatário possa compreender a mensagem, precisa conhecer um conjunto de informações que vai desde elementos relacionados ao momento da produção dessa mensagem até dados referentes ao conhecimento do assunto em pauta. A esse conjunto de conhecimentos podemos chamar de contexto.

b) Um código que seja conhecido por remetente e destinatário

O termo "código" constitui um conjunto de sinais ou signos convencionados para promover a comunicação entre as pessoas. São códigos as línguas faladas no mundo como o português ou o italiano, assim como suas correspondentes escritas. São também códigos a língua de sinais utilizada pelos surdos, os painéis de sinalização de trânsito, o código Morse, entre outros.

Não é difícil compreender que, para que se dê a comunicação, remetente e destinatário têm de utilizar e conhecer razoavelmente o mesmo código. Um japonês que não fale português e um brasileiro que não conheça japonês certamente terão muitas dificuldades de se comunicar; a solução para seu problema seria buscar outro código para se comunicarem entre si: gestos, outra língua mais conhecida como o inglês, etc.

c) Um contato ou canal físico e uma conexão psicológica entre remetente e destinatário que permita a troca de informações

"O termo canal" refere-se ao meio pelo qual é transmitida a mensagem. No caso da comunicação verbal em presença, considera-se que o ar, através do qual as ondas sonoras se propagam, é o canal transmissor. No caso de comunicação a distância, o telefone é um canal de comunicação, assim como as faixas de frequência de rádio, por exemplo. Podemos compreender, então, que um remetente localizado no Ceará terá dificuldades de se comunicar com alguém que esteja no Rio Grande do Sul, a menos que consiga utilizar algum canal de comunicação. Nesse caso, telefone ou e-mail são algumas das alternativas possíveis.

Por outro lado, como uma frase nunca traz todas as informações necessárias para a compreensão adequada da mensagem, como dissemos ao analisar a noção de contexto, a comunicação é essencialmente uma atividade cooperativa. É fundamental, portanto, algum tipo de interesse comum que crie uma conexão psicológica entre os participantes, sem a qual a comunicação seria prejudicada.

Com base nesses elementos constitutivos do ato da comunicação, Jakobson estipulou seis funções da linguagem, cada uma centrada em um desses elementos. Vejamos:

1) *Função referencial* – consiste na transmissão de informações do remetente ao destinatário. Essa função está centrada no contexto já que reflete uma preocupação em transmitir conhecimentos referentes a pessoas, objetos ou acontecimentos. Podemos pensar como exemplos dessa função as notícias apresentadas em um veículo de informações como o jornal.

2) *Função emotiva* – consiste na exteriorização da emoção do remetente em relação àquilo que fala de modo que essa emoção transpareça no nível da mensagem. Essa função está centrada no próprio remetente, já que é sua emoção que está em jogo na mensagem. Um exemplo de função emotiva está em uma situação em que um indivíduo, ao tentar martelar um prego, acerta o próprio dedo e profere um palavrão. Em mensagens marcadas por esta função, podemos detectar a emoção do remetente na entonação que usa (é difícil imaginar um locutor narrando uma partida de futebol com uma entonação sonolenta já que sua tarefa também é passar a emoção do jogo) ou em sua escolha vocabular (entre as frases "Ele saiu de casa" e "O canalha abandonou o lar", a segunda é certamente mais emotiva já que reflete um envolvimento do falante com a situação).
3) *Função conativa* – consiste em influenciar o comportamento do destinatário. Essa função está centrada no destinatário, já que ele é o alvo da informação. Um bom exemplo de função conativa é a propaganda, cuja função básica é persuadir o público a comprar um produto, votar em um político ou agir de determinada maneira.
4) *Função fática* – consiste em iniciar, prolongar ou terminar um ato de comunicação. Está, portanto, centrada no canal, já que não visa propriamente à comunicação, mas ao estabelecimento ou ao fim do contato, refletindo também a preocupação de testar o contato, checar o recebimento da mensagem e, em muitos casos, tentar manter o contato. Um exemplo disso podemos ver na utilização do termo *alô*, no telefone, para indicar que estamos na escuta, prontos para o que o interlocutor tem a dizer.
5) *Função metalinguística* – consiste em usar a linguagem para se referir à própria linguagem. Centrada no código, essa função se justifica pelo fato de os humanos utilizarem a linguagem para se referir não apenas à realidade biossocial, mas também aos aspetos relacionados ao código ou à linguagem utilizados para esse fim. Os verbetes de dicionário são um bom exemplo desse tipo de função, já que dão pistas do significado das palavras.
6) *Função poética* – consiste na projeção do eixo da seleção sobre o eixo da combinação dos elementos linguísticos. Centrada na mensagem, essa função caracteriza-se pelo enfoque na mensagem e em sua forma.

Para que possamos compreender essa definição, temos de nos lembrar daquilo que Jakobson caracterizou como os dois tipos básicos de arranjos utilizados no processo verbal: *seleção* e *combinação*. Nesse sentido, podemos dizer que, ao formar uma frase, inicialmente o falante *seleciona* as palavras que melhor expressam suas ideias naquela situação de comunicação. Além disso, o falante *combina*, de acordo com as regras sintáticas de sua língua, as palavras selecionadas, de modo que elas constituam um enunciado que faça sentido para o interlocutor.

Mas voltemos à definição proposta por Jakobson para função poética. Como compreender a noção de *projeção do eixo de seleção sobre o eixo da combinação*? Para isso precisamos entender que a combinação das palavras se manifesta na superfície da frase, sendo, portanto, perceptível para o ouvinte. Por outro lado, a seleção constitui um processo de cunho psicológico, que normalmente não é visível na estrutura da frase. Como o ouvinte poderia perceber que o falante escolheu os termos da frase que acabou de transmitir? Seguindo Jakobson, isso ocorre em mensagens caracterizadas por rimas, jogos de palavras, aliterações e outros processos de natureza estilística, que sugerem uma escolha mais cuidadosa das palavras. Vejamos os versos de Chico Buarque apresentados abaixo:

A gente faz hora, faz fila na vila do meio-dia
Para ver Maria
A gente almoça e só se coça, e se roça, e só se vicia.

Podemos notar, nos versos acima, repetições de sons e rimas. A presença desses recursos demonstra que essas palavras foram escolhidas de modo meticuloso para, nesse caso especificamente, criar o efeito estético que caracteriza o discurso poético. Ou seja, em função desses recursos, o eixo da combinação se projeta sobre o da seleção, ficando também evidente na superfície da frase. Esse é um bom exemplo de função poética.

É importante registrar aqui que a função poética não está presente apenas em textos literários. Segundo Jakobson, a função poética não é exclusiva da arte verbal, mas predominante nela. Isso significa que podemos encontrá-la também em ditados e expressões populares (ex.: "água mole em pedra dura tanto bate até que fura" e "por fora bela viola, por dentro pão bolorento") ou em *slogans* de propaganda (ex.: "Quem é vivo faz seguro de vida no fundo Itaú", em que a palavra "vivo" recebe, ao mesmo tempo, duas interpretações: "que está vivo" e "esperto").

Aliás, Jakobson chama atenção para o fato de que, embora, para efeito de análise, possamos distinguir essas seis funções, na prática, elas não são exclusivas. Ou seja, uma mesma mensagem apresenta mais de uma dessas funções, de modo que a decisão referente a qual a função que caracteriza uma mensagem é mais uma questão de decidir a ordem hierárquica de funções do que de escolher apenas uma.

Exercícios

1) Apresente uma definição para o termo "contexto" e comente sua importância, segundo a teoria das funções da linguagem, para a compreensão de uma mensagem.
2) As propagandas de televisão podem ser caracterizadas como apresentando o predomínio de que função da linguagem? Justifique sua resposta.
3) Levando em conta o texto abaixo, responda o que se pede:

Em código

Fui chamado ao telefone. Era o chefe de escritório de meu irmão:

– Recebi de Belo Horizonte um recado dele para o senhor. É uma mensagem meio esquisita, com vários itens, convém tomar nota: o senhor tem um lápis aí?
– Tenho. Pode começar.
– Então lá vai. Primeiro: minha mãe precisa de uma nora.
– Precisa de quê?
– De uma nora.
– Que história é essa?
– Eu estou dizendo ao senhor que é um recado meio esquisito. Posso continuar?
– Continue.
– Segundo: pobre vive de teimoso. Terceiro: não chora, morena, que eu volto.
– Isso é alguma brincadeira.
– Não é não, estou repetindo o que ele escreveu. Tem mais. Quarto: sou amarelo, mas não opilado. Tomou nota?
– Mas não opilado – repeti tomando nota. – Que diabo ele pretende com isso?
– Não sei não senhor. Mandou transmitir o recado, estou transmitindo.
– Mas você há de concordar comigo que é um recado meio esquisito.
– Foi o que eu preveni ao senhor. E tem mais. Quinto: não sou colgate, mas ando na boca de muita gente. Sexto: poeira é minha penicilina. Sétimo: carona, só de saia. Oitavo...
– Chega! – protestei estupefato. – Não vou ficar aqui tomando nota disso feito idiota.
– Deve ser carta em código, ou coisa parecida – e ele vacilou: – Estou dizendo ao senhor que também não entendo, mas enfim... Posso continuar?
– Continua. Falta muito?
– Não, está acabando: são doze. Oitavo: vou, mas volto. Nono: chega à janela, morena. Décimo: quem fala de mim tem mágoa. Décimo primeiro: não sou pipoca, mas também dou meus pulinhos.
– Não tem dúvida, ficou maluco.
– Maluco não digo, mas como o senhor mesmo disse, a gente fica até com ar meio idiota... Está acabando, só falta um. Décimo segundo: Deus, eu e o Rocha.
– Que Rocha?
– Não sei: é capaz de ser a assinatura.
– Meu irmão não se chama Rocha, essa é boa!
– É, mas que foi ele que mandou, isso foi.

Desliguei atônito, fui até refrescar o rosto com água para poder pensar melhor. Só então me lembrei: haviam-me encomendado uma crônica sobre essas frases que os motoristas costumam pintar, como lema, à frente dos caminhões. Meu irmão, que é engenheiro e viaja sempre pelo interior fiscalizando obras, prometera ajudar-me, recolhendo em suas andanças farto e variado material. Ele viajou, o tempo passou, acabei me esquecendo completamente o trato, na suposição de que o mesmo lhe acontecera. Agora, o material ali estava, era só fazer a crônica. Deus, eu e o Rocha! Tudo explicado: Rocha era o motorista, Deus era Deus mesmo, e eu, o caminhão.

(Fernando Sabino, *A mulher do vizinho*. Rio de Janeiro/ São Paulo: Record, 1962)

a) Defina o termo código e diga por que a mensagem recebida pelo narrador foi caracteriza como "carta em código".
b) Ao se lembrar de que o irmão havia ficado de recolher frases de caminhão para que ele pudesse juntar material para uma crônica, o narrador compreendeu imediatamente o sentido da mensagem. Relacione esse fato com o conceito de "contexto".
c) Retire do texto trechos que exemplifiquem cada uma das seis funções da linguagem.

Dupla articulação

Mário Eduardo Martelotta

Desde o século XIX, os linguistas aceitam como verdade que *a linguagem humana é articulada*. De fato, a articulação é uma das características essenciais da linguagem humana, sendo apontada como um dos principais aspectos que a diferenciam da comunicação dos animais.

A noção de articulação

Para compreendermos bem a noção de articulação, devemos lembrar que os termos "articulação" e "articulado" derivam do diminutivo *articulus* do latim *artus* (que significa "articulações dos ossos", "membros do corpo"). Assim, "articulado" significa "constituído de membros ou partes".

Afirmar que a linguagem humana é articulada significa dizer, portanto, que os enunciados produzidos em uma língua não se apresentam como um todo indivisível. Ao contrário: podem ser desmembrados em partes menores, já que constituem o resultado da união de elementos, que, por sua vez, podem ser encontrados em outros enunciados.

Vejamos abaixo uma sentença possível em língua portuguesa:

Os violinistas tocavam músicas clássicas

Essa sentença – como qualquer sentença em qualquer língua – é divisível em unidades menores. Podemos dividi-la, por exemplo, em cinco vocábulos:

Os / violinistas / tocavam / músicas / clássicas

Isso significa que, para formar sentenças como essas, o falante escolhe, entre os vocábulos armazenados em sua memória, aqueles que no contexto têm o efeito significativo desejado, articulando-os de acordo com as regras de formação de sentenças de sua língua. Cada um desses vocábulos, portanto, constitui um elemento autônomo, podendo vir a ocorrer em outras sentenças, dependendo dos interesses comunicativos do falante.

Mas, continuando a nossa análise da sentença em foco, observamos que cada um desses vocábulos resulta da união de unidades morfológicas, o que significa que a sentença pode ser dividida em elementos ainda menores. Vejamos alguns dos vocábulos:

O/s	violinista/s	música/s	clássica/s
O/∅	violinista/∅	música/∅	clássica/∅

Nesses quatro vocábulos, notamos a oposição entre, de um lado, a presença do elemento -s e, de outro, a sua ausência, que marcamos com o símbolo (∅): "os" vs. "o", "violinistas" vs. "violinista", e assim por diante. A retirada do elemento -s acarreta uma diferença no valor do vocábulo, que perde a marca de plural, passando para o singular. Isso significa que o elemento -s é responsável pela expressão da noção de plural: por isso é tradicionalmente chamado *desinência de número*. E, quando quisermos colocar uma palavra no plural, acrescentar a desinência -s é a estratégia mais comum: "sala<u>s</u>", "caneta<u>s</u>", "lua<u>s</u>", "carro<u>s</u>", e assim por diante.

É claro que nem sempre os vocábulos se limitam ao radical e à desinência de número. "Violinista", "música" e "clássica", por exemplo, podem ainda ser divididas em outros elementos menores:

Violin/ista	músic/a	clássic/a
Violin/o	músic/o	clássic/o

O elemento -a que se liga ao radical da palavra "música" é uma vogal temática. É muito difícil definir com poucas palavras as funções da vogal temática, mas podemos dizer que ela ajuda a distinguir os vocábulos em classes e subclasses. Já o elemento -a de "clássica" indica o gênero feminino, por oposição a "clássico", sendo normalmente classificado como desinência de gênero.

O elemento -ista, de "vilolinista", por sua vez, indica "a pessoa que pratica um ofício, uma ocupação", ocorrendo em outras formações, como "artista", "paisagista", só para citar algumas. Associados aos radicais violin-, music-, clássic-, o sufixo -ista, a vogal temática -a- e a desinência -a constituem elementos que comumente compõem a estrutura morfológica de vocábulos portugueses.

O que ocorre com nomes (substantivos e adjetivos) pode ocorrer com verbos, embora, no caso dos verbos, os elementos morfológicos sejam um pouco diferentes. É o que podemos observar com a forma verbal "tocavam":

Tocava/m
Tocava/∅
Toca/∅
Toc/o

No caso da forma verbal "tocavam", o elemento -m indica que o verbo está na terceira pessoa do plural, o -va- é uma marca de pretérito imperfeito do indicativo (já que a retirada desses elementos implica a perda desses valores) e a vogal temática -a- indica que se trata de um verbo da primeira conjugação.

Todos esses elementos, assim como ocorre com a desinência de plural -s e o sufixo -ista, dão alguma informação acerca do sentido do vocábulo ou acerca de sua estrutura gramatical. Alguns linguistas têm um nome genérico para designar esses elementos: *morfemas*. Os morfemas identificam-se com radicais, vogais temáticas, prefixos, sufixos e desinências e constituem a menor unidade significativa da estrutura gramatical de uma língua.

Levando em conta os morfemas, a sentença ficaria dividida, então, da seguinte maneira:

O/s / violin/ista/s / toc/a/va/m / músic/a/s / clássic/a/s.

Mas ainda podemos dividir essa sentença em elementos menores, chamados *fonemas*. Desse modo, por exemplo, todas as palavras da sentença podem ser divididas em unidades de base sonora, assim como demonstramos abaixo com os vocábulos "músicas" e "clássicas":

músicas: /m/, /u/, /z/, /i/, /k/, /a/, /s/
clássicas: /k/, /l/ /a/, /s/, /i/,/k/, /a/, /s/

Esses fonemas são unidades de natureza diferente dos morfemas, pois fazem parte da estrutura fonológica das línguas. São utilizados para formar o corpo sonoro do vocábulo e possuem função distintiva, já que a troca de um pelo outro acarreta uma mudança no sentido da palavra, como ocorre com a troca de /k/ por /m/ na palavra "tocavam": "tocavam" vs. "tomavam". É importante compreender que /k/ não é um morfema, porque não indica informação alguma acerca do sentido ou da estrutura gramatical da palavra "tocavam". Entretanto, é um elemento estrutural importante na medida em que é capaz de distinguir vocábulos.

Agora temos condições de entender por que se diz que a linguagem humana é *articulada*: porque se manifesta através de sentenças resultantes da união de elementos menores. E podemos também compreender o termo "dupla articulação": existem dois tipos diferentes de unidades mínimas: os *morfemas* e os *fonemas*. Os primeiros são elementos significativos, já que, como vimos anteriormente, dão alguma informação acerca da estrutura semântica ou da estrutura gramatical dos vocábulos. Os segundos são elementos não significativos, tendo função distintiva. Vejamos de modo resumido:

1ª articulação ou morfologia: Constituída de elementos dotados de significado ou morfemas.
Os elementos da primeira articulação ou morfemas in–, -feliz- e -mente compõem o vocábulo "infelizmente":

in/felizmente
∅/feliz/mente
feliz/∅

2ª articulação ou fonologia:	Constituída de elementos não dotados de significado ou fonemas. Os elementos da segunda articulação ou fonemas /g/, /a/, /l/ e /a/ compõem o vocábulo "gala":

gala	gala	gala	gala
mala	gula	gata	galo

A economia da articulação

Esse tipo de organização baseada em um sistema de dupla articulação, que caracteriza todas as línguas de todas as partes do mundo, tem uma razão de ser: é aquela que melhor se adapta às necessidades comunicativas humanas, permitindo que se transmita mais informação com menos esforço.

A questão da economia fica clara quando pensamos nos casos menos comuns em nossa língua de formação de feminino por heteronímia. Ou seja, casos como os de "homem/mulher", "cavalo/égua", "boi/vaca", entre outros, em que se tem um vocábulo para designar o masculino da espécie e outro vocábulo totalmente diferente para designar o feminino.

Não é difícil perceber a pouca praticidade desse processo. Se todos os vocábulos masculinos possuíssem, como correspondentes femininos, vocábulos inteiramente distintos, as línguas constituiriam um sistema comunicativo muito pesado. Os dicionários, que normalmente apresentam em torno de duas mil páginas, teriam de apresentar, no mínimo quatro mil. E nossa memória? Conseguiria armazenar tantas palavras acessíveis no dia a dia? Certamente a dificuldade seria maior. Muito mais fácil é o artifício que as línguas naturais desenvolveram: um processo de combinação de partes. No português, por exemplo, há um morfema -a cuja função é indicar feminino; portanto, não precisamos criar palavras diferentes para designar feminino, basta colocar o morfema -a no final do vocábulo: "cantor/cantora", "professor/professora", "aluno/aluna", e assim por diante.

Imaginem agora o mesmo processo para a flexão de número: se para indicar o plural tivéssemos de utilizar um vocábulo totalmente diferente daquele que indica o singular da espécie, aquele dicionário que já teria quatro mil páginas passaria a ter mais de sete mil, e nossa memória, já carregada, certamente não daria conta de tanta informação. Muito mais prático é utilizar o elemento -s, indicador de plural, ao vocábulo, como fazemos em "bolo/bolos", "mesa/mesas", e em vários outros casos.

Exercícios

1) Indique, por meio de comparações, os elementos da primeira articulação de:

   maldade, escuridão, anormalidade, desestruturássemos, desarmarás, explicar, incomum, deslealdade, imoralidade, recontávamos, descosturariam, exportar

2) Faça o mesmo para os elementos da segunda articulação de:

   fala, cana, calo, onda, passo, carro

3) Com base na afirmativa abaixo, disserte sobre o conceito de gramática:

   > O vocábulo "deslealmente" é composto dos elementos da primeira articulação des-, - leal- e - mente. É importante observar, entretanto, que esses elementos se ligam segundo uma determinada ordem, já que algo como "mentelealdes" ou "lealdesmente" não faz sentido em português.

Conceitos de gramática

Mário Eduardo Martelotta

No capítulo "Dupla articulação", vimos que os enunciados linguísticos resultam da combinação de unidades menores. Na construção desses enunciados, os falantes unem morfemas para formar vocábulos, vocábulos para formar frases e frases para formar unidades ainda maiores, que compõem o discurso. Essas unidades podem ser caracterizadas como universais, já que todas as línguas são articuladas – possuem fonemas, morfemas, palavras, frases – e não apresentam diferenças significativas quanto à natureza dessas unidades.

As questões que colocamos agora são: *Como se dá essa combinação? Os falantes combinam os elementos na frase do modo como bem entendem ou existem restrições impostas pelas línguas no que diz respeito a esse processo? Se existem restrições, qual a sua natureza? Elas provêm dos padrões de correção de uso da língua impostos pela comunidade? São arbitrárias? Refletem o funcionamento natural da mente humana, sendo, portanto, universais?* Podemos dizer que essas questões retratam as preocupações básicas do cientista que deseja compreender a natureza e o funcionamento das línguas naturais e constituem o tema deste capítulo, que busca apresentar, resumidamente, como essas perguntas foram respondidas pelos que se interessaram sobre o assunto ao longo da evolução dos estudos linguísticos.

Para começar, devemos levar em conta que os falantes não combinam os elementos do modo como querem, já que sua língua apresenta restrições quanto a esse processo. Quando pretendemos, por exemplo, utilizar a desinência *-s* para designar o plural de um vocábulo em português, sabemos que devemos encaixá-la no final desse vocábulo, e não no início ou no meio (casa/casa*s*). Restrições de combinação desse tipo existem em todos os níveis gramaticais e se aplicam a todos os elementos linguísticos. Vejamos como isso ocorre no nível da frase:

a) O aluno entregou o trabalho.
b) O trabalho o aluno entregou.
c) ?Entregou o aluno o trabalho.
d) *Aluno o entregou trabalho o.

Podemos ver, no exemplo (a), o que seria a estrutura sentencial mais comum do português contemporâneo: apresenta a ordenação sujeito-verbo-objeto e seus sintagmas nominais exibem a estrutura artigo-substantivo. A inversão apresentada em (b), embora não tão corriqueira, pode ser encontrada em enunciados reais, sobretudo em contextos em que, por algum motivo, se quer dar ênfase ao sintagma *o trabalho*, o que indica que algumas tendências sintáticas têm motivação discursiva. A inversão apresentada em (c) é ainda menos comum (e pode parecer estranha ou agramatical a certos falantes, daí a dúvida expressa pela interrogação antes da frase), embora seja possível encontrá-la em contextos de alta formalidade, sobretudo na língua escrita. Entretanto, a estrutura apresentada em (d) não é possível em nossa língua: não podemos, em circunstância alguma, colocar os artigos depois dos substantivos (*aluno o*, *trabalho o*), já que seu lugar no sintagma é a posição anterior aos substantivos a que se referem (*o aluno*, *o trabalho*).

Neste ponto já sabemos que os falantes não combinam unidades de qualquer modo. Eles seguem tendências de colocação que parecem estar associadas ao conhecimento geral que possuem de sua própria língua, que lhes permite formular e compreender frases em contextos específicos de comunicação. Resta agora saber qual é a natureza desse conhecimento ou, mais especificamente, dessas restrições de combinação.

Desde a Antiguidade Clássica, os estudiosos da linguagem vêm sugerindo interpretações que reflitam a natureza e funcionamento das línguas, bem como propostas de sistematização descritiva apoiadas nessas interpretações. Com a evolução dos estudos linguísticos, essas interpretações foram sendo aperfeiçoadas, abandonadas e até mesmo retomadas em função de novas descobertas científicas. O conjunto dessas interpretações e descrições acerca do funcionamento da língua recebe o nome de *gramática*.

Aqui é importante fazermos uma distinção entre dois sentidos do termo "gramática". Por um lado, esse vocábulo pode ser usado para designar o funcionamento da própria língua, que é o objeto a ser descrito pelo cientista. Nesse sentido, gramática diz respeito ao conjunto e à natureza dos elementos que compõem uma língua e às restrições que comandam sua união para formar unidades maiores nos contextos reais de uso. Por outro lado, o termo é utilizado para designar os estudos que buscam descrever a natureza desses elementos e suas restrições de combinação. Nesse segundo sentido, "gramática" se refere aos modelos teóricos criados pelos cientistas a fim de explicar o funcionamento da língua. Quando aqui falarmos em concepções de gramática, como a *gramática tradicional*, a *gramática histórico-comparativa*, entre outras, estaremos utilizando o segundo sentido.

A partir de agora analisaremos algumas dessas concepções de gramática que, ainda hoje, encontramos nos manuais de linguística e língua portuguesa. Como cada gramática implica uma concepção da língua que descreve, buscaremos apresentar informações básicas acerca da concepção de língua a ela relacionada, assim como da metodologia específica por ela adotada na abordagem do fenômeno linguístico.

Gramática tradicional

A gramática tradicional, também chamada de gramática normativa ou gramática escolar, é aquela que estudamos na escola desde pequenos. Nossos professores de português nos ensinam a reconhecer os elementos constituintes formadores dos vocábulos (radicais, afixos, etc.), a fazer análise sintática, a utilizar a concordância adequada, sempre recomendando correção no uso que fazemos de nossa língua. Entretanto, raramente nos é dito o que é esse estudo, qual sua origem, como ele se desenvolveu e com que finalidades. Tentaremos aqui, de modo bastante resumido, suprir essas informações, buscando argumentar que, principalmente por apresentar uma visão preconceituosa do uso da linguagem, a gramática tradicional não fornece ao estudioso da linguagem uma teoria adequada para descrever o funcionamento gramatical das línguas.

A chamada gramática tradicional, utilizada como modelo teórico para a abordagem e o ensino da nossa língua nas escolas, tem origem em uma tradição de estudos de base filosófica que se iniciou na Grécia antiga. Os filósofos gregos se interessaram por estudar a linguagem, entre outros motivos, porque queriam entender alguns aspectos associados à relação entre a linguagem, o pensamento e a realidade.

Desse modo, os gregos discutiram questões como, por exemplo, a relação entre as palavras e as coisas que elas designam: alguns viam nas palavras a imagem exata do mundo, outros, vendo-as como criações arbitrárias dos seres humanos, consideravam-nas incapazes de refletir, de modo perfeito, a realidade. A palavra "lápis", por exemplo, deveria ser vista como apresentando uma relação natural com o objeto que ela designa ou como uma mera invenção humana, utilizada para designar arbitrariamente esse objeto? Questões como essas estiveram presentes nas reflexões dos filósofos da Grécia antiga, entre eles, Platão.

O que melhor caracteriza, entretanto, essa tradição é a visão, inaugurada por Aristóteles, de que existe uma forte relação entre linguagem e lógica. Desenvolveu-se a partir daí a tendência de considerar a gramática um estudo relacionado à disciplina filosófica da lógica, que trata das leis de elaboração do raciocínio. Segundo essa visão, a linguagem é um reflexo da organização interna do pensamento humano. Essa organização interna é universal, já que, por ser inerente aos seres humanos, se manifesta em todas as línguas do mundo.

Para Aristóteles, a lógica seria o instrumento que precede o exercício do pensamento e da linguagem, oferecendo-lhes meios para realizar o conhecimento e o discurso. Assim, a lógica aristotélica buscava descrever a forma pura e geral do pensamento, não se preocupando com os conteúdos por ela veiculados. Outro aspecto ligado à visão aristotélica que devemos levar em conta é o fato de que o mundo em que vivemos possui existência independente de nossa capacidade de expressá-lo. Ou seja, conhecemos o mundo exterior pelas impressões que provoca em nossos sentidos, e a linguagem seria, portanto, uma mera representação de um mundo já pronto, um instrumento para nomear ideias preexistentes. Esses princípios caracterizam o que alguns autores chamam de *fundacionalismo* e outros de *realismo*.

Ao lado dessa preocupação de caráter filosófico, a gramática grega apresentava uma preocupação normativa, ou seja, assumia a incumbência de ditar padrões que refletissem o uso ideal da língua grega. Podemos ver a tendência normativa da gramática grega na atitude de impor o dialeto ático[1] como ideal.

Para que possamos compreender como essa tradição chegou aos dias de hoje, devemos nos lembrar de que os princípios básicos da gramática grega foram adotados pelos romanos e adaptados à língua latina. Gramáticos importantes como Prisciano e, sobretudo, Varrão deram valiosas contribuições para a evolução do conhecimento gramatical. Entretanto, os romanos dedicaram maior atenção ao aspecto normativo, já que o crescimento de seu império tornava imprescindível uma unificação linguística.

Na época medieval, o latim permaneceu como língua da erudição, adquirindo ainda mais prestígio por ser adotada pela Igreja. Assim, a atitude normativa permanece, mas dessa vez com o objetivo de conservar o latim puro como língua universal de cultura entre as novas línguas vernáculas.

A partir do século XVI, quando se elaboraram as primeiras gramáticas das línguas faladas no mundo da época, as gramáticas latinas foram fonte de inspiração, já que o latim, por seu prestígio como língua de expressão culta, servia como modelo para as novas línguas: quanto mais parecidas com o latim fossem as novas línguas, melhores elas seriam. Sendo assim não era de se admirar que nos tempos modernos a gramática latina tenha servido de base para a descrição das línguas vernáculas da Europa.

Nos séculos XVII e XVIII, as reflexões sobre a natureza da linguagem, assim como as análises de sua estrutura, deram continuidade às propostas gregas. A chamada *Gramática de Port Royal*, publicada em 1660, retoma de forma vigorosa a visão aristotélica da linguagem como reflexo da razão e busca construir, tendo como base a lógica, um esquema universal de linguagem, que estaria subjacente a todas as línguas do mundo. Essa visão de base aristotélica perde força com o surgimento dos primeiros linguistas no século XIX, sendo apenas mais tarde retomada por Chomsky e pelos linguistas gerativistas.

Com base no que foi exposto até aqui, podemos fazer algumas reflexões acerca do poder explanatório da proposta teórica aqui chamada de *gramática tradicional*. Comecemos por seu caráter normativo, criticado, de um modo geral, pela linguística moderna. Não há como negar que existe uma influência dos padrões de correção impostos pela gramática sobre as restrições de combinação dos elementos linguísticos, que tende a crescer à medida que aumenta o nível de escolaridade do falante ou o grau de formalidade exigido pelo contexto de uso. Entretanto, propor que as restrições de combinação se explicam basicamente pelos ideais de correção não parece ser uma boa estratégia, já que todas as línguas do mundo apresentam, em número extremamente elevado, construções alternativas aos padrões gramaticais, como é o caso de construções portuguesas como "A gente vamos lá", "Eu vi ele", "Isso é pra mim fazer", entre outras que são combatidas pelas normas gramaticais. Isso significa que o uso da língua não está regido, pelo menos em sua essência, pelos padrões de correção.

Ao contrário do que se vê nessa tradição, é um processo natural que toda língua mude com o tempo e apresente, em um mesmo momento, variações com relação aos usos de seus elementos. Assim, qualquer atitude de valorizar uma variação em detrimento de outra implica critérios de natureza sociocultural, e não critérios linguísticos. Ou seja, a forma "correta" tende fortemente a se identificar com o modo como utilizam a língua os falantes de classes sociais privilegiadas, que habitam as regiões mais importantes do país.

Mais do que isso, ao conceber a existência de formas gramaticais corretas, os gramáticos tradicionais abandonam determinadas formas consideradas erradas, mas que são efetivamente utilizadas pelos falantes na comunicação diária. Com isso, essa gramática adota uma visão parcial da língua, sendo incapaz de explicar a natureza da linguagem em sua totalidade.

No que diz respeito à outra característica da tradição gramatical, a que relaciona linguagem e lógica, também devemos fazer algumas considerações. Embora os gerativistas retomem parcialmente essa perspectiva, dessa vez munidos de argumentos e metodologias mais modernos, linguistas que trabalham em outras linhas de pesquisa fazem severas críticas, argumentando que essa perspectiva carece de uma abordagem empírica dos fatos ou que ela restringe seu foco aos aspectos formais da língua. Uma visão mais completa dessa discussão será oferecida mais adiante, quando apresentaremos concepções mais atuais de gramática, que foram concebidas por cientistas ligados a uma nova ciência: a linguística.

Gramática histórico-comparativa

Na primeira metade do século XIX, toma força na Alemanha uma tendência nova de estudar as línguas chamada de *gramática histórico-comparativa*, que pode ser definida, em linhas gerais, como uma proposta de comparar elementos gramaticais de línguas de origem comum a fim de detectar a estrutura da língua original da qual elas se desenvolveram. Essa nova abordagem dos fenômenos da linguagem surgiu a partir da constatação da grande semelhança do sânscrito, língua antiga da Índia, com o latim, com o grego e com uma grande quantidade de línguas europeias. Essa semelhança pode ser ilustrada com os termos correspondentes ao sentido da palavra portuguesa "mãe" (mulher que gera filhos): *maatar*, em sânscrito; *māter*, em latim; *mētēr*, em grego; *mother*, em inglês, *mutter*, em alemão.

Mais do que as semelhanças entre as palavras, chamou a atenção dos comparatistas o fato de as diferenças entre duas ou mais línguas apresentarem um alto grau de regularidade e sistematicidade, o que foi visto como um sintoma de que essas línguas tinham uma origem comum. Como esses cientistas trabalhavam com línguas já desaparecidas, a metodologia comparativa ajudava a relacionar línguas que, supostamente, derivaram dessas línguas mortas. É o que ocorre, por exemplo, com o latim e suas descendentes. Vejamos a aplicação dessa regularidade no quadro abaixo, que apresenta algumas sequências de palavras em latim e em quatro línguas românicas:

LATIM	FRANCÊS	ITALIANO	ESPANHOL	PORTUGUÊS
caput	chef	capo	cabo	cabeça
cārus	cher	caro	caro	caro
campus	champ	campo	campo	campo
cabāllus	cheval	cavallo	caballo	cavalo

Pode-se notar que há uma regularidade no sentido de que onde, em francês, temos /š/ nas outras línguas românicas temos /k/, que também ocorria em latim.[2] Essa correspondência fonética, do tipo š-k-k-k, somada a uma série de outros fatores, fornece base para que se proponha uma descendência comum entre essas quatro línguas: o latim. Esse é, em essência, o mecanismo de comparação que caracteriza o chamado método histórico-comparativo.

Considera-se que essa tendência marca o início de uma nova ciência, a linguística, já que pela primeira vez um grupo de cientistas se interessa por analisar as características inerentes às línguas naturais, sem interesses filosóficos ou normativos, mas observando critérios estritamente linguísticos.

O interesse em analisar a estrutura das diferentes línguas surgiu, principalmente, a partir de Gottfried Wilhelm von Leibniz, filósofo e matemático alemão que, no início do século XVIII, chamou atenção para a necessidade de se estabelecerem estudos comparativos sobre as línguas, abandonando ideias preconcebidas acerca da essência da linguagem. Isso viria a dar o caráter empírico – e, ao mesmo tempo, comparativo – que marca as pesquisas linguísticas do século XIX.

A gramática histórico-comparativa abandonou os princípios que regiam a tradição gramatical de base grega. A visão aristotélica da realidade vinha sofrendo sérios abalos, sobretudo a partir do século XVII, com o surgimento da ciência moderna através das descobertas de Copérnico, Galileu, Newton, entre outros, que trouxeram métodos mais precisos de investigação.

Ocorre que as propostas aristotélicas, que serviram de ponto de partida para os estudiosos da linguagem até o século XVIII, apresentavam um conjunto de ideias preconcebidas a respeito da essência da linguagem que não eram resultantes de estudos empíricos, ou mesmo de maiores debates, constituindo, ao contrário, uma posição filosófica a que se chegou com base em especulação *a priori*. Isso contrasta com a mentalidade científica do século XIX, em que Augusto Comte propõe seu sistema filosófico chamado de *positivismo*, que se caracterizava pela ênfase na experimentação, em oposição à especulação. Esse ambiente contextualizava a gramática histórico-comparativa.

Costuma-se dizer também que a gramática histórico-comparativa se desenvolveu em função dos seguintes fatores:

a) O surgimento do Romantismo na Alemanha, que levou, sobretudo no início do movimento, a uma busca do passado e da origem dos povos. O sentimento romântico levou os primeiros comparatistas a tentar reconstruir, através do método comparativo, um estado de língua original, considerado idealmente perfeito em função de uma concepção da época de que a mudança era uma espécie de degeneração de um estado de língua primitivo e, por natureza, íntegro. Veremos adiante que essa concepção de mudança degenerativa desaparece com o desenvolvimento das pesquisas comparatistas.

b) A descoberta do sânscrito, antiga língua da Índia, que se mostrou muito parecida com as línguas da Europa. Essa semelhança aguçou a curiosidade dos pesquisadores, incentivando os estudos comparativos entre as línguas. Ou seja, foi a comparação com o sânscrito que deu bases sólidas à teoria referente ao parentesco e à unidade e origem das línguas indo-europeias. Além disso, forneceu uma nova fonte de inspiração ao Romantismo, movimento de ideias que se opunham à tradição greco-latina.

c) O surgimento das ideias de Darwin, que tiveram influência sobre o pensamento científico da época. Seguindo a tendência de incorporar as novas descobertas das ciências naturais, alguns linguistas adotaram inicialmente as concepções darwinianas sobre a origem das espécies e a seleção natural, que explicariam as mudanças nas línguas, assim como seu desaparecimento.

Franz Bopp e Jacob Grimm lançaram as bases que nortearam a comparação sistemática das línguas. Bopp é considerado o fundador da gramática comparativa do indo-europeu. Seu trabalho, publicado em 1816 e que apresenta um estudo comparativo dos verbos do sânscrito, grego, latim, persa e das línguas germânicas, observou essencialmente aspectos morfológicos e desenvolveu uma comparação metódica entre as principais famílias indo-europeias, abrindo espaço para a concepção histórica de gramática característica dessa época. Grimm,[3] por sua vez, além de interpretar as correspondências fonéticas como o resultado de transformações históricas, enumerou algumas regularidades associadas a essas correspondências, que constituíram o que ficou conhecido como a *Lei de Grimm*.

Essa lei registra um processo histórico que consiste em uma mutação ocorrida nas consoantes oclusivas em um ponto da evolução das línguas germânicas, nas quais as oclusivas surdas tornaram-se aspiradas, e as sonoras tornaram-se surdas. Essa é uma diferença básica existente entre o grupo germânico das outras línguas indo-europeias.

Vejamos algumas correspondências fonéticas regulares, previstas na chamada lei de Grimm, acrescida da contribuição de outros comparatistas:

a) as línguas germânicas apresentam um /f/ no lugar em que o grego e o latim apresentam um /p/:

> *Pāter* (latim), ***patēr*** (grego), *father* (inglês)
> *Pēs* (latim), ***podos*** (grego), *foot* (inglês)

b) as línguas germânicas apresentam um fonema aspirado /h/ (pronunciado como na palavra inglesa ***house***) no lugar em que o grego e o latim apresentam um /k/:

> *Canis* (latim), ***kyōn*** (grego), ***hound*** (inglês)
> *Cor* (latim), **k**ardia (grego), ***heart*** (inglês)

Com base nesses métodos de comparação, os linguistas do século XIX propuseram a hipótese da existência de um parentesco entre essas e uma série de outras línguas, sendo todas provenientes de uma língua pré-histórica chamada *indo-europeu primitivo*. Essa língua original não pode ser atestada historicamente, já que não há registros de sua existência, mas pode ser demonstrada por meio de comparações sistemáticas. Dela se originam vários grupos de línguas, que formam o chamado tronco linguístico indo-europeu:[4]

a) O **grupo *indo-irânico*** – com um *ramo hindu*, que apresenta, entre outras, algumas línguas da Índia, como o védico e o sânscrito; e um *ramo irânico*, que compreende, entre outros, o afegão e o persa;
b) O **armênio**;
c) O **albanês**;
c) O **balto-eslavo** – com um *ramo báltico*, composto pelo lituano, o leto e o antigo prússio; e um *ramo eslavo*, que compreende o russo, o búlgaro, o esloveno e algumas outras línguas;
d) O **itálico** – dividido em *itálico ocidental*, com o latim e as línguas dele derivadas, e o itálico oriental, já desaparecido, que compreendia línguas como o osco e o umbro;
e) O **céltico** – contendo o *celta continental*, representado pelo gaulês (desaparecido) e o *celta insular*, que engloba principalmente o címbrico, o bretão, o irlandês e o escocês das Highlands;
f) O **germânico** – que possui um *ramo setentrional*, que compreende as línguas escandinavas: dinamarquês, norueguês, sueco, islandês e feroês (falada nas ilhas Feroé); um *ramo oriental*, já desaparecido, representado, entre outros, pelo gótico ocidental e oriental; e um *ramo ocidental*, englobando o inglês, o frisão, o neerlandês e o alemão.
g) O **grego** – que reúne os antigos falares da Grécia e o grego moderno.

Com o desenvolvimento dos estudos comparatistas, August Schleicher enriquece as propostas iniciais de Bopp e Grimm e aplica à linguística as ideias de Darwin sobre a origem das espécies e a hipótese da seleção natural. Em seu livro intitulado *A teoria darwiniana e a linguística*, Schleicher propôs que as línguas, assim como as plantas e os animais, nascem, crescem, envelhecem e morrem. Isso explicaria o fato de as línguas antigas – como o latim, por exemplo – desaparecerem deixando filhas: o português, o espanhol, o italiano, o francês e o romeno.

Essa concepção de que as línguas mudam em direção a uma espécie de envelhecimento ou deterioração foi combatida por uma segunda geração de comparatistas, os chamados *neogramáticos*,[5] que propuseram uma visão de mudança uniformitária, ou seja, circular, constante e não degenerativa.

Nas últimas décadas do século XIX, os neogramáticos, influenciados pelo positivismo de Comte, buscaram aproximar o método de pesquisa em linguística dos das ciências naturais. Diferentemente dos comparatistas anteriores, apresentaram as leis fonéticas como processos mecânicos que não admitem exceção. Quando as leis não se dão do modo esperado, a causa está no processo de *analogia*, que gera, em determinadas palavras, criações e modificações. O processo analógico também era visto como um componente universal da mudança linguística em todos os períodos da história e colocava um ingrediente cultural na visão naturalista dos primeiros comparatistas.

Como analogia, os neogramáticos entendiam o processo segundo o qual a mente humana, estabelecendo semelhanças entre formas originalmente distintas, interfere nos movimentos naturais dos sons, atrapalhando a atuação das leis fonéticas. A palavra portuguesa "campa" (sino), por exemplo, por ser proveniente do latim *campâna* (espécie de balança romana), deveria ser pronunciada como *campã*, seguindo a evolução *campãa* e *campã*. Segundo alguns autores, por analogia com a palavra *campo*, o acento tônico se deslocou para a primeira sílaba, enfraquecendo a nasalidade. Esse é um exemplo de como a analogia pode modificar as tendências ditadas pela mudança fonética.

Outros exemplos de analogia podem ser vistos em casos como o da palavra portuguesa "estrela", que provém do latim *stēlla*, adquirindo o /r/ por analogia ou influência da palavra "astro"; assim como a palavra *floresta*, proveniente do latim tardio *forestis*, que adquire o /l/ por influência da palavra "flor".

Outro mecanismo utilizado pelos neogramáticos para explicar a exceção referente às leis fonéticas foi o *empréstimo*, ou seja, a influência de uma língua sobre outra, ou de um falar sobre outro dentro de uma mesma comunidade linguística. Um exemplo de empréstimo pode ser visto no francês, em que além da palavra *chef*, decorrente do latim *caput* (cabeça), de acordo com aplicação das leis fonéticas, encontramos a palavra *cap* (como na expressão "*de pied em cap*", que significa "dos pés à cabeça"). A palavra *cap* viola as leis sonoras que seriam esperadas para a formação de palavras do francês: a expectativa era a transformação da oclusiva /k/ em /š/, apresentada anteriormente.

Ocorre que a forma *cap* foi tomada de empréstimo pelo francês ao provençal, ao qual não se aplicavam as leis sonoras em questão.

O movimento dos neogramáticos, apesar de muito criticado, acabou por se tornar a proposta predominante na segunda metade do século XIX, tendo o mérito de apresentar as leis fonéticas, que agiam segundo uma necessidade mecânica, independentemente da vontade do indivíduo. Além disso, chamaram atenção para o fato de que as mudanças ocorrem no indivíduo, que, ao utilizar a língua, efetiva as tendências mecânicas, ou as evita, utilizando processos analógicos. Em outras palavras, para esses linguistas, as mudanças são decorrentes de hábitos linguísticos individuais. Desse modo, os neogramáticos voltam seus interesses não apenas para o estudo dos dados provenientes de documentos escritos, mas também para a observação dos dialetos falados na época.

A gramática histórico-comparativa não foi um movimento unificado, como em geral ocorre com as escolas científicas. Pode-se dizer que essa escola teve o mérito de desenvolver um método empírico de comparação entre estágios de língua e de propor conceitos básicos acerca do funcionamento da linguagem, sendo alguns deles ainda hoje adotados.

Rompendo com a tradição aristotélica que dominava os estudos linguísticos até o século XVIII, os comparatistas, céticos em relação à universalidade proveniente de uma base lógica proposta pela gramática grega, ressaltavam o caráter mutável das línguas. Isso fez com que esses cientistas acreditassem que uma análise histórica seria mais adequada do que uma abordagem filosófica.

Assim, a tradicional visão lógica e universal das línguas é substituída por uma abordagem de caráter social em que a arbitrariedade e as diferenças culturais passam a ser importantes. Cientistas como Herder e Humboldt, por exemplo, chamavam atenção não apenas para a grande diversidade de estruturas linguísticas, mas também para a influência que essas estruturas exerciam sobre a organização do nosso pensamento e sobre a percepção que temos do mundo em que vivemos. Essa concepção ficou conhecida como a *tese do relativismo linguístico*, segundo a qual cada língua reflete sua própria história, não apresentando propriedades universais, com exceção de alguns aspectos muito gerais, como o fato de ser articulada, de ser arbitrária e de apresentar variabilidade e possibilidade de mudança.

Levando em conta essas informações básicas sobre a gramática histórico-comparativa, podemos avaliar algumas de suas limitações no sentido de descrever do modo mais completo a estrutura gramatical das línguas. Os comparatistas restringiam sua visão a uma abordagem histórica do funcionamento gramatical, vendo-o como o resultado de mudanças linguísticas regulares. Com isso, deixavam de lado a descrição do funcionamento da língua como um fenômeno sincrônico, ou seja, como um sistema de comunicação utilizado, em um momento específico do tempo, por falantes que não conhecem – e, pelo menos aparentemente, não precisam conhecer – a evolução histórica da língua que utilizam, mas que, ainda assim, se comunicam perfeitamente com seus interlocutores.

Apesar de a gramática histórico-comparativa produzir um grande conhecimento acerca da história das línguas, buscar observá-las a partir de sua estrutura interna e trazer consideráveis avanços em termos metodológicos, ela não chegou a construir uma teoria consistente sobre a estrutura do funcionamento das línguas naturais. A corrente colocou, sobretudo através dos neogramáticos, a mudança linguística no âmbito do indivíduo, mas não explicitou, de modo mais sistemático, como os contextos de comunicação poderiam interferir no uso individual, limitando-se, nesse sentido, a descrever processos de analogia e empréstimo.

Além disso, como Saussure mais tarde viria a salientar, os comparatistas analisavam a língua em elementos isolados, ocupando-se em seguir suas transformações sem observar o funcionamento desses elementos dentro dos sistemas linguísticos de que faziam parte: uma abordagem que ficou conhecida como *atomista*. De acordo com o linguista suíço, como o valor do elemento depende do papel que desempenha no sistema da língua, não levar em conta esse fator constituiu uma falha e levou os comparatistas a conclusões precipitadas.

Gramática estrutural

A tendência de analisar as línguas, conhecida como gramática estrutural, ou estruturalismo, se desenvolveu na primeira metade do século XX, sob a influência das ideias de Ferdinand de Saussure, divulgadas através da publicação póstuma de seu livro, o *Curso de linguística geral*.[6] Essas ideias revolucionaram os estudos da época, dando às pesquisas em linguística, sobretudo na Europa, uma nova direção, distinta da que caracterizava a gramática histórico-comparativa. Nos Estados Unidos, o estruturalismo se desenvolveu através do trabalho de Leonard Bloomfield (ver o capítulo "Estruturalismo").

Assim como ocorre, de um modo geral, com as escolas linguísticas, a gramática estrutural não constitui um movimento unificado. Entretanto, podemos caracterizar essa escola, em linhas gerais, como uma tendência de descrever a estrutura gramatical das línguas, vendo-as como um sistema autônomo, cujas partes se organizam em uma rede de relações de acordo com leis internas, ou seja, inerentes ao próprio sistema. Para compreendermos bem essa definição, é interessante lembrarmos a distinção entre *langue* e *parole*[7] proposta por Saussure, que, como vimos, é o precursor dessa tendência nos estudos da linguagem.

Saussure propunha que a *langue* constitui um sistema linguístico de base social que é utilizado como meio de comunicação pelos membros de uma determinada comunidade. Portanto, para Saussure a *langue* constitui um fenômeno coletivo, sendo compartilhada e produzida socialmente. Isso significa que a língua é *exterior ao indivíduo*, sendo interiorizada coercitivamente por eles. Isso nos leva ao conceito de *parole*, que se refere ao uso individual do sistema. Em outras palavras, os falantes, ao se comunicarem, adaptam as restrições presentes no sistema de sua língua não apenas aos diferentes contextos de comunicação, mas às suas preferências pessoais.

Dois fatos relacionados a essa dicotomia são importantes. O primeiro a ser destacado é o fato de que Saussure, ao caracterizar o conceito de *langue*, empregou o termo *sistema* com uma intenção muito clara: queria demonstrar que os elementos de uma língua não estão isolados, mas formam um conjunto solidário. Desse modo, o linguista genebrino propunha a impossibilidade de analisar os elementos linguísticos isolados do sistema que eles compõem, ressaltando assim a primazia do todo sobre suas partes. Essa proposta constitui a base de toda a linguística estrutural: aceitando a ideia de que a língua é um sistema, cumpre analisar sua estrutura, ou seja, o modo como esse sistema se organiza. Daí surgiram os termos "gramática estrutural" e "estruturalismo".

Desenvolvendo um pouco mais essa noção tão importante para a compreensão da concepção estrutural de gramática, podemos relacionar a concepção saussuriana de sistema a três aspectos importantes:

a) a existência de um conjunto de elementos;
b) o fato de que cada elemento só tem valor em relação a outros, organizando-se solidariamente em um todo, que deve sempre ter prioridade sobre as partes que contém;
c) a existência de um conjunto de regras que comanda a combinação dos elementos para formar unidades maiores.

O fato de que as línguas apresentam um conjunto de elementos e que estes se unem formando unidades maiores não é a novidade dessa proposta. Foi a ideia indicada no item (b) que melhor representou a proposta saussuriana e que serviu de base para o desenvolvimento dos estudos posteriores. A tendência comparatista de trabalhar com unidades isoladas é abandonada em favor de uma metodologia em que a relação entre os elementos dentro do sistema passa a ser essencial para a compreensão da estrutura das línguas.

O segundo fato a ser destacado em relação à dicotomia entre *langue* e *parole* é a atitude assumida por Saussure de propor a *langue* como objeto de estudo da linguística, retirando a *parole* do campo de interesse dessa ciência. Para ele, os atos comunicativos individuais são assistemáticos e ilimitados, e uma ciência só pode estudar aquilo que é recorrente e sistemático. No caso da linguagem, a sistematicidade e a recorrência estão na *langue*, que se mantém subjacente aos atos individuais.

Isso significa que, na concepção saussuriana, o estudo linguístico deve deixar de lado os aspectos interativos associados ao ato concreto da comunicação entre os indivíduos, restringindo-se a observar o conhecimento compartilhado que os interlocutores possuem e sem o qual a comunicação entre eles seria impossível: o sistema linguístico. A questão é saber qual a natureza dos elementos formadores do sistema e como eles se agrupam para lhe dar uma estrutura peculiar.

Voltando aos três aspectos básicos associados à noção de sistema apresentados anteriormente, podemos dizer que a análise estrutural das línguas busca descrever cada um deles. Assim, ao analisar uma língua, o estruturalista busca constatar que elementos constituem o sistema daquela língua, assim como observar como eles se organizam dentro desse sistema e como eles se unem para formar unidades maiores. Como esses dados se concretizam de modo diferente em línguas diferentes, a gramática estrutural via nesse processo uma natureza convencional e se limitava a descrever as diferentes línguas.

Para compreendermos melhor esse ponto, tomemos alguns exemplos relacionados ao sistema fonológico das línguas. Cada língua exibe um conjunto de sons que lhe é peculiar. Algumas línguas africanas, como o zulu e o hotentote, apresentam, em seu sistema de consoantes, *cliques* ou *estalidos*, ou seja, sons obtidos basicamente pela sucção da língua contra céu a boca. Isso é totalmente estranho para os falantes de português: podemos emitir sons desse tipo para demonstrar irritação, por exemplo, mas eles não constituem fonemas de nossa língua. Do mesmo modo, o som inicial da palavra inglesa *think* e o som final da palavra alemã *ich* não existem em português ou em francês.

Por outro lado, cada língua organiza diferentemente em seu sistema os sons que a compõem, de modo que os mesmos sons que constituem fonemas diferentes em uma língua se apresentem como meras variantes de pronúncia em outras. Um exemplo de como isso ocorre pode ser visto na oposição de timbre (aberto/fechado): "pôde" (pretérito perfeito do verbo "poder") é uma palavra diferente de "pode" (presente do mesmo verbo); se trocarmos o timbre fechado da vogal tônica /ô/ do substantivo "almoço" pelo timbre aberto /ó/, a palavra se torna um verbo: "eu almoço". Essa distinção, típica do português, não se dá em outras línguas, como o espanhol, por exemplo.

Um terceiro ponto é o modo como os sons se juntam para formar palavras. Cada língua processa esse mecanismo de modo diferente. Assim, se quisermos criar em nossa língua uma palavra para designar um novo objeto, essa palavra não poderia ser, por exemplo, **slamro*, já que não são típicos do português encontros consonantais como *sl* e *mr*. Portanto, há limitações quanto às possibilidades de união de sons para formar palavras, e essas restrições são diferentes de língua para língua. Em inglês, por exemplo, a combinação *sl* é possível, como podemos ver em palavras inglesas como *slim* (magro) ou *slumber* (dormir).[8]

Agora podemos compreender melhor a definição de gramática estrutural, apresentada anteriormente, como uma tendência de descrever a estrutura gramatical das línguas, vendo-as como um sistema autônomo, cujas partes se organizam em uma rede de relações internas. A retirada da *parole* restringiu as análises aos fatores de natureza estrutural, que se resumem aos elementos que compõem uma determinada língua, o modo como eles se estruturam internamente e as restrições que caracterizam sua combinação para formar unidades maiores. Como esses fatores diferem de língua para língua, a tendência estruturalista é descrever o que ocorre em cada sistema linguístico.

Costuma-se relacionar o movimento estruturalista com a corrente filosófica do *empirismo*, que pode ser identificada por três características básicas:

1) Condiciona o conhecimento à experiência

Segundo o empirismo, o espírito é uma tábua rasa em que se grava a experiência. As ideias que constituem nossa estrutura cognitiva são representações mentais das impressões que captamos do mundo com nossas sensações, e o comportamento humano, de um modo geral, é uma consequência do contato com o mundo e das experiências que emergem desse contato.

Inicialmente é importante ressaltarmos que Saussure negava a existência de uma estrutura inata de pensamento adjacente às línguas. Para ele, o homem possui a capacidade da linguagem, mas a estrutura da linguagem é arbitrária, cultural e é ela que dita o pensamento, e não vice-versa. De acordo com Saussure, o homem seria incapaz de pensar sem o auxílio dos signos.

Podemos ver um interessante exemplo da concepção empirista na linguística em uma proposta acerca da relação entre linguagem e percepção do mundo conhecida como *hipótese de Sapir-Whorf* ou *hipótese da relatividade linguística*. O linguista norte-americano Edward Sapir e seu discípulo Benjamin Lee Whorf, influenciados pelas ideias de Herder e Humboldt, propuseram a hipótese de que cada língua possui uma maneira peculiar de interpretar a realidade, ressaltando que a linguagem é fundamental para a organização do nosso pensamento e da concepção que temos do mundo que nos cerca.

Segundo essa visão, o mundo tal como o concebemos reflete hábitos de linguagem construídos culturalmente por um determinado grupo social. Os humanos interpretam a realidade criando diferentes categorias porque são parte de um acordo para interpretá-la e organizá-la dessa maneira. Essa concepção nega a existência de um mundo real já pronto e de uma linguagem que apenas criaria símbolos verbais para expressá-lo, como queria a tradição grega.

A *hipótese de Sapir-Whorf* propõe então que o mundo em que vivemos é um ambiente criado socialmente pelos humanos através da linguagem e que as línguas naturais, mais do que um conjunto de símbolos para expressar ideias já existentes na mente dos indivíduos, funcionam como um guia para a atividade mental.

Segundo a hipótese, o vocabulário das línguas indica bem esse processo. Os esquimós apresentam várias palavras para indicar diferentes tipos de neve, enquanto o português, por exemplo, apresenta apenas uma. Há línguas africanas que possuem apenas uma palavra para designar as cores verde e azul, por exemplo. Isso significaria que os esquimós, através de sua língua, se habituaram a ver na realidade diferentes tipos de neve. Por outro lado, os falantes dessas línguas africanas entendem que aquilo que nós, falantes de português, identificamos como cores diferentes (azul e verde) não passam de tonalidades da mesma cor (como o azul claro e o azul escuro para nós). Segundo Sapir e Whorf, se culturas diferentes veem a realidade de formas diferentes, conceitos como os de “neve”, “verde” ou “azul” não estão na realidade em si, mas na visão que temos dela. Essa concepção se opõe de modo radical à proposta de universalidade do pensamento lógico, que está na base do racionalismo aristotélico.

2) Utiliza o método indutivo

Os empiristas não partem de hipóteses estabelecidas em suas análises. Suas conclusões são consequentes da análise dos dados, uma vez que esse método parte dos dados para as conclusões, e apenas o que pode ser comprovado pelos dados é admitido como verdade. O raciocínio indutivo, que parte dos dados para chegar à lei geral, pode ser ilustrado do seguinte modo:

O ferro, o cobre e o zinco conduzem eletricidade.
O ferro, o cobre e o zinco são metais.
Logo, metal conduz eletricidade.

Podemos notar que a primeira premissa ("O ferro, o cobre e o zinco conduzem eletricidade") é mais restrita em termos de seu conteúdo, uma vez que se restringe a três tipos de metal. Essa premissa, associada à segunda, leva a uma verdade mais geral: "metal conduz eletricidade".

A indução como método científico se constitui basicamente das seguintes etapas:

- a observação e o registro dos fatos observados;
- a análise e a classificação desses fatos;
- a elaboração indutiva de uma generalização a partir dos dados;
- a verificação adicional dessas generalizações.

O método, portanto, consiste na elaboração de uma teoria a partir da observação dos fatos, atribuindo universalidade ao que foi constatado nos dados observados. Ou seja, o conjunto limitado de dados analisados serve de base para a elaboração de regras aplicáveis a dados novos.

Esse é o problema desse método: uma experiência feita em relação a um conjunto de dados só pode ser aplicada a esse conjunto de dados, e a criação de verdades universais pode não ser válida por ser parcial. Isso nos leva à terceira característica do empirismo em linguística.

3) Apresenta um caráter descritivo, e não universalista

Os empiristas assumem uma atitude taxionômica, buscando descrever as características de seu objeto de estudo, sem detectar aspectos mais gerais que expliquem seu funcionamento no sentido de prever fenômenos novos. Os dados linguísticos são diferentes de língua para língua, logo cabe ao linguista descrever cada língua separadamente, apresentando suas peculiaridades.

Analisando o que vimos até agora sobre a gramática estrutural, podemos estabelecer alguns comentários. As limitações dessa proposta teórica estão associadas sobretudo aos seus métodos de base empirista, que descreviam bem as diferentes línguas, mas tinham dificuldade em explicar existência de universais linguísticos. Esse foi um passo importante dado pela próxima proposta teórica que apresentaremos: a *gramática gerativa*.

Além disso, ao colocar de lado a *parole*, Saussure isolou a linguagem dos indivíduos que a utilizam, dando-lhe vida independente. Com isso, o estruturalismo promove a exclusão do sujeito e de sua criatividade para adaptar sua fala aos diferentes contextos, retirando do âmbito dos estudos linguísticos fenômenos sociointerativos, que, pelo menos para alguns linguistas modernos, se mostraram fundamentais para a compreensão da natureza da linguagem.

Gramática gerativa

Na década de 1950 ou, mais precisamente, em 1957 – com a publicação do livro *Estruturas sintáticas*[9] pelo linguista norte-americano Noam Chomsky –, ocorre uma nova revolução no modo como a linguagem é analisada através do surgimento da chamada *gramática gerativa* (ver capítulo "Gerativismo"). Seu fundamento está centrado em uma profunda crítica ao behaviorismo, representado no clássico trabalho de Skinner, intitulado *Verbal Behavior* (1957),[10] obra profundamente marcada pela postura mecanicista do empirismo.

Chomsky ressalta o componente criativo da linguagem humana, indicando o papel primordial desempenhado por determinados processos mentais que são inerentes à nossa espécie. A natureza da linguagem é, assim, relacionada à estrutura biológica humana, e a teoria linguística passa a ter o objetivo de explicar o funcionamento de um órgão mental particular responsável pelo funcionamento da linguagem humana. O papel do estímulo externo fica restrito à função de ativar o funcionamento desse órgão mental, o que se dá através da experiência do indivíduo em contato constante com a língua da comunidade em que nasceu. Ou seja, a experiência estimula a faculdade da linguagem, já prevista na estrutura biológica humana, a criar uma gramática que, respeitando seus princípios básicos, gera frases com propriedades formais e semânticas.

Então podemos dizer que a gramática gerativa analisa a estrutura gramatical das línguas, vendo-a como o reflexo de um modelo formal de linguagem preexistente às línguas naturais e faz desse modelo o próprio objeto de estudo da linguística. Os fenômenos linguísticos analisados constituem o material no qual os argumentos são baseados. Nessa nova perspectiva, a linguagem passa a ser vista como reflexo de um conjunto de princípios inatos – e, portanto, universais – referentes à estrutura gramatical das línguas.

Desse modo, as línguas naturais, como o português, o japonês, o swahili e o carajá,[11] por exemplo, embora sejam bastante diferentes em sua aparência apresentam muitas semelhanças em sua essência, já que refletem os mesmos princípios inatos que regem o funcionamento gramatical das línguas.

Dois princípios teóricos básicos caracterizam a concepção gerativa de gramática. O primeiro deles é o chamado *princípio do inatismo*, segundo o qual existe uma estrutura inata, constituída de um conjunto de princípios gerais que impõem limites na variação entre as línguas e que se manifestam como dados universais, ou seja, presentes em todas as línguas do mundo. Esse conjunto de princípios é chamado pelos gerativistas de *gramática universal* (GU). O esquema abaixo busca ilustrar como se dá esse fenômeno:

GU

↓

DADOS DA EXPERIÊNCIA LINGUÍSTICA

↙ ↓ ↓ ↘

português japonês swahili carajá ...

De acordo com esse esquema, a GU transmite princípios gramaticais básicos para as diferentes línguas naturais, como o português, o swahili, o carajá, ou qualquer outra língua natural. Isso significa não apenas que essas línguas exibem um conjunto de fatores em comum, mas também que elas apresentam diferenças que estão previstas dentro do leque de opções disponíveis na própria GU e que são ativadas conforme a experiência linguística do sujeito em contato com sua língua ambiente.

O segundo princípio gerativista é o *princípio da modularidade da mente*, que prevê que nossa mente é modular, ou seja, constituída de módulos ou partes, caracterizados como sistemas cognitivos diferentes entre si, que trabalham separadamente. Em outras palavras, cada um desses módulos da mente responde pela estrutura e desenvolvimento de uma atividade cognitiva. Um módulo se relaciona, por exemplo, à nossa capacidade de armazenar informações na memória, outro é responsável pela coordenação motora, outro, pela faculdade da linguagem, e assim por diante. A essência da ideia da modularidade está no fato de que esses módulos atuam separadamente, de maneira que cada um deles só tem contato com o resultado final do trabalho dos outros.

A noção de modularidade se manifesta nos estudos referentes à relação entre cérebro e linguagem através de uma proposta chamada *localista*. Essa proposta caracteriza pesquisas que partem do princípio de que as atividades mentais, entre elas a linguagem, podem ser localizadas em partes específicas do cérebro, ao contrário da proposta conexionista, que admite ser o cérebro um processador mais geral.

Esse raciocínio se estende para os diferentes níveis, ou componentes, da gramática, que devem ser analisados como módulos autônomos, independentes entre si. Ou seja, o funcionamento do módulo relativo à sintaxe independe das operações relacionadas à fonologia, por exemplo.

É interessante registrar que Chomsky introduz nos estudos linguísticos a noção de cognição,[12] acentuando a importância da natureza da mente humana e dos princípios gerais inatos que a caracterizam para a compreensão do fenômeno da linguagem. A noção gerativista de cognição está associada à especificidade biológica da linguagem humana, isto é, ela propõe que a linguagem é regulada por fatores associados ao desenvolvimento de uma capacidade inerente à nossa estrutura genética e que se dissocia de outras capacidades mentais referentes ao processamento de informações ou à inteligência de um modo geral.

Outro aspecto importante para a caracterização da gramática gerativa está no fato de que Chomsky, o criador dessa tradição, propôs uma distinção entre *competência* e *desempenho*. O autor define "competência" como a capacidade – em parte inata e em parte adquirida – que o falante possui de formular e compreender frases em uma língua e caracteriza o "desempenho" como a utilização concreta dessa capacidade. Apenas no conhecimento se encontra o "módulo da linguagem", já que no desempenho (o único que é observável diretamente) podemos notar vários módulos em interação, como linguagem, memória, emoção, concentração, entre outros.

Cabe mencionar que Chomsky assume uma posição semelhante à de Saussure ao sustentar que o objeto de estudo da linguística deve ser a competência, e não o desempenho. Isso significa que mais uma vez o sujeito, como usuário real da língua, e suas habilidades sociointerativas ficam de fora dos estudos linguísticos. Chomsky propõe, portanto, uma noção idealizada de competência, característica de um falante/ouvinte igualmente idealizado, que utilizaria de modo regular seu conhecimento linguístico, independentemente das diferentes situações reais de comunicação.

É importante ressaltar que essa postura de priorizar a competência surgiu nos primeiros momentos da evolução dos estudos gerativos. Pode-se dizer que com a proposta minimalista, última versão da teoria proposta por Chomsky em 1995, tem ocorrido uma aproximação entre teorias do uso (desempenho) e do conhecimento linguístico, já que o próprio Chomsky começa a caracterizar a derivação de estruturas, levando em conta fatores como *memória de trabalho* e *complexidade estrutural*, por exemplo, que, a rigor, estão mais relacionados ao desempenho. Entretanto, pode-se dizer que a distinção entre competência e desempenho ainda existe para os gerativistas como uma necessidade conceitual, diferenciando aquilo que as pessoas sabem daquilo que as pessoas efetivamente fazem.

Costuma-se relacionar o movimento gerativista com a corrente filosófica do racionalismo, que pode ser identificada por três características básicas:

1) A razão é fonte do conhecimento: existem ideias inatas

Os racionalistas baseiam o conhecimento na razão, e não só na experiência, ou seja, acreditam na existência de uma estrutura mental inata, que caracteriza o conhecimento.

Considerando as línguas naturais o reflexo de princípios inatos e autônomos em relação a outras formas de conhecimento, os gerativistas privilegiaram em suas análises a busca de aspectos linguísticos universais, tendendo, portanto, a deixar de lado as questões sociais e interativas que caracterizam, de modo mais localizado, o uso concreto da língua nas situações reais de comunicação. O papel da experiência, como mencionamos anteriormente, fica restrito à mera estimulação do desenvolvimento dos princípios gramaticais para uma ou outra direção já prevista na própria GU.

2) Utiliza o método dedutivo

Os racionalistas, em suas análises, partem de hipóteses estabelecidas e vão aos dados confirmar ou não essas hipóteses.[13] O método dedutivo parte de uma verdade universal para chegar a uma verdade menos universal. Eis um exemplo de um raciocínio dedutivo:

> Todos os humanos são mortais.
> Os gregos são humanos.
> Logo, os gregos são mortais.

O fato de que "Todos os humanos são mortais" constitui uma verdade mais geral do que o fato de que "Os gregos são mortais", estando este fato contido naquele desde que se leve em conta que "Os gregos são humanos". Chomsky utiliza um raciocínio desse tipo. Lobato (1986) enumera as etapas do raciocínio chomskyano que parte das seguintes premissas:

- a estrutura física do corpo humano é geneticamente determinada, e os sistemas motor e perceptivo são modulares;
- os órgãos mentais podem ser estudados nas mesmas bases em que se estudam os órgãos físicos e os sistemas motor e perceptivo.

Essas duas premissas levam à seguinte conclusão:

- as teses do inatismo e da modularidade, adotadas para o estudo da estrutura dos corpos, podem ser estendidas ao estudo dos órgãos mentais e da linguagem.

3) Apresenta um caráter explicativo e universalista

O racionalismo transcende o nível da pura descrição, formulando hipóteses teóricas a partir dos dados analisados de modo que se pode predizer dados novos e não apenas avaliar os já analisados. A noção de gramática universal dá aos gerativistas uma ferramenta teórica que o estruturalismo não possuía, fornecendo aos linguistas a possibilidade de observar o que há de universal nas línguas. Isso possibilita a criação de uma expectativa específica em relação ao que se espera encontrar em novos dados, ou seja, dados que ainda não foram analisados em uma determinada língua, ou mesmo em uma língua que ainda não foi objeto de análise linguística.

As informações referentes à gramática gerativa até aqui apresentadas nos permitem elaborar alguns comentários. Essa escola linguística deixou para trás uma concepção empirista de linguagem, que não conseguia dar conta da aquisição e do uso das línguas, demonstrando de forma definitiva a existência de mecanismos inatos subjacentes a esses processos. Demonstrou que os humanos não decoram por estímulo externo as frases que utilizam, ressaltando a criatividade humana para a linguagem, no sentido de que somos capazes de criar um número infinito de frases a partir de princípios básicos finitos. Com isso, a linguística deu um importante passo na direção de uma teoria capaz não apenas de descrever indutivamente um conjunto de dados observados, mas de prever dados novos, ou seja, uma teoria não é apenas descritiva, mas explicativa.

Por outro lado, os gerativistas, focalizando a competência em detrimento do desempenho, mais uma vez deixam de lado aspectos de ordem sociointerativa associados à linguagem. Nesse sentido, mantém-se a noção de linguagem como um sistema autônomo, indiferente aos interesses do sujeito que o utiliza e às características do ambiente social em que atua. Essa noção de linguagem, associada à lógica universal, que ressalta nossa capacidade de criar um número infinito de frases, não leva em conta a perspectiva de quem produz o discurso ou sua criatividade ao adaptar sua fala aos diferentes contextos comunicativos, não dando conta adequadamente de traços básicos, associados às línguas, como variação e mudança. Esses aspectos serão abordados pelas escolas que apresentaremos a seguir, as quais convivem hoje com a tradição gerativa, dando ênfase aos aspectos sociointerativos considerados pelos gerativistas menos importantes para a compreensão do fenômeno da linguagem.

Gramática cognitivo-funcional

Antes de tecermos qualquer consideração acerca desse tipo de gramática, queremos registrar que estamos utilizando o termo "cognitivo-funcional"[14] para designar um conjunto de propostas teórico-metodológicas que caracterizam algumas escolas de natureza relativamente distinta, que, adotando princípios distintos dos que caracterizam o formalismo gerativista, apresentam alguns pontos em comum:

- observam o uso da língua, considerando-o fundamental para a compreensão da natureza da linguagem;
- observam não apenas o nível da frase, analisando, sobretudo, o texto e o diálogo;
- têm uma visão da dinâmica das línguas, ou seja, focalizam a criatividade do falante para adaptar as estruturas linguísticas aos diferentes contextos de comunicação;
- consideram que a linguagem reflete um conjunto complexo de atividades comunicativas, sociais e cognitivas, integradas com o resto da psicologia humana, isto é, sua estrutura é consequente de processos gerais de pensamento que os indivíduos elaboram ao criarem significados em situações de interação com outros indivíduos.

Podemos dizer que, de um modo amplo, essas características se adaptam a escolas como o funcionalismo (norte-americano ou europeu), a linguística sociocognitiva, a linguística textual, a sociolinguística, a linguística sociointerativa, entre outras. Cada uma dessas escolas, à sua maneira e com seus objetivos peculiares, adota algumas dessas características ou todas elas (ver capítulos "Funcionalismo", "Linguística cognitiva" e "Linguística textual").

Feitas essas considerações, podemos afirmar que, em linhas gerais, a gramática cognitivo-funcional alarga o escopo dos estudos linguísticos para além dos fenômenos estruturais e que, portanto, seu ponto de vista é distinto. Esse tipo de gramática analisa a estrutura gramatical, assim como as gramáticas estrutural e gerativa, mas também analisa a situação de comunicação inteira: o propósito do evento de fala, seus participantes e seu contexto discursivo.

Segundo essa concepção, portanto, a situação comunicativa motiva a estrutura gramatical, o que significa que uma abordagem estrutural ou formal não é apenas limitada a dados artificiais, mas inadequada como análise estrutural. Em outras palavras, no uso da língua, determinados aspectos de cunho comunicativo e cognitivo são atualizados e, se queremos compreender o funcionamento da linguagem humana, temos de levar em conta esses aspectos.

Isso significa que, segundo essa concepção de gramática, não se pode analisar a competência como algo distinto do desempenho, ou, nos termos funcionalistas, a gramática não pode ser vista como independente do uso concreto da língua, ou seja, do discurso. Quando falamos, valemo-nos de uma gramática, ou seja, de um conjunto de procedimentos necessários para, através da utilização de elementos linguísticos, produzirmos significados em situações reais de comunicação. Mas, ao adaptarmos esses procedimentos aos diferentes contextos de comunicação, podemos remodelar essa gramática, que, na prática, seria o resultado de um conjunto de princípios dinâmicos que se associam a rotinas cognitivas e interativas moldadas, mantidas e modificadas pelo uso.

Assim, temos entre discurso e gramática uma espécie de relação de simbiose:[15] o discurso precisa dos padrões da gramática para se processar, mas a gramática se alimenta do discurso, renovando-se para se adaptar às novas situações de interação. O esquema abaixo ilustra esse processo:

→

↗ ↘

GRAMÁTICA DISCURSO

↖ ↙

←

Essa é uma visão dinâmica da gramática, que prevê a atuação de mecanismos expressivos associados à subjetividade dos falantes, que recriam padrões gramaticais a fim de conferir força informativa ao discurso. Da ritualização, consequente da repetição desses novos padrões, emerge a gramática. Entretanto, esse mecanismo não é arbitrário, já que reflete dois tipos de habilidades essencialmente humanas que regulam a atividade verbal, estando, portanto, de algum modo, relacionado à gramática das línguas.

O primeiro deles tem natureza sociointerativa e se relaciona com nossa habilidade de compartilhar informações com nossos semelhantes e de nos engajarmos em atividades compartilhadas, cuja compreensão é fundamental para o processo comunicativo.

Imaginemos, por exemplo, que um cliente retorne a uma loja de eletrodomésticos onde acabou de comprar uma televisão e tenha o seguinte diálogo com o vendedor:

Cliente: – Esta televisão não está funcionando.
Vendedor: – Não há problema, senhor. Vamos providenciar a troca do aparelho.

Obviamente o vendedor não vai entender a frase dita pelo cliente como uma mera informação. Naquele contexto específico, a frase só pode ser compreendida como um pedido para que o aparelho seja trocado por outro que funcione. Aspectos da interpretação dos enunciados do tipo exemplificado são eminentemente interacionais e requerem o conhecimento de práticas sociais. À primeira vista, questões como essas parecem simples e localizadas apenas a alguns tipos de contexto de uso, mas na prática estão na base de toda comunicação linguística, que, na visão cognitivo-funcional, não existiria sem elas.

O segundo tipo de habilidade está relacionado a aspectos do funcionamento da nossa mente que interferem no modo como processamos as informações – e, consequentemente, no discurso. Nossa capacidade de ver e interpretar o mundo, assim como nossa habilidade de transferir dados de determinados domínios da experiência para outros, se manifesta na maneira como formamos nossas frases.

É o que acontece com a chamada metáfora "espaço > discurso", que está na base da gramaticalização de alguns conectivos do português. Trata-se de uma transferência para o domínio do texto de nossas experiências sensório-motoras, da observação que fazemos do movimento dos corpos no espaço e dos aspectos espaciais e temporais relacionados a esses movimentos. Isso faz com que utilizemos muito frequentemente elementos dêiticos espaciais para nos referirmos a partes do texto. O exemplo apresentado abaixo ilustra bem o processo:

O tempo fechou. *Isso* vai me fazer usar o guarda-chuva.

O pronome "isso", que originalmente funciona como um dêitico, localizando os objetos no espaço físico e tendo como referência a localização dos participantes do ato da comunicação, passa a se referir, no exemplo acima, a uma informação mencionada dentro do texto: "o tempo fechou". O que temos aqui é uma extensão da dêixis espacial para a dêixis textual, procedimento altamente produtivo nas línguas naturais: a organização espacial/temporal do mundo físico é usada analogicamente para caracterizar o universo mais abstrato do texto.

A partir desse valor anafórico, o vocábulo pode desenvolver função de conjunção. É o que ocorre com "isso", que, associado à preposição "por", passa a ser usado como conjunção conclusiva:

O tempo fechou, *por isso* usei o guarda-chuva.

Esse é um processo altamente produtivo nas línguas, e os linguistas que trabalham com a perspectiva cognitivo-funcional associam-no a um fenômeno mais geral segundo o qual a experiência humana mais básica, que se estabelece a partir do corpo, fornece as bases de nossos sistemas conceptuais.

A dêixis está associada à localização, por parte do falante, de um objeto que está em seu campo de visão, tendo como base a sua localização no espaço e a localização do interlocutor. Esse processo pode ser transferido para o mundo do texto: o falante localiza para seu interlocutor partes do texto que, por alguma questão comunicativa, quer focalizar.

Isso caracteriza a perspectiva filosófica do chamado *realismo corporificado*. Ocorre que nosso primeiro contato com o mundo se dá através dos nossos sentidos corporais e, a partir daí, algumas extensões de sentido são estabelecidas. Segundo esse ponto de vista, nossa estrutura corporal é extremamente importante, já que a percepção que temos do mundo é limitada por nossas características físicas. Segundo essa concepção, a mente não pode ser separada do corpo: o pensamento é *corporificado*, no sentido de que a sua estrutura e sua organização estão diretamente associadas à estrutura de nosso corpo, bem como às nossas restrições de percepção e de movimento no espaço (ver capítulo "Linguística cognitiva").

O realismo corporificado pode ser identificado por três características básicas:

1) Abandona a dicotomia empirismo vs. racionalismo

A corrente cognitivo-funcional, segundo Ferrari (2001), propõe que as dicotomias tradicionais do tipo racionalismo/empirismo ou inato/aprendido devem ser repensadas, já que é difícil distinguir com exatidão o que é inato do que é aprendido. A autora argumenta que pesquisas recentes sugerem que bebês aprendem parte do sistema entoacional de suas mães no útero, e isso desafia a distinção entre inato e aprendido, já que nesse caso tal sistema é aprendido e a criança já nasce com ele.

O mesmo se dá para a dicotomia relativismo/fundacionalismo. A gramática cognitivo-funcional adota a concepção de que realmente existem universais conceptuais, mas eles apenas motivam os conceitos humanos, não tendo a capacidade de prevê-los de modo determinante. Ou seja, esses universais conceptuais não delineiam de modo fechado e definitivo o pensamento humano, já que, por se concretizarem em situações reais de interação social, sua natureza admite a influência de fatores socioculturais.

Isso significa que, na concepção cognitivo-funcional, o uso da linguagem implica restrições provenientes de nossa capacidade de atenção, de percepção, de armazenamento de informações na memória, de simbolização, de transferência entre domínios da realidade, entre outras atividades que não são estritamente linguísticas, mas que estão altamente conectadas ao processo comunicativo.

Trata-se, portanto, de uma visão integradora do fenômeno da linguagem que propõe não haver necessidade se distinguir conhecimento linguístico de conhecimento não linguístico, ou seja, de se dotar de uma visão modular da mente humana. Admitindo a influência de fatores externos sobre estrutura linguística, a linguística cognitivo-funcional associa os conceitos humanos à época, à cultura e até mesmo a tendências individuais, que se manifestam no uso da língua. Ou seja, aspectos de ordem cultural incidem sobre parâmetros biológicos de modo que o comportamento humano somente poderia ser caracterizado por uma relação entre biologia e cultura.

2) Incorpora o método abdutivo-analógico

De acordo com Givón (1995), as concepções estruturalista e gerativista de gramática têm adotado as posições de filósofos reducionistas, mantendo-se entre os dois extremos: a indução, que caracteriza o estruturalismo de Saussure (na Europa) e Bloomfield (nos EUA), e a dedução, que caracteriza o gerativismo de Chomsky. Uma nova tendência tem sido observar que nenhum dos extremos é viável e que a ciência empírica envolve um misto de muitas estratégias.

O método dedutivo, por exemplo, é utilizado basicamente na testagem de hipóteses e na observação das possíveis implicações delas advindas. É também utilizado na elaboração de testes e no momento de decidir se os resultados são ou não compatíveis com as hipóteses.

O método indutivo é utilizado basicamente para se chegar a novos conhecimentos a partir da observação dos dados, podendo também ser usado na testagem de hipóteses, selecionando uma amostra a ser observada. Nesse caso, a inferência indutiva permite generalizar os resultados da população desde que a amostra represente tendências claramente estáveis.

Um terceiro tipo de raciocínio é o abdutivo-analógico, responsável por novas hipóteses e novos *insights* teóricos. O filósofo e lógico norte-americano Charles Sanders Peirce propôs que o raciocínio, assim como o discurso, também se realiza através de um método que ele chamou de *abdução*. Esse método consiste em uma espécie de intuição que se dá passo a passo até chegar à conclusão, ou seja, o método caracteriza-se pela busca da conclusão através da interpretação de sinais, de indícios e de signos.

Peirce apresenta como exemplo desse método o trabalho dos detetives em contos policiais, que vão juntando indícios até concluírem o caso com a identificação do criminoso. É também o método que, por exemplo, os arqueólogos utilizam quando, trabalhando com vestígios de antigas civilizações descobertos por meio de escavações, buscam criar o quadro completo referente à sua estrutura político-social.

O método abdutivo-analógico é bastante característico da gramática cognitivo-funcional e pode ser visto como um mecanismo inerente aos processos de aquisição e uso da língua, assim como um tipo de procedimento científico utilizado com a finalidade de formular hipóteses.

Com relação ao uso da língua, podemos perceber que qualquer enunciado pode apresentar sentidos diferentes, dependendo da situação em que é proferido. A frase "Ronaldo pisou na bola", por exemplo, pode ter um sentido literal (em que "Ronaldo" é um jogador de futebol que realmente cometeu esse erro) ou um sentido não literal, ou metafórico (em que "Ronaldo" é uma pessoa qualquer, não necessariamente um jogador de futebol, que agiu de modo errado em alguma situação). O que conduz o usuário da língua a uma ou outra dessas possibilidades é a inferência que ele faz a partir dos dados contextuais de que ele dispõe no momento da comunicação.

Esses dados sugerem que, no uso da língua, o usuário trabalha com generalização de informações, tentando estabelecer relações estáveis entre as estruturas linguísticas e os efeitos que as caracterizam nos diferentes contextos de uso. Desse modo, o usuário pode inferir dentro dos valores possíveis da estrutura aquele que melhor se adapta ao contexto, ou entre as estruturas possíveis a que, naquele contexto, vai causar o efeito desejado.

Vejamos agora a abdução como um método empregado pela gramática cognitivo-funcional para formular suas hipóteses básicas. Essa concepção de gramática tende a se basear em intuição, analogia e abdução, o que é compreensível em função da grande preocupação dessa escola com a explanação. Vejamos o seguinte raciocínio, baseado em Givón (1995), referente à hipótese da função comunicativa das estruturas sintáticas:

Problema: Existem variações possíveis de uma mesma estrutura sintática que não podem ser explicadas por uma perspectiva teórica que observa aspectos estritamente estruturais da língua.

Hipótese: Se partirmos do princípio de que as diferentes estruturas linguísticas possuem diferentes funções comunicativas, seu comportamento pode ser cientificamente previsto.

Abdução: A teoria linguística deve incorporar a hipótese anterior, ampliando o seu foco para além dos fenômenos meramente estruturais.

Esse método reflete um procedimento abdutivo no sentido de que não há uma implicação necessária entre as três etapas do raciocínio, mas uma relação de possibilidade. Apresenta-se um problema: há uma incompatibilidade entre a teoria científica existente e determinados fatos observados. Entretanto, como esses fatos são compatíveis com uma nova hipótese (que ainda deverá ser testada), esta pode ser utilizada como ponto de partida.

Mas ainda temos outro problema: como caracterizar a função dessas estruturas? Não podemos esquecer que funções são entidades mentais não observáveis. Para compreendermos isso, pensemos em um dos sentidos básicos do termo "função": a finalidade com que um falante utiliza a linguagem (alguém diz algo a fim de atingir um objetivo). Em linguística, a *intenção* ou o *propósito* não podem ser detectados. Como podemos dizer, com toda certeza, o que o falante exatamente pretende com sua fala? Como podemos dizer que o falante tem uma intenção consciente quando fala? Na verdade, não podemos, o que significa dizer que as noções de "função" e "motivação adaptativa" são construtos abdutivos. Desse modo, temos de estabelecer uma relação estável entre as funções (não detectáveis) e os contextos pragmático-discursivos, que são mais objetivamente observáveis, através principalmente da observação da repetição sistemática dessa relação.

E esse é o procedimento básico da gramática cognitivo-funcional. A explicação teórica é também, pelo menos em princípio, uma noção pragmática, não só porque implica raciocínio dedutivo, mas porque sempre busca colocar o fenômeno observado em um contexto maior, o que só é possível através de procedimento abdutivo e nunca a partir de um procedimento meramente indutivo ou dedutivo.

3) Apresenta um caráter explicativo e universalista

Como vimos, Chomsky demonstrou definitivamente que o paradigma empirista não é capaz de explicar a aquisição e o uso das línguas. Assim, a gramática gerativa propõe o princípio do inatismo, buscando dar conta da existência, de um lado, dos universais linguísticos e, de outro, da facilidade que toda criança tem de aprender uma língua. Esse quadro teórico objetiva explicar dados novos, além de descrever os já observados.

A linguística cognitivo-funcional caracteriza-se por uma tendência semelhante. Adota a ideia de que existem universais conceptuais, partindo para uma tendência explicativa, e não apenas descritiva do fenômeno da linguagem. O universalismo da proposta cognitivo-funcional, entretanto, é diferente do universalismo gerativista porque sua procedência não está apenas na biologia, mas em uma relação equilibrada entre biologia e cultura.

A tendência entre os cientistas que adotam a perspectiva cognitivo-funcional é aceitar a existência de universais conceptuais. Por outro lado, esses cientistas também aceitam o fato de que existem conceitos que diferem de língua para língua. Em função disso, eles tendem a adotar uma terceira posição em relação ao problema baseando-se na observação empírica dos fatos linguísticos.

Concluindo o que foi visto até aqui, podemos dizer que o modo como compreendemos os fenômenos associados à gramática das línguas mudou ao longo dos anos, desde a gramática grega até as escolas mais modernas da linguística, de uma concepção filosófica que relacionava, sem comprovações empíricas, a lógica do pensamento com a linguagem até o surgimento da linguística no século XIX, quando foram incorporados procedimentos científicos característicos da chamada ciência moderna, surgida no século XVII.

Com a evolução dos estudos, essas concepções foram sendo aperfeiçoadas, abandonadas e até mesmo retomadas em função de novas descobertas científicas. Atualmente existem duas grandes tendências em linguística. A tendência gerativista, com sua visão biológica da linguagem cuja abordagem privilegia os aspectos formais das línguas, e a cognitivo-funcional, que considera o uso da língua importante para a compreensão da estrutura das línguas, propondo uma relação entre biologia e cultura.

Exercícios

1) Comente o conceito de "gramática" apresentado a seguir:

   "É uma disciplina, didática por excelência, que tem por finalidade codificar o 'uso idiomático', dele induzindo, por classificação e sistematização, as normas que, em determinada época, representam o ideal da expressão correta." (Rocha Lima, 1976: 5)

2) As correspondências fonéticas abaixo são compatíveis com a lei de Grimm? Justifique.

   caput (latim), *kephalē* (grego), *head* (inglês)

   cornū (latim), *keras* (grego), *h*orn (inglês)

3) Nos exemplos que seguem, podemos observar processos analógicos:

   cheminé > "chaminé", por influência de chama

   camion > "caminhão", por influência de caminho

   Apresente outros exemplos de analogia.

4) Ao apresentar a dicotomia entre *langue* e *parole*, Saussure propôs que a *langue* deve ser o objeto de estudo da linguística, deixando de fora a *parole* como atividade linguística individual. Que críticas podem ser feitas a essa atitude à luz da linguística cognitivo-funcional?

5) Que escola linguística a afirmação a seguir caracteriza? Justifique sua resposta.

   "As línguas naturais são adquiridas e faladas espontaneamente apenas pelos membros da espécie humana, ou seja, por organismos com um determinado tipo de específico de estrutura e organização mental. Parece pois difícil escapar à conclusão de que as propriedades essenciais da linguagem são diretamente determinadas por propriedades mentais dos seres que as falam e que estudar a linguagem humana consiste em estudar determinadas propriedades da mente humana, radicadas em última instância na organização biológica da espécie." (Raposo, 1992)

6) Apresente uma definição de:

   a) princípio do inatismo

   b) princípio da modularidade da mente

7) Quais as principais diferenças existentes entre a gramática gerativa e a gramática cognitivo-funcional?

8) Defina o método indutivo e diga a que conceito de gramática esse método costuma ser relacionado?

Notas

1 O ático passa a ser dialeto oficial da Grécia como consequência da hegemonia política e cultural de Atenas na Grécia conquistada por sua participação nas guerras contra os persas.

2 Os símbolos /š/ e /k/ representam, respectivamente, o som de *cher* (ou *cheiro*, em português) e o som de *capo* (ou *couro*, em português).

3 Grimm não foi o primeiro a perceber as correspondências sistemáticas entre as consoantes germânicas e as indo-europeias. O dinamarquês Rasmus Rask já havia notado tal correspondência. Rask, aliás, divide com Bopp o *status* de fundador da gramática histórico-comparativa. Seu trabalho é anterior ao de Bopp, embora tenha sido publicado depois (em 1818, dois anos após a publicação de Bopp) e não inclui o sânscrito em suas comparações.

4 Esse conjunto de grupos de línguas é baseado em Malmberg, 1974.

[5] Movimento surgido na Universidade de Leipzig, que teve como representantes principais Karl Brugmann, Hermann Osthoff, Berthold Delbrück, Jakob Wackernagel e Herman Paul. Esse movimento apresentava severas críticas às primeiras propostas comparatistas. Alguns aspectos de sua visão de mudança foram adotados por correntes linguísticas modernas, interessadas nos fenômenos ligados à variação e à mudança das línguas, como a sociolinguística e o funcionalismo.

[6] F. de Saussure, Curso de linguística geral, São Paulo, Cultrix, 1975.

[7] Esses termos franceses costumam ser traduzidos por *língua* e *fala* respectivamente. Joaquim Mattoso Câmara Jr. costumava utilizar o termo *discurso* para designar a ideia saussureana de *parole*.

[8] Guardadas as devidas proporções, esses três aspectos – o conjunto de elementos, sua organização no sistema e sua combinação – que foram exemplificados através de elementos do nível fonológico das línguas podem ser estendidos aos níveis morfológico e sintático.

[9] N. Chomsky, Estruturas sintácticas, Lisboa, Edições 70, 1980.

[10] B. F. Skinner, Comportamento verbal, São Paulo, Cultrix, 1978.

[11] O swahili é uma língua banto falada no leste da África, e o carajá, uma língua indígena brasileira do tronco macro-jê, falada por cerca de três mil pessoas na ilha do Bananal, Tocantins.

[12] O termo "cognição" refere-se, em linhas gerais, ao funcionamento da inteligência humana.

[13] A linguística formal de Chomsky é dedutiva-axiomática, entretanto o gerativismo praticado em pesquisas em psicolinguística e neurolinguística é eminentemente abdutivo-estatístico, já que apresentam um caráter experimental.

[14] Termo retirado de Tomasello (1998, 2003).

[15] "Simbiose" é um termo da biologia que expressa a associação de dois ou mais seres que lhes permite viver com vantagens recíprocas e que os caracteriza como um só organismo. Um exemplo disso é o líquen, a simbiose de uma alga e de um cogumelo.

Arbitrariedade e iconicidade

Victoria Wilson
Mário Eduardo Martelotta

Há aproximadamente dois mil e quinhentos anos que estudiosos se dedicam a investigar a linguagem e seus mistérios. Na base das indagações iniciais está a tentativa de se compreender não apenas a estrutura da linguagem, mas também a sua relação com o mundo que ela simboliza e com o funcionamento da mente humana.

Já em Platão, filósofo grego, podemos encontrar reflexões sobre a linguagem, questão central na época, nos diálogos conhecidos como *Crátilo*. Nesses diálogos, tomavam parte três interlocutores – Crátilo, Hermógenes e Sócrates –, representando cada qual um ponto de vista a respeito da denominação ou designação, isto é, da relação existente entre o nome, a ideia e a coisa.

A indagação central estava baseada na existência ou não da relação de similaridade – ou, para usar um termo mais moderno, *iconicidade* –, entre a forma (o código linguístico) e o sentido por ela expresso. Para Crátilo, a língua é o espelho do mundo, o que significa que existe uma relação natural e, portanto, similar ou icônica entre os elementos da língua e os seres por eles representados. Para Hermógenes, a língua é arbitrária, isto é, convencional, pois entre o nome e as ideias ou as coisas designadas não há transparência ou similaridade. Sócrates, por sua vez, tem o papel de fazer a integração entre os dois pontos de vista.

Essas questões em torno da oposição entre arbitrariedade e iconicidade do signo linguístico percorrem as correntes linguísticas até os dias de hoje. A noção de arbitrariedade está baseada no princípio da convenção: não há nada no som da palavra que se relacione, de forma necessária, à coisa que ela designa. Não há uma relação natural, por exemplo, entre a construção que utilizamos para nossa moradia e a palavra "casa", até porque, em outras línguas, temos palavras com estruturas sonoras bastante diferentes para designar esse mesmo significado: *house*, em inglês, e *maison*, em francês, apenas para citar algumas.

Por outro lado, a iconicidade do signo linguístico fundamenta-se na ideia de uma motivação que se reflete na estrutura das palavras, indicando uma espécie de relação natural entre os elementos linguísticos e os sentidos por eles expressos. Uma maneira fácil de compreendermos essa relação icônica é pensarmos nas onomatopeias, palavras cuja estrutura sonora imita o som das coisas que designam: "cocorocó" (som do canto do galo), "tique-taque" (ruído de um relógio funcionando), entre outras. Nesses casos, há uma similaridade entre o som e o sentido. A proposta naturalista ganhou força através de pensadores que se interessaram pela origem das línguas e, de fato, foram propostas hipóteses de que a linguagem humana se desenvolveu a partir de sons, criados pelo homem, que imitavam os ruídos encontrados na natureza. Obviamente, propostas desse tipo, carecendo de qualquer base empírica, não têm merecido maior consideração pelos linguistas modernos.

No âmbito específico dos estudos da linguagem, é o linguista suíço Ferdinand de Saussure quem vai realizar na Europa, em fins do século XIX e início do século XX, a síntese dos conceitos da tradição clássica e moderna, inaugurando a linguística como uma ciência que constituiria um ramo de uma ciência maior: a semiologia ou semiótica,[1] a ciência dos signos. Antes de falarmos das posições de Saussure acerca da questão da significação, vejamos algumas informações sobre como a semiótica tradicionalmente trata o problema, tomando como base as ideias de Peirce.

Os estudos em semiótica

Contemporâneo de Saussure, Charles Sanders Peirce, filósofo norte-americano, inaugurava na mesma época os estudos semióticos, ou semiótica, também conhecida como ciência dos signos. Sua semiótica não se aplica apenas à filosofia, mas tem uma grande abrangência nos estudos da linguagem e da comunicação. Para ele, toda ideia é um signo, o homem é um signo, e o mundo está permeado de signos. Segundo o filósofo, toda realidade deve ser estudada sob o ponto de vista semiótico.

Peirce apresenta muitas e diversificadas definições de signo, mas, resumidamente, poderíamos dizer que o signo (ou *representamen*) é uma coisa que representa outra – no caso, seu objeto – ou, conforme as palavras do filósofo: "[...] para que algo possa ser um Signo (expressão ou *representamen*), esse algo deve 'representar', [...] alguma outra coisa, chamada seu Objeto, apesar de ser talvez arbitrária a condição segundo a qual um Signo deve ser algo distinto de seu objeto" (Peirce, 1999: 47).

A noção de signo implica que um elemento A, de natureza diversa, funcione como um representante de um elemento B, ou seja, A guia o comportamento dos indivíduos para um determinado fim de maneira semelhante ao modo como um elemento B os direcionaria para aquele mesmo fim. Para uma melhor compreensão desse processo, podemos pensar em um motorista que, ao perceber uma placa indicativa de curva acentuada, compreende o perigo da situação e reduz a velocidade do veículo. Isso quer dizer que a placa funciona como um signo, já que o motorista reduziu a velocidade como teria feito diante da própria curva perigosa.

Peirce estabelece uma complexa classificação dos signos, agrupando-os em três tricotomias: primeira, segunda e terceira tricotomia. Vamos nos deter aqui apenas à segunda tricotomia, porque ela agrupa os principais elementos estudados no âmbito da linguagem: o símbolo, o índice e o ícone.

O símbolo, de acordo com Peirce, refere-se a determinado objeto, representando-o, com base em uma lei, hábito ou convenção, estabelecendo uma relação entre dois elementos. Para citar alguns exemplos, a cruz é o símbolo do cristianismo, e a balança, o símbolo da justiça. Uma característica importante do símbolo relaciona-se ao fato de que ele é parcialmente motivado, ou seja, há entre o símbolo e conteúdo simbolizado alguns traços relacionados. Assim, não é à toa que o símbolo do cristianismo é uma cruz, uma vez que foi nela que Cristo morreu, como também a balança, representação do equilíbrio e da ponderação – boa imagem para simbolizar a justiça.

Há uma diferença fundamental entre o símbolo, de um lado, e o índice e o ícone, de outro, já que nesses dois últimos há um nível ainda menor de arbitrariedade. No caso do índice, ocorre uma relação de contiguidade com a realidade exterior: a fumaça, por exemplo, é o índice do fogo, e a presença de nuvens negras, o índice de chuva iminente. Ou seja, há nesses casos uma relação mais natural entre o índice e o seu significado. Cabe lembrar que o índice, não representa a coisa, mas é afetado por ela. O ícone,[2] por sua vez, tem uma natureza imagística, apresentando, portanto, propriedades que se assemelham ao objeto a que se refere. A fotografia de um indivíduo, por exemplo, é uma representação icônica desse indivíduo, assim como o mapa do Rio de Janeiro representa a cidade. Assim, um ícone é qualquer coisa que seja utilizada para designar algo que lhe seja semelhante em algum aspecto como, por exemplo, a tinta vermelha usada em uma peça de teatro para representar sangue.

É enorme a importância da classificação semiótica de Peirce não apenas nos estudos da linguagem, mas em outros domínios: as artes, a literatura, a música, o cinema, a moda, a propaganda, a arquitetura e a antropologia. Na linguística, como veremos adiante, Saussure, um dos cientistas que lançaram as bases dessa ciência, propõe a noção de signo linguístico e o caracteriza como um elemento de natureza verbal que possui caráter eminentemente arbitrário.[3]

Os estudos em linguística

Ao pensar o fenômeno linguístico a partir de suas propriedades internas, Saussure abandona a discussão clássica sobre o signo, reinterpretando o conceito de arbitrariedade: desloca, para o interior do sistema linguístico, a dimensão da arbitrariedade direcionada às referências externas à língua. Em outras palavras, Saussure evita o debate filosófico que abarca a conexão entre o nome e coisa que ele designa no mundo biossocial, optando por pensar a relação entre o significante e o significado, elementos constituintes do que ele convencionou chamar de *signo linguístico*.[4]

Para Saussure, o signo linguístico passa a ser o resultado da associação – arbitrária – entre significante (imagem acústica) e significado (conceito). Aqui é importante ressaltar que o significante não é o som material, mas seu correlato psíquico, ou seja, uma estrutura sonora que reconhecemos a partir do conhecimento que temos de nossa língua, relacionando-a, então, a um determinado conceito. Do mesmo modo, o significado não é o objeto real a que a palavra faz referência, mas um conceito, ou seja, um elemento de natureza mental. Desse modo, tanto significante como significado são caracterizados por Saussure como entidades psíquicas.

Esses dois elementos constitutivos do signo linguístico apresentam entre si uma relação arbitrária ou imotivada, ou seja, não há entre eles nenhum laço natural. Isso significa que, no ato de nomeação, a língua não se reduz a um mero reflexo da realidade. Essa relação se estabelece internamente ao sistema linguístico, na relação do signo com outros signos. O esquema abaixo representa a noção de signo com seus componentes:

SIGNIFICANTE
↗
SIGNO LINGUÍSTICO | **Relação Arbitrária**
↘
SIGNIFICADO

O argumento mais forte a favor dessa visão está no fato de que existem, em línguas diferentes, palavras com estruturas sonoras bastante distintas para designar a mesma ideia: o significado da palavra inglesa *knife*, por exemplo, corresponde ao do vocábulo português *faca* e ao do vocábulo francês *couteau* e, como podemos notar, essas três palavras são bastante diferentes do ponto de vista de sua sequência sonora. Muitas vezes, em uma mesma língua, temos palavras diferentes para designar o mesmo significado: é o caso, por um lado, das palavras "aipim", "mandioca" e "macaxeira", e, por outro, dos termos "abóbora" e "jerimum", apenas para citar alguns exemplos da língua portuguesa.

Além disso, uma mesma estrutura sonora pode designar sentidos inteiramente diferentes. Um exemplo disso é o de *banco*, que pode designar, por exemplo, um tipo de estabelecimento destinado a operações financeiras, como em "Vou ao banco pegar dinheiro", ou um tipo de assento estreito e comprido, com ou sem encosto e utilizado para descanso, como em "Sentamos no banco da praça".

Dados como esses constituem, segundo Saussure, um bom argumento de que o signo linguístico é arbitrário. Entretanto, é importante registrar que o linguista suíço admite a possibilidade de uma arbitrariedade relativa, desde que possamos recuperar um conceito e uma forma a partir do signo linguístico: podemos, por exemplo, abstrair de "dezenove" a ideia de "dezena", ou de "macieira", o termo "maçã".

Tradicionalmente, as palavras nas quais há uma arbitrariedade relativa são caracterizadas como casos de *motivação*. Podemos definir motivação como a relação de necessidade estabelecida entre uma palavra e seu sentido ou, aproveitando a própria estrutura do termo, como um fenômeno característico de determinadas palavras que refletem um *motivo* para assumirem uma forma em vez de outra.

É o caso de palavras onomatopaicas, como "miar", que designa o som emitido pelo gato, ou de palavras como "apagador", que, como o próprio nome sugere, designa o objeto utilizado para apagar o que está no quadro de giz. Essas palavras, assim como ocorre com "macieira" ou "dezenove", citadas anteriormente, são motivadas.

A motivação pode ter uma natureza sonora, residir nas características morfológicas da palavra ou ainda estar fundamentada nos seus aspectos semânticos. Por isso, vamos ver separadamente os três diferentes tipos distintos de motivação:

1) Motivação fonética

A motivação fonética está relacionada aos casos de onomatopeia, ou seja, a palavra cuja estrutura sonora apresenta uma semelhança ou uma harmonia em relação ao sentido que ela expressa. São exemplos de motivação fonética, portanto, "cocorocó", "miar", "cochichar", "sussurrar", "tilintar", entre muitas outras palavras.

2) Motivação morfológica

A motivação morfológica está relacionada aos processos de formação de palavras. Desse modo, "leiteiro", por exemplo, constitui uma palavra motivada morfologicamente, já que ela pode ser analisada a partir de seus elementos componentes: leit- (radical de "leite") e -eiro (sufixo designativo de profissão ou ocupação). As palavras compostas são igualmente motivadas, já que não é à toa que o móvel onde se guardam roupas e o aparelho para reduzir a velocidade de queda dos corpos no ar são chamados, respectivamente, de "guarda-roupa" e "paraquedas". O princípio adjacente a esse processo é o ato de utilizar elementos já existentes na língua para se criar uma nova palavra, o que, aliás, ocorre também no terceiro tipo de motivação que analisaremos.

3) Motivação semântica

A motivação semântica está relacionada a processos analógicos associados aos sentidos das palavras. É o que ocorre quando utilizamos o termo "braço" – originariamente designativo de parte do nosso corpo – na expressão "braço da cadeira". Há aí uma analogia que reflete a relação de semelhança entre o nosso braço e a parte da cadeira designada por essa palavra. Mais exemplos desse tipo podem ser vistos em outras catacreses,[5] como "pé de mesa", "cabeça de prego", "dentes da serra", entre outros.

Não apenas as catacreses, mas as metáforas, de um modo geral, retratam a motivação semântica, já que constituem processos de transferência de domínios que refletem relações associativas feitas pelos usuários da língua. Quando dizemos, por exemplo, que "João é o cabeça do grupo", estamos utilizando a palavra "cabeça" com valor correspondente ao de "líder" ou "chefe", analogia que se sustenta pelo fato de ser a cabeça a parte do corpo que pensa e que manda informações para que as outras partes do corpo assumam suas funções. Isso é uma metáfora.

A "metonímia", que se caracteriza por uma transferência no significado de uma palavra com base em uma relação objetiva entre o sentido primeiro e o sentido novo, ou seja, por uma relação de contiguidade, também constitui um caso de motivação. É o que vemos em uma frase como "Pedro bebeu uma garrafa inteira sozinho", que não significa literalmente que Pedro bebeu uma garrafa, o que seria impossível em função da estrutura concreta desse objeto, mas que ele bebeu o conteúdo da garrafa. Essa relação de contiguidade ou proximidade objetiva entre o continente e seu conteúdo é de cunho metonímico e certamente reflete uma motivação de caráter semântico.

Em muitos casos, a palavra é motivada tanto morfológica quanto semanticamente. Vemos isso em casos como o de "pé de pato", por exemplo, que designa um tipo de calçado de borracha utilizado por nadadores e mergulhadores. Nesse caso, temos, por um lado, uma palavra composta de elementos mais básicos, já existentes na língua, e, por outro, uma relação de semelhança entre o formato do objeto (e sua função) com o pé do animal chamado "pato". É uma analogia semelhante à apresentada anteriormente, por exemplo, em "pé de mesa". Outros exemplos de palavras motivadas morfológica e sintaticamente são "pé de cabra" (tipo de alavanca de ferro, semelhante a uma pata de cabra), "mata-cachorro" (parte da motocicleta que se coloca abaixo do guidom para proteger o motor), entre outras.

Entretanto, cabe registrar que esses casos de motivação são considerados arbitrários por Saussure e seus seguidores. Em primeiro lugar porque são formados por elementos já existentes na língua que são arbitrários. No caso da palavra "pé de pato", embora expressão seja motivada, as palavras "pé" e "pato" que a compõem são individualmente arbitrárias, ou seja, não têm uma origem reconhecível a partir de sua própria estrutura.

Outro raciocínio normalmente utilizado para argumentar em favor do caráter arbitrário dessas palavras relaciona-se à casualidade de sua formação. Um termo como "apagador" tem um certo grau de arbitrariedade, já que o falante, para designar o mesmo objeto, poderia se valer de outros elementos, formando palavras como, por exemplo, "limpador" ou "apagante". Ou seja, embora utilizemos elementos já existentes na língua, nós escolhemos esses elementos de modo arbitrário.

Segundo a visão estruturalista, até mesmo as onomatopeias são arbitrárias. Comparar onomatopeias em línguas diferentes fornece um bom argumento a favor dessa posição. O canto do galo é representado em português pelo vocábulo "cocorocó", em inglês por *cock-a-doodle-doo*, em alemão por *kikeriki*, palavras não tão iguais entre si. Para designar o som de volume baixo, o português criou a onomatopeia "sussurrar", que corresponde à onomatopeia do inglês *whisper* e à do alemão *flüstern*. Ou seja, casos como esses sugerem que, mesmo com a imitação do som característica da onomatopeia, há um nível de arbitrariedade na formação da estrutura sonora da palavra.

Podemos concluir, então, que as noções de arbitrariedade e de motivação (ou iconicidade) não são exclusivas, ou seja, não constituem antônimos, mas antes visões diferentes de um mesmo fenômeno. A noção de arbitrariedade observa exclusivamente a relação existente entre o som e o sentido da palavra, já a noção de motivação ou iconicidade leva em conta o fato de o falante, de algum modo, fazer corresponder a forma da palavra com o significado que ela expressa.

Com o advento da linguística funcional e dos princípios teóricos que caracterizam a linguística cognitiva, as questões relativas à discussão arbitrariedade/iconicidade ganham novos contornos, já que a língua deixa de ser observada apenas como uma estrutura e passa a ser analisada como o reflexo do comportamento de seus usuários em situações reais de comunicação, postura metodológica que não era adotada na linguística estrutural.

A visão saussuriana, que foca apenas a relação entre um som e um sentido já prontos no sistema sincrônico da língua estático por natureza, dá lugar a uma concepção mais dinâmica, segundo a qual a linguagem funciona como um elemento criador de significação nos diferentes contextos de uso. Assim, passa-se a observar não apenas a palavra ou a frase, mas o texto, o qual reflete um conjunto complexo de atividades comunicativas, sociais e cognitivas.[6] Nessa nova perspectiva, a linguagem, longe de ser um conhecimento fechado, como propõe a visão saussuriana, constitui o reflexo de processos gerais de pensamento que os indivíduos elaboram ao criarem significados, adaptando-os a diferentes situações de interação com outros indivíduos.

É interessante nos demorarmos um pouco mais no aspecto dinâmico que essa nova concepção confere à linguagem. O uso da língua nas situações reais de comunicação sugere que estamos constantemente adaptando as estruturas linguísticas para se tornarem mais expressivas nos contextos em que as empregamos. Isso ocorre porque, por um lado, as formas muito frequentes na língua acabam perdendo seu grau de novidade, ou seja, sua expressividade. Por outro lado, o homem muda e, com ele, muda também o ambiente social que o cerca. Assim surgem novas tecnologias, novas profissões e novas relações sociais, o que faz com que os falantes busquem novos meios de rotular esses novos conceitos.

Mas essa dinâmica das línguas não se dá de qualquer maneira, ou seja, a criatividade que caracteriza o ato comunicativo não é movida por meros artifícios arbitrários de que os falantes lançam mão porque acidentalmente lhes vieram à cabeça. Ao contrário, parece que esse processo adaptativo é veiculado por determinados mecanismos básicos que refletem a natureza de nossa inteligência e o modo como ela regula nossa vida social. Isso sugere que há muito mais motivação ou iconicidade nas línguas do que se poderia inicialmente imaginar.

Assim, após a criação do elevador, por exemplo, a palavra mais comumente utilizada para designar o ato de apertar o botão para que o elevador chegue ao andar em que estamos foi o verbo "chamar". Isso reflete uma analogia entre um processo comum no nosso dia a dia que é o ato de chamar uma determinada pessoa e a ação de apertar o botão a fim de que o elevador venha até nós. Esse processo analógico, em que transferimos determinados dados de um domínio de significação para outro se identifica com o que chamamos de metáfora.

Foi principalmente com Lakoff e Johnson (2002) que a metáfora – assim como a metonímia – passou a ser vista não como um mero recurso poético ou estético, como se pensava tradicionalmente, mas como um mecanismo que desempenha um papel central na definição da nossa realidade cotidiana, já que reflete o modo como pensamos ou experienciamos na nossa vida diária. Ou seja, é da natureza essencial do nosso sistema conceptual compreender e experienciar uma coisa em termos de outra.

Segundo os autores, as metáforas estruturam tudo o que percebemos do mundo, e também o modo como nos relacionamos com outras pessoas, compartilhando um mesmo sistema conceptual, ou seja, adotando um mesmo conjunto de interpretações acerca da realidade que nos cerca. Dados referentes a diferentes línguas sugerem que a maior parte de nosso sistema conceptual é de natureza metafórica.

Um dos exemplos apresentados pelos autores de como isso se dá é o fato de que nos habituamos, por exemplo, a pensar em nossa mente (às vezes representada pela palavra "cabeça") como um recipiente, ou seja, algo concreto capaz de conter alguma coisa dentro de si. Isso pode à primeira vista parecer muito estranho, mas, na verdade, essa metáfora é altamente produtiva e não apenas no português. Frases como "Minha mente está cheia de ideias" e "Não consigo tirar esse filme da minha cabeça" só são possíveis em função dessa metáfora. É claro que, de modo semelhante, dentro desse recipiente que representa de modo metafórico nossa mente colocam-se ideias, ou conhecimentos, os quais são normalmente metaforizados como objetos, como sugere a frase "Quem colocou essas ideias na sua cabeça?", entre muitas outras.

Os processos metafóricos estão presentes nas línguas naturais de um modo geral e constituem, portanto, uma estratégia cognitiva que permite nosso pensamento navegar por conceitos abstratos. Mais do que isso, mecanismos desse tipo têm se mostrado fundamentais na criação de palavras para designar novos conceitos. Por isso não podem deixar de ser apresentados como fortes fatores motivadores da estrutura da língua.

Muitos trabalhos em funcionalismo procuram descrever o modo como as pessoas adquirem rótulos para conceitos para os quais ainda não há designação em uma determinada língua, ou para os quais há necessidade de uma nova designação. Há várias maneiras de se fazer isso e algumas delas estão apresentadas a seguir:

a) inventar uma nova palavra, criando, de modo inteiramente arbitrário, uma estrutura sonora diferente;
b) tomar emprestado de outros dialetos ou de outras línguas;[7]
c) criar palavras pelos processos associados ao fenômeno da motivação.

Ocorre que a opção apresentada no item (a) é dificilmente usada em função de sua pouca funcionalidade. A estratégia apresentada em (b) é muito comum, especialmente em casos em que a coisa designada provém de outro país ("futebol", proveniente de *football*, esporte surgido na Inglaterra) ou de outra região ("acarajé", bolinho da culinária baiana). A opção expressa em (c) é a mais produtiva das três: imitar o som da coisa designada e, sobretudo, usar elementos que existem na língua para forjar a nova palavra oferece menor custo cognitivo para o falante, que utiliza o que lhe está disponível, assim como para o ouvinte, que se vale de seu conhecimento desses elementos preexistentes na língua para melhor inferir o significado da palavra nova.

Esse processo reflete o princípio, apresentado por Werner e Kaplan (1963), chamado *princípio da exploração de velhos meios para novas funções*: conceitos concretos são empregados para descrever fenômenos menos concretos e mais difíceis de serem conceptualizados. Ou seja, entidades concretas, perceptíveis pelos nossos sentidos corporais e, portanto, mais claramente delineadas e estruturadas, servem de base para a nossa compreensão de ideias abstratas, sensações e, de um modo geral, experiências não físicas, que por sua natureza mental ou sensorial são mais difíceis de serem conceptualizadas.

Heine (1991) argumenta que esse processo de extensão semântica apresenta certa regularidade e propõe uma escala que a indique:

PESSOA > OBJETO > ATIVIDADE > ESPAÇO > TEMPO > QUALIDADE

Os elementos dessa escala apresentam grau crescente de abstratividade e constituem entidades prototípicas que representam domínios de conceptualização importantes para a estruturação de nossa experiência. É claro que essa escala deve ser vista como um conjunto muito geral de domínios da experiência e como um reflexo de tendências igualmente gerais. Ou seja, não devemos inferir que o elemento linguístico precise cumprir todo o caminho proposto na escala, apresentando cada sentido, partindo da PESSOA até chegar a QUALIDADE, mas sim que um dado relativo a qualquer desses domínios da trajetória pode ser utilizado para expressar qualquer outra entidade à sua direita. Sendo assim, devemos compreender essa trajetória escalar como um grupo de extensões semânticas básicas e tratá-la mais como um caminho padrão do que como um processo que não admite exceções.

Estabelecido o aspecto generalizante dessa escala, falemos um pouco mais sobre ela. Há três coisas que precisamos ter sempre em mente. A primeira é que a relação entre suas entidades é metafórica por natureza, ou seja, tende a haver uma transferência semântica de um elemento para o outro: metáfora *objeto* para *espaço*, *espaço* para *tempo*, entre outras. A segunda diz respeito ao fato de que essa escala se apresenta como unidirecional, partindo daquilo que é mais próximo e mais definido para o ser humano, que é seu próprio corpo (PESSOA), para a designação de elementos concretos do mundo real (OBJETO) e progredindo em direção à expressão de categorias cada vez mais abstratas (ATIVIDADE, ESPAÇO, TEMPO e QUALIDADE). Essa unidirecionalidade deve ser entendida como uma forte tendência de os dados mais concretos serem utilizados para categorizar entidades mais vagas e abstratas, e não o contrário.[8] A terceira é que essa escala tem um caráter translinguístico, ou seja, não se manifesta apenas no português, constituindo um fenômeno inerente às línguas naturais, o que, por hipótese, se explica pelo fato de ser ela o reflexo da atuação de nossa capacidade cognitiva.

Vejamos alguns exemplos de como essas trajetórias se dão em português. Palavras que indicam partes do corpo, como "braço", por exemplo, podem passar a designar:

a) um objeto, como em "braço da cadeira" (o mesmo ocorre em "pé de mesa", "dentes da serra", "orelhão", etc.);
b) uma atividade, como em "braçada" (o mesmo ocorre em "pernada", "manipulação", etc.);
c) uma medida de espaço, como em "uma braça" (o mesmo ocorre em "pé", "polegada", etc.);[9]
d) uma qualidade, como em "Ele é meu braço direito" (o mesmo ocorre em "pé-frio" [= azarado], "mão-aberta" [= esbanjador, generoso], "perna de pau" [= mau jogador], etc.).

Do mesmo modo, palavras que designam noções espaciais, como "atrás", por exemplo ("atrás da casa"), podem passar a designar:

a) noções temporais, como em "duas horas atrás" (o mesmo ocorre com os elementos originariamente espaciais "antes" e "depois": "antes/depois da esquina" > "antes/depois da hora", etc.);
b) qualidades, como em "Suas ideias são atrasadas" (o mesmo ocorre com "retardado", "estar à frente de sua época", etc.).

Para frisar que essas relações não existem apenas em língua portuguesa, vejamos alguns casos de transferência de espaço para tempo em algumas outras línguas. Em espanhol, temos *después de la esquina* ("depois da esquina": valor espacial de *después*), ao lado de *dos años después* ("dois anos depois": valor temporal de *después*). Em francês, temos *après le coin de la rue* ("depois da esquina": valor espacial de *après*), ao lado de palavras como *après-midi* ("à tarde", ou seja, depois do meio-dia) e *après-demain* ("depois de amanhã"), que exemplificam o uso da palavra espacial *après* com valor temporal. O mesmo ocorre com o termo inglês *after*: *The hotel is located after third traffic light* ("O hotel se localiza depois do terceiro sinal de trânsito": valor espacial de *after*) coexiste com expressões do tipo *the day after* ("o dia seguinte": valor temporal de *after*).

Desse modo, quando observamos a gênese dos elementos linguísticos notamos que, para criar termos novos a fim de designar novos objetos ou novas formas de relação social, o falante não inventa uma palavra, criando, a partir do nada, uma estrutura sonora diferente. Ao contrário, sua tendência é utilizar elementos já existentes em sua língua ou, pelo menos, pegar emprestado um termo de outra língua ou dialeto.

O que muitas vezes ocorre com as palavras aparentemente imotivadas ou arbitrárias, ou seja, aquelas cujo sentido não pode ser previsto a partir de sua estrutura, é que sua motivação se perde com o tempo. A dinâmica da comunicação vai fazendo com que as palavras tenham sua estrutura e seu sentido modificados, e nesse processo os falantes vão perdendo consciência das origens dos vocábulos e das expressões.

Alguns exemplos são interessantes nesse sentido. A palavra portuguesa "pensar", que hoje designa o ato abstrato de organizar as ideias, provém do latim *pensare*, que significava basicamente "suspender", "pesar". A analogia entre o ato de pensar e o de pesar as informações ou as ideias certamente não é estranha para nós, mas se perdeu no labirinto do tempo de modo que o falante atual utiliza o verbo "pensar" como uma forma não motivada.

Casos como esses sugerem que a iconicidade, entendida como uma motivação entre forma e sentido, está bastante presente nas línguas naturais. Como os estudos funcionalistas, contrariamente aos estudos formalistas, privilegiam a função sobre a forma, observando a língua do ponto de vista do contexto linguístico e da situação extralinguística, o princípio de iconicidade tornou-se fundamental para a observação e interpretação da relação entre forma e função e para a concepção de gramática das línguas. Sendo assim, a iconicidade não se manifesta apenas na relação entre a forma e o sentido das palavras, mas também na estrutura da frase ou mesmo do texto.

Bolinger (1977), considerado o precursor do funcionalismo norte-americano, foi um dos primeiros a repensar a noção de iconicidade do ponto de vista da função comunicativa que cada forma desempenha. Ele postulou que a condição natural da língua é preservar uma forma para um sentido e um sentido para uma forma. Isso vale também para a existência de mais de uma forma para indicar o mesmo sentido, que segundo o autor constitui uma situação muito improvável. Assim, "morrer", "falecer", "partir desta para melhor" e "bater as botas", embora aparentemente designem o mesmo processo, não são empregados indiferentemente em situações distintas de comunicação porque, na verdade, não têm exatamente o mesmo valor: ninguém em sã consciência vai informar a um amigo a morte repentina e trágica de sua mãe dizendo "Sua mãe bateu as botas".

Isso demonstra que não há nas línguas sinônimos verdadeiros, ou, nos termos de Bolinger, duas formas com a mesma função. Os elementos da língua têm um histórico de usos, de modo que uma expressão como "bateu as botas" é normalmente empregada em situações de pouca seriedade, que envolvem normalmente um fator de ironia ou, pelo menos, de brincadeira. Por isso ela não é empregada no contexto descrito anteriormente.

No nível da frase, essas questões associadas à iconicidade também entram em jogo. Vejamos as duas frases a seguir:

a. Eu já vi esse filme.
b. Esse filme eu já vi.

Essas duas frases, embora aparentemente tenham o mesmo valor semântico, são diferentes do pronto de vista pragmático, ou seja, de um modo geral, não são ditas nos mesmos contextos comunicativos. O exemplo b, em que o objeto direto "esse filme" está anteposto ao verbo, reflete uma estrutura típica de uma situação em que a informação por ele expressa é conhecida, ou seja, já foi mencionada anteriormente. Não é raro inclusive que na continuidade do discurso esse elemento funcione como tópico ou assunto do qual se está falando, aparecendo no início de várias orações em sequência.

Quanto ao seu grau de informatividade, os elementos da língua se apresentam de modo distinto em diferentes situações. O fato de um elemento constituir uma informação conhecida em um determinado contexto de comunicação atribui a ele determinadas características formais. No caso do exemplo anterior, o elemento vai para o início da frase, já que constitui o tópico ou assunto sobre o qual se está falando. Essa estrutura, portanto, não se dá de forma casual ou arbitrária, mas é motivada pelo valor informacional que seus elementos apresentam no contexto de uso. Esse fenômeno é caracterizado por Givón (1990) como o subprincípio icônico da *relação entre ordem sequencial e topicalidade* (ver o capítulo "Funcionalismo"), que prevê uma conexão entre o tipo de informação veiculada por um elemento da frase e a ordenação que ele assume nessa frase.

No que diz respeito à ordenação dos elementos, Givón (1990) demonstrou também que, em uma narrativa, a sequência de eventos não se dá de forma casual ou arbitrária, mas é motivada pela sequência em que os fatos ocorreram na realidade. Desse modo, uma sequência como "Cheguei em casa, jantei, fui para cama e dormi" reflete a ordenação real dos fatos, não podendo, portanto, ser alterada, sob pena de se obter um outro sentido ou uma frase sem sentido. Essa relação entre a ordem das orações no período e a sequência em que ocorreram na realidade corresponde ao que Givón chama de *subprincípio da ordenação linear*.

Outro subprincípio icônico formulado por Givón (1990) é chamado de *subprincípio da quantidade*, segundo o qual quanto maior a quantidade de informação, maior será a quantidade da forma, de tal modo que a estrutura de uma construção gramatical indica a estrutura do conceito que ela expressa. É o que ocorre no exemplo abaixo, retirado do *corpus* Discurso & Gramática,[10] que apresenta a repetição do verbo "rodar":

> Quando eu era pequena... eu ficava brincando com aqueles disquinho que era... aí eu amarrei... fiquei **rodando**... **rodando**... **rodando**... aí fiquei tonta...

Nesse exemplo, a iconicidade se manifesta na relação entre a quantidade de tempo que a informante ficou rodando e a quantidade de material linguístico que ela utilizou para indicar isso: ela repete o verbo "rodar" (em "fiquei rodando... rodando... rodando..."). Isso não apenas traduz com realismo e dinamismo a experiência vivida pela informante, como, sobretudo, reflete uma relação de motivação entre o sentido (quantidade/tempo associados ao ato de rodar) e a forma (a repetição do verbo que expressa esse ato).

Há ainda mais um fenômeno relacionado à iconicidade, segundo Givón, que está associado ao chamado *subprincípio da proximidade*. Segundo esse subprincípio, o que está mais próximo no campo do sentido se mantém mais próximo na forma. Ou seja, o fato de as entidades estarem próximas funcional, conceptual ou cognitivamente motiva os falantes a colocarem os termos designativos dessas entidades próximos no nível da frase.

Esse talvez seja o subprincípio mais difícil de ser compreendido e se refere, entre outras coisas, a uma tendência geral de manter os modificadores restritivos perto do seu núcleo nominal e de colocar um sintagma nominal sob um contorno entoacional unificado.

Isso explicaria, por exemplo, o fato de os adjetivos estarem sempre ao lado dos substantivos a que se referem, como, por exemplo, no sintagma nominal "calça curta". Ao conceptualizarmos a entidade "calça", automaticamente registramos seu tamanho, uma característica inerente à calça que estamos querendo expressar. Se esses conceitos – a entidade e seu tamanho – estão próximos em nossa concepção, não é estranho que, ao falarmos sobre eles, coloquemos lado a lado na frase os termos que os designam: aquele que indica sua essência como ser (o substantivo) e aquele que o individualiza em relação a outros do mesmo tipo (o adjetivo).

Essas questões que desenvolvemos neste capítulo nos mostram que as discussões que envolvem as noções de arbitrariedade e iconicidade são bastante complexas e estão longe de refletir um consenso entre os cientistas. Elas não se limitam à realidade restrita ou à relação entre o som e o sentido das palavras, abrangendo questões muito mais profundas, como *De que forma o homem codifica o universo à sua volta? Qual a relação entre a mente humana e a linguagem, e entre esta e a cultura? É possível analisar a linguagem sem levar em conta os aspectos associados ao seu uso em situações concretas de comunicação?* No curso da história dos estudos da linguagem, várias correntes trouxeram visões diferentes acerca do assunto que, com o desenvolvimento das pesquisas, foram sendo ora abandonadas, ora retomadas. Este capítulo, portanto, trouxe algumas informações relacionadas a uma antiga polêmica, que por não ter sido ainda solucionada de modo definitivo se apresenta como um tema fascinante aos olhos dos cientistas interessados em compreender o funcionamento da linguagem e da cognição humana.

Exercícios

1) De que modo os dados apresentados abaixo podem constituir argumento favorável à proposta de Saussure de que o signo linguístico é arbitrário?

luva	→	Peça de vestuário que se ajusta à mão
glove	→	e aos dedos, funcionando como
gant	→	agasalho, adorno ou forma de higiene.

2) Durante a Copa do Mundo em 2002, quando o Brasil foi pentacampeão, foi publicada uma tirinha cujos personagens exclamavam:

English: Go! Go! Brasil: Gol! Gol!

Pode-se dizer que este é um caso em que o princípio de arbitrariedade está em jogo? Justifique sua resposta.

3) O fato de que a cor preta representa luto no ocidente pode ser caracterizado como um símbolo? Justifique.

4) Defina os três casos de motivação e apresente pelo menos um exemplo de cada um deles.

5) O uso da palavra "angústia" apresentado a seguir pode constituir um caso de perda de motivação consequente do passar do tempo? Justifique sua resposta.

A palavra "angústia", hoje designativa de um sentimento de ansiedade ou aflição intensa, provém do latim *angustia*, cujo sentido primeiro era mais concreto: "espaço apertado", "estreiteza", "desfiladeiro".

6) Com base nos exemplos em português e inglês que seguem, faça um comentário acerca do caráter translinguístico da relação entre a expressão de noções espaciais e noções temporais:

a) Em português:

Minha casa fica logo **depois** da padaria.

Cheguei em casa logo **depois** das sete horas.

b) Em inglês:

The hotel is located **after** third traffic light.

Two years **after the 11** March 2004, terrorist attacks in Madrid.

7) A frase abaixo apresenta um recurso muito comum na fala coloquial de repetir uma palavra, muitas vezes um adjetivo, para intensificar o seu valor. Esse fenômeno pode ser explicado por algum dos três subprincípios de iconicidade? Justifique sua resposta.

O filme é *lindo, lindo, lindo.*

Notas

1 O termo "semiologia" está relacionado à tradição saussuriana, constituindo uma tradução do francês *sémiologie*. Já o termo "semiótica" (do inglês *semiotics*) está associado ao trabalho desenvolvido nos Estados Unidos por Peirce.

[2] Termo proveniente do grego *eikón*, que significa "imagem".

[3] Com a evolução dos estudos linguísticos e o surgimento do funcionalismo e da linguística cognitiva (ver capítulos "Funcionalismo" e "Linguística cognitiva") na segunda metade da década de 1970, o papel da noção de iconicidade na língua voltou a ganhar destaque.

[4] Saussure evitou o termo "símbolo", já que este tem como característica não ser completamente arbitrário.

[5] "Catacrese" é um termo tradicionalmente empregado para designar um tipo de metáfora já fossilizada na língua e que representa, segundo alguns autores mais puristas, uma relação de semelhança abusiva, representada normalmente por casos como "cabeça de alfinete", "embarcar no trem", "aterrissar em alto mar", além dos apresentados neste texto.

[6] O termo *cognitivo* está associado aos aspectos do funcionamento da mente que permitem ao homem construir, armazenar e partilhar conhecimento.

[7] A utilização de elementos de línguas antigas como o latim ou o grego clássico está prevista nessa opção.

[8] As línguas exibem exceções a essa unidirecionalidade, como o caso da palavra abstrata "sonho" que passa a designar um tipo de pão doce, um conceito concreto. Mas, em termos estatísticos, os casos de exceção são, de um modo geral, pouco expressivos.

[9] "Braça", que é um termo proveniente do latim *bracchia*, plural de *bracchiu* (= braço), e "pé" designam antigas unidades de medida de comprimento. O mesmo ocorre com "polegada", medida de comprimento aproximadamente igual ao do comprimento da segunda falange do polegar.

[10] Conjunto de entrevistas gravadas por falantes do Rio de Janeiro, de Niterói, de Natal, de Juiz de Fora e do Rio Grande, organizado por pesquisadores do Grupo de Estudos Discurso & Gramática, formado por professores da UFRJ, da UFF e da UFRN.

Motivações pragmáticas

Victoria Wilson

As discussões teóricas na linguística giram em torno de dois pontos fundamentais dos quais derivam as escolas linguísticas: a concepção de língua e linguagem e a perspectiva que o pesquisador adota em relação ao seu objeto de estudo. Dependendo do modo como os estudiosos concebem a língua, surge uma teoria e um método equivalente e adequado para explicar seu funcionamento, sua organização, sua estrutura e as possíveis relações da língua com outros elementos internos ou externos ao sistema linguístico.

A partir do século XX, depois da publicação do *Curso de linguística geral*, de Ferdinand de Saussure, podemos afirmar que as pesquisas linguísticas se dividem em dois grandes polos: o polo formalista e o polo funcionalista.

O primeiro dá ênfase à forma linguística, isto é, à ideia de língua como sistema e estrutura. A língua é entendida como um objeto autônomo, independente das intenções de uso e da situação comunicativa. Embora Saussure compreenda a *língua* em sua dimensão social, como um sistema de signos que é ao mesmo tempo produto social da faculdade da linguagem e de um conjunto de convenções adotadas pela comunidade, essa dimensão só se "infiltra" mesmo na sua contraparte, a *parole*, isto é, a fala. Esta corresponde à parte individual e concreta da língua e é, conforme Saussure, acidental e acessória.

Seguindo a tendência formalista da língua, introduz-se a teoria desenvolvida por Noam Chomsky, que privilegia a *competência linguística ou gramatical* sobre o desempenho (*performance*) e que supõe um falante e um ouvinte ideais, numa comunidade linguística homogênea. Isso significa que tudo o que diz respeito à heterogeneidade da língua fica restrito a outro âmbito, o de sua realização, que corresponde à noção de *desempenho* (*performance*). Apesar de mais tarde Chomsky considerar, ao lado da competência gramatical, a competência pragmática, isto é, aquela que contempla o conhecimento das condições de uso da língua, a noção de comportamento linguístico é desvinculada das relações entre língua e sociedade.

Segundo Papi (1996: 89), a competência pragmática advogada por Chomsky ainda se mantém no plano da idealização porque "se situa no mesmo plano das estruturas mentais hipotéticas independentemente dos usos dessas estruturas em circunstâncias comunicativas ou interativas concretas".

A segunda tendência, que vai em direção ao paradigma funcional, se dá no momento em que o enfoque sobre a língua é tomado numa perspectiva sociointeracionista e funcional. Esse novo enfoque busca observar as condições de uso da língua em situações reais de comunicação, ou seja, o momento em que se põe em evidência a chamada competência comunicativa ou pragmática, considerando agora as relações entre forma e função, entre os fatores gramaticais e os sociais.

Dentro desse paradigma estão as seguintes escolas da linguística: a sociolinguística, a sociolinguística interacional, o funcionalismo, a linguística sociocognitiva, a análise do discurso, a pragmática, entre outras. Cada uma delas, a seu modo, ou seja, de acordo com seus modelos teóricos e metodológicos, considera a língua em uso, observando os fenômenos de variação e mudança linguísticas, as interações face a face (e de outros tipos) entre falante e ouvinte, as influências sociais e psicossociais na estrutura da língua, a ideologia e a construção da subjetividade, os atos de fala no lugar de frases e sentenças verdadeiras e gramaticais, as implicaturas conversacionais, entre outros fatores. Dá-se relevo agora à fala ou ao discurso, e a noção de falante e ouvinte ideais é substituída pela de falante e ouvinte reais, ou seja, interlocutores inseridos num tempo e num espaço determinados.

Mas o que seriam propriamente as motivações pragmáticas? As investigações mais recentes na formulação de uma teoria pragmática se movem em duas direções, ambas centradas no uso. Há várias definições de "uso", assim como há inúmeras para o termo "pragmática". A pragmática linguística está afiliada à filosofia, mais precisamente à filosofia da linguagem, ao pragmatismo filosófico e à semiótica; nasce com a ideia de signo, ou melhor, das relações que os signos estabelecem em vários âmbitos.

Dessas relações originaram-se três vertentes: a semântica, que estuda a relação dos signos com os objetos; a sintática, que estuda a relações dos signos entre si; e a pragmática, que estuda a relação dos signos com os intérpretes – a dimensão pragmática da semiótica. Se há signos que não se referem a ou denotam objetos, o que fazer para compreendê-los? De modo semelhante, como também há signos que, numa classificação da gramática tradicional, podem ser considerados pertencentes a uma determinada classe gramatical, mas, em contextos específicos, exercem função diferenciada, como fazer para entendê-los? Então, o contexto extralinguístico, os fatores socioeconômicos, culturais e afetivos envolvidos na comunicação e o modo como os participantes desse contexto estabelecem a interação constituirão elementos-chave para a abordagem de natureza pragmática.

A noção do significado como uso nasce com Wittgenstein, filósofo alemão que rompe com a concepção tradicional de que a língua tem a função de designar seres; para ele, é a língua que cria os objetos, e o significado da palavra está associado ao uso da língua, que, por sua vez, é socialmente coordenado e regulado. São pertinentes aqui as palavras de Marcondes (1992: 41) para entendermos as relações entre significado, uso e pragmática:

> Quando a linguagem é adquirida, o que se adquire não é pura e simplesmente uma língua, com suas regras especificamente linguísticas, mas todo um sistema de práticas e valores, crenças e interesses a ele associados. É neste sentido que podemos falar da aquisição de uma pragmática.

Portanto, a pragmática linguística deve muito às contribuições filosóficas no que concerne aos problemas relacionados aos componentes semânticos e pragmáticos do significado. A teoria dos atos de fala, oriunda da filosofia da linguagem, é um modelo teórico desenvolvido dentro do campo de investigação da pragmática, conforme será apresentado neste capítulo.

Mas, assim como a filosofia, a pragmática também recebeu contribuições importantes da antropologia, da psicologia, da sociologia, da sociolinguística. Estudiosos como Basil Bernstein, William Labov, Charles Fergusson, John Gumperz e Dell Hymes desenvolveram vários trabalhos sobre a variabilidade linguística e o uso da língua em contextos reais de comunicação, que constituem um dos enfoques teóricos de estudo da pragmática. Na perspectiva do comportamento verbal e da interação, a importante contribuição de Erving Goffman (na linha da etnografia da fala) resultou no advento da teoria da polidez, introduzida por Brown e Levinson (1987), e na Análise da Conversação (Sacks e Schegloff) como campos de investigação da pragmática no sentido de estudar o significado em situações de interação, que também serão contemplados neste capítulo.

Esse panorama leva a concluir o quanto a pragmática se constitui em uma área ampla e diversificada, adquirindo várias acepções conforme o enfoque adotado. Yule (1996), por exemplo, apresenta as seguintes definições: a) pragmática é o estudo do significado sob o ponto de vista do falante; b) pragmática é o estudo do significado contextual (isto é, leva em conta o modo como os falantes organizam seus enunciados, aquilo que eles querem dizer, de acordo com os seguintes fatores: a quem vão dizer, como vão dizer, onde e quando vão dizer e sob que circunstâncias); c) pragmática é o estudo do como se diz além daquilo que é dito (isto é, o estudo do significado subjacente, do não dito); d) pragmática é o estudo da expressão da proximidade/distanciamento relativo (isto é, de acordo com o tipo de proximidade física, social ou conceitual em relação aos ouvintes, os falantes determinam como e quanto precisam dizer).

Com base nessas definições, é possível afirmar que a pragmática pode ser entendida como a teoria do uso linguístico, distinguindo-se radicalmente do chamado polo formalista da língua. A concepção de competência gramatical, pautada no conceito ideal e abstrato da língua e dos indivíduos que a falam, é substituída pela dimensão social do uso linguístico. Desenvolvem-se, então, estudos no âmbito da competência comunicativa e no da competência pragmática, de que fazem parte fatores extralinguísticos, como o contexto situacional, os participantes da cena comunicativa, o conhecimento das normas e convenções linguísticas e sociais pertinentes ao contexto em questão, a atribuição de papéis e as funções de cada um dos envolvidos.

Enfim, o estado atual da pragmática reconhece o uso da língua e o modo como ela é empregada na interação verbal, não estabelecendo a dicotomia entre o que é interno e externo à língua. Essa perspectiva compreende tanto a estabilidade e regularidade do comportamento social e linguístico (padrões, crenças e convenções) como as tensões, as controvérsias e as rupturas.

Neste capítulo serão apresentados alguns estudos da pragmática, tais como: as implicaturas conversacionais, a teoria dos atos de fala, a teoria da polidez e a análise da conversação.

Implicaturas conversacionais

As implicaturas conversacionais constituem um dos mais importantes estudos que exerceram influência decisiva para o desenvolvimento da pragmática. Cabe ao filósofo americano H. P. Grice, cujos estudos datam de 1957, e que foram revisados em 1975, as noções de "implicatura" e o estabelecimento de princípios que regem a comunicação.

Grice distinguiu dois tipos de implicaturas. As *convencionais* são as implicaturas cuja significação é gerada internamente, isto é, dentro do sistema linguístico: na frase "Apesar de fanfarrão, ele é um bom jogador de futebol", por exemplo, a locução conjuntiva "apesar de" provoca as relações de sentido entre uma oração e outra (no caso, uma relação de concessão). Já as implicaturas *conversacionais* estão mais ligadas ao contexto extralinguístico. Refletindo sobre este segundo tipo de implicatura, Grice criou os princípios de cooperação e as máximas conversacionais. Para ele, nem sempre o que se diz corresponde à realidade ou é realmente aquilo que se quer dizer, donde a importância de se recorrer, nestes casos, ao contexto comunicativo: o significado é obtido, então, por meio de uma implicatura, isto é, do resultado da adesão ao princípio de cooperação que guiaria a interação verbal (linguística) entre os indivíduos.

Então, num diálogo como esse:

A: Você vai ao cinema com a gente?
B: Estou com dor de cabeça.

a resposta, que a princípio parece inadequada, é interpretada através de uma implicatura conversacional. Para não dizer "não" explicitamente, B optou por um outro tipo de resposta, indireta, mantendo o mesmo efeito negativo.

O princípio de cooperação é elaborado com base em uma fórmula geral e é assim posto: faça a sua contribuição na conversação, atendendo ao que é solicitado, no momento exigido, visando aos propósitos comuns e imediatos, de forma consequente em relação aos compromissos conversacionais estabelecidos. Desse princípio geral resultam quatro máximas:

1) Máxima da quantidade (seja informativo):
   - Na conversação, coopere de modo a informar aquilo que está sendo requerido em função dos propósitos comunicativos.
   - Faça com que sua contribuição não seja mais informativa do que o exigido na situação.
2) Máxima da qualidade (seja verdadeiro):
   - Não diga aquilo que você considera falso.
   - Não diga nada que não possa ser comprovado ou para o qual você não possa fornecer evidência.
3) Máxima da relação (seja relevante).
4) Máxima do modo (seja claro):
   - Evite expressões ambíguas.
   - Evite expressões que possam obscurecer o significado.
   - Seja breve (evite digressões desnecessárias).
   - Proceda de modo ordenado.

As máximas serão exemplificadas com base em exemplos reais de interação. Será apresentada abaixo uma carta de reclamação escrita por um proprietário de imóvel residencial à empresa construtora. Observe como o proprietário procede em sua reclamação e como as máximas foram contempladas:

> "Prezados Senhores:
> Eu, (XX), proprietário do apto. 1004, situado à (endereço do apto.), venho através da presente solicitar a V. Sas. que vistorie e conserte a pia da cozinha. O serviço de vedação ao redor da cuba já foi feito há algum tempo atrás, mas já está saindo tudo.
> Certos de vossas atenções, subscrevo-me.
> Minha área está provocando uma infiltração do apto. 904 há mais de 2 meses. Eles, já fizeram a reclamação por escrito.
> Atenciosamente"

De acordo com a *máxima da quantidade*, é necessário ser objetivo e bastante informativo, não dizendo mais além do exigido. Para fazer a reclamação sobre a pia da cozinha, o proprietário limitou-se a uma breve solicitação: "Eu (...) venho através da presente solicitar a V. Sas. que vistorie e conserte a pia da cozinha."

A princípio, o proprietário também respeitou a *máxima da qualidade*, sendo verdadeiro, e não "inventando" outros defeitos ou aumentando o problema apresentado. Evitou ambiguidades e digressões (mesmo porque, nesse caso, qualquer tipo de obscurecimento comprometeria a informação, o que poderia levar a um não atendimento do pedido/reclamação por parte da empresa), adequando-se, dessa forma, à *máxima do modo*: "O serviço de vedação ao redor da cuba já foi feito há algum tempo atrás, mas já está saindo tudo."

O remetente foi relevante no sentido de não dizer nada que, segundo a ótica do consumidor, não pudesse ser comprovado, ou seja, atendeu à *máxima da relação* e *da qualidade* também nesse caso, no seguinte adendo da carta: "Minha área está provocando infiltração do apto. 904 há mais de *2 meses*. Eles, já fizeram a reclamação por escrito."

Uma das críticas feitas ao princípio de cooperação diz respeito ao fato de este oferecer uma interpretação idealizada das interações sociais, não prevendo interações desarmônicas e conflituosas, e, ainda, de que seus postulados e suas máximas estariam baseados no valor de verdade das proposições, funcionando bem para atos de fala do tipo declarativos. A carta que serviu de modelo para as máximas é predominantemente marcada pelo ato de fala expressivo, que caracteriza a reclamação. No entanto, esse tipo de carta enquadra-se num modelo bastante padronizado e formal, atenuando todo o tipo de emoção mais forte e explícita no que toca à manifestação de insatisfação, atendendo bem às máximas preconizadas por Grice.

Apesar de controvérsias a esse respeito, a importância dos estudos de Grice aplica-se não só ao falante como mero usuário da língua, mas ao falante na condição de intérprete, participante ativo das interações, capaz, inclusive, de modificá-las e conduzi-las de acordo com seus propósitos e/ou com a interpretação dos significados que vai construindo ao longo das interações. Essa dimensão é que se torna relevante, porque coloca o aspecto criativo nas mãos do sujeito (pessoa) ao mesmo tempo em que recupera em novas bases a relação entre linguagem e conhecimento.

Teoria dos atos de fala

De significativa importância para a pragmática é a teoria dos atos de fala. Como o nome já sugere, essa teoria considera as frases da língua como ações sobre o real, de onde advém a concepção de "atos de fala", na perspectiva atribuída pelo seu precursor, o filósofo inglês John Austin, em seu livro *Quando dizer é fazer*. Sob essa perspectiva, quando falamos, não fazemos apenas declarações, mas fazemos coisas como: ordenar, perguntar, pedir, desculpar-nos, lamentar, rogar, julgar, reclamar, etc. Dessa forma, Austin também rompe com a noção tradicional da semântica baseada nos valores de verdade e falsidade das sentenças ao introduzir o conceito de "performativo".

Performativo é todo enunciado que realiza o ato que está sendo enunciado. Assim, se em "eu ajoelho para rezar" temos um enunciado que pode ser verdadeiro ou falso, em "ajoelhou, tem que rezar" está explícita a ideia de comprometimento do locutor com a ação, ou melhor, com as possíveis consequências do ato por ele realizado, e não com a verdade ou falsidade do enunciado.

Para Austin, dizer algo equivale a executar três atos simultâneos. O ato locutório, centrado no nível fonético, sintático e de referência, corresponde ao conteúdo linguístico *usado para dizer algo*. O ato ilocutório, ato central para Austin, uma vez que tem a chamada força performativa, está associado ao modo de dizer algo e ao modo como esse dizer é recebido em função da força com que é proferido. Corresponde ao ato efetuado ao se dizer algo. E o ato perlocutório corresponde à indicação dos efeitos causados sobre o outro, servindo a outros fins, como influenciar o outro, persuadi-lo a fazer algo, causar um embaraço ou constrangimento, etc. Como exemplo, destacamos um breve trecho de uma carta de reclamação cujo destinatário é uma empresa do ramo da construção civil a quem o enunciador se dirige:

> "Viemos por meio desta solicitar reparos na forração de gesso do teto da varanda."

Nesse excerto destacado, podemos observar a presença do ato locutório quando o cliente faz uso do conteúdo linguístico; o ato ilocutório se faz presente na medida em que esse conteúdo linguístico ou proposicional visa à obtenção de uma resposta do destinatário. E o ato pode ser perlocutório porque, além de uma resposta do destinatário, o cliente solicita uma ação reparadora diante de um dano ocorrido (o teto da varanda precisa de reparos).

Nem sempre os performativos estão explícitos e são representados pelos verbos no tempo, pessoa e modo, como ao se fazer um pedido e usar o verbo "pedir" ou "solicitar", fazer uma promessa e dizer "eu prometo". Há casos de performativos implícitos em que pedidos, promessas, ameaças, reclamações e outras ações não são indicadas por verbos correspondentes exatamente às ações. Na frase feita "promessa é dívida", por exemplo, a ação de prometer e seu efeito (de cumprir a promessa) estão implícitos e indicados pelos nomes correspondentes. Portanto, há performativos puros em "eu te batizo", "eu prometo que virei", "eu aceito seu convite", assim como performativos implícitos, como podemos ver no trecho da carta de reclamação apresentado: ao pedir um reparo no teto da varanda, o cliente também está fazendo uma reclamação.

A teoria dos atos de fala, proposta por Austin, abriu novos caminhos para a reflexão do papel das convenções e práticas sociais na constituição dos atos ilocucionários e, consequentemente, para a questão que envolve a ação e o sujeito que a enuncia/pratica. Novos estudos foram realizados, ampliando e reformulando a teoria de Austin. É dentro dessa perspectiva que se insere a classificação dos atos ilocucionários em categorias ou tipos básicos elaborada por John Searle.

Searle, em seu livro *Speech Acts*, retoma questões importantes concernentes às tendências contemporâneas da filosofia da linguagem, visando à construção de um ponto de vista linguístico para a teoria dos atos de fala. Esse autor adota o conceito de "finalidade ilocutória" para classificar os usos linguísticos, salientando que há um número limitado de coisas que fazemos com a linguagem e que podem ser simultâneas. Para o autor, "falar uma língua é adaptar uma forma de comportamento regido por regras" (Searle, 1981:33). Exemplificaremos esses usos e atos com excertos de propaganda e carta do *Jornal do Brasil*:

1) Atos assertivos: consistem no fato de dizermos às pessoas como as coisas são (esse ato envolve o comprometimento do falante com a "verdade" da proposição). Por exemplo:

> "É mais divertido ir e voltar."
>
> "O *boomerangue* é o ícone do consumo responsável."

2) Atos diretivos: consistem nas tentativas de levarmos as pessoas a fazer coisas (as tentativas podem variar em grau de intensidade: mais brandas como um convite, uma sugestão, ou mais enérgicas, como uma ordem). Por exemplo: convidar, sugerir, aconselhar, ordenar, exigir, etc.

> "Se beber, não dirija. Volte de táxi ou com o amigo da vez."

3) Atos expressivos: consistem na expressão de sentimentos e atitudes. Por exemplo: agradecer, desculpar-se, lamentar(-se), etc.

> "É de cortar o coração saber que tantas mães não têm notícias de seus filhos, que desapareceram por várias razões, algumas desconhecidas." (trecho de carta)
>
> "Um absurdo o que vem acontecendo em relação a projetos para empreendimentos imobiliários." (trecho de carta)

4) Atos comissivos: consistem nos atos cujo efeito é produzir uma mudança por meio do que dizemos: é o caso do convite e da promessa. No exemplo abaixo, o trecho em itálico representa a promessa feita pelo jornal aos seus leitores.

> "A cultura toma o poder. Neste domingo, *o caderno B estará nas mãos de um novo editor.*"

5) Atos declarativos: requerem situações extralinguísticas para a sua atualização baseadas em instituições ocupadas por falantes e ouvintes. São atos que podem promover uma mudança na realidade, o que as distingue das demais categorias. Incluem-se entre os atos declarativos: o ato de batizar, o de fazer uma sentença judicial, por exemplo. Quando as declarações referem-se à linguagem propriamente dita, os verbos são: "eu defino", "eu nomeio", "eu abrevio".

> "Eu vos declaro marido e mulher."

Além da taxonomia para a classificação dos atos ilocutórios, Searle chamou a atenção para a diferença entre ato ilocutório e força ilocutória ou ilocucional. Ato ilocutório é o ato que corresponde às ações que podem ser realizadas; força ilocutória ou ilocucional é o componente que determina a diferença entre um ato e outro, o que traduz a particularidade de cada ato (por exemplo: o que faz do pedido ser um pedido, e não uma reclamação, é a força ilocucional que vai marcar a diferença).

Segundo Searle, existe um marcador de força ilocucional, que, em português, pode ser expresso nos seguintes processos: a ordem das palavras, o acento tônico, a entoação, a pontuação, o modo do verbo e o uso dos verbos performativos. Mas adverte o autor que "frequentemente, nas situações concretas do discurso, é o contexto que permitirá fixar a força ilocucional da enunciação, sem que haja necessidade de recorrer ao marcador explícito apropriado" (Searle, 1984: 44). Mas, para que um ato de fala seja eficaz, é necessário que seja proferido (dito, executado) de modo apropriado às circunstâncias, o que deu origem às chamadas *condições de felicidade* (ou sucesso) e *infelicidade* (fracasso) dos atos de fala.

Vejamos os seguintes casos, extraídos de cartas de leitores do jornal *O Globo,* para observar as circunstâncias e as condições com que são proferidos:

> "Não creio que sejam necessários ao país tantos vereadores, deputados, senadores e, o pior, tantos assessores e funcionários à disposição dessa turma. Para que servem? Para dar nome de rua? Para fingir que representam o povo? Redução dessa turma de políticos já." (*O Globo*, 10/09/06)

Com essa carta, podemos destacar alguns aspectos referentes à força ilocucional. Fica evidente a carga expressiva (afetiva) manifestada pelo sentimento de raiva e frustração do leitor (cidadão) diante do comportamento dos políticos, a quem ele se refere como "turma". A força ilocucional da reclamação F(p), em que F é o marcador da força e p, o conteúdo da proposição (no caso a reclamação), se agrava a partir das indagações: "para que serve?", "para dar nome de rua?", "para fingir que representam o povo?". E, por fim, após o "desabafo" e a constatação da inutilidade de políticos como esses, a ordem enunciada – expressa não por um verbo, mas pelo substantivo dele derivado ("redução") e pelo advérbio modalizador ("já") – intensifica o grau de assertividade e imposição do ato.

São situações como essas que nos levam a concluir que os atos ilocucionais têm graus variados de força, desempenhando funções diferentes e, consequentemente, agregando vários atos e conduzindo a múltiplas interpretações. Para entendermos agora o sentido de um enunciado, é preciso recorrer, além do contexto linguístico, ao extralinguístico, considerando quem diz, quando diz, para quem diz, como diz. Trata-se de elementos circunstanciais que fazem parte de todo o contexto em que o enunciado está inscrito e que, reunidos, estruturam o seu sentido.

Além dessa contribuição para a teoria dos atos de fala, Searle chama a atenção para outros aspectos em relação aos atos ilocutórios: nem todos os atos de fala realizados expressam o significado pretendido pelo falante, isto é, é possível realizar atos de fala indiretos, ou seja, em que o falante pode expressar uma ordem por meio de uma pergunta, pode fazer um pedido por meio de um desejo, de um convite, de uma interrogação e assim por diante. Por exemplo, se digo "Está quente hoje, não é?", é possível interpretar esse enunciado como um pedido para ligar o aparelho de ar-condicionado, ou como querendo dizer várias outras coisas, dependendo do contexto.

De acordo com a tradição, esse enunciado designa uma pergunta e poderia ser classificado como uma frase interrogativa. Sob a perspectiva pragmática, outras significações podem ser obtidas a partir da "pergunta", tais como: (a) eu estou com calor; (b) aqui, do lugar de onde falo, está quente; (c) uma introdução para se dar início a uma conversação; (d) um pedido (indireto) ao interlocutor em forma de pergunta para abrir a janela, ligar o ventilador/aparelho de ar-condicionado.

A utilização de atos de fala indiretos corresponde ao tipo/grau de força ilocucional marcado e ao tipo de interação estabelecido com o interlocutor em questão. Deriva-se da indiretividade dos atos de fala a chamada teoria interacionista e, decorrente da mesma, a teoria da polidez, também importante nos estudos da pragmática.

Por ora, retomemos o que se entende por teoria interacionista dos atos de fala em contraste com a teoria clássica desenvolvida por Austin e Searle. Para Marcondes, a teoria clássica, apesar de conceber a língua em seu aspecto dinâmico, de ação, parece não dar conta de modo satisfatório da noção de "discurso". Propõe esse autor (Marcondes, 1992: 123) uma concepção dialógica do discurso, em que cada ato de fala passe a ser considerado não isoladamente, mas parte de uma troca linguística, um ato de entendimento mútuo:

> A natureza dialógica da linguagem está em que cada ato de fala, enquanto parte de um discurso, é como um lance em um jogo, sendo que cada falante supõe uma resposta como lance do interlocutor; caracteriza-se como uma tomada de posição do falante em relação ao ouvinte. Neste sentido, cada ato de fala deve conter ao menos potencialmente os elementos de sua validação, da possibilidade de justificar-se.

É nesse processo interativo que se constitui a identidade do falante como sujeito linguístico, por meio de um jogo mútuo de (auto)reconhecimento, em que cada participante, ao dominar as regras (convenções), tornará seus atos de fala possíveis, plausíveis, satisfatórios e eficazes. Várias questões – como o número e o tipo de atos que se acham envolvidos numa situação particular, o tipo de contexto que vai requerer do sujeito um domínio das regras e convenções (competência pragmática) para se ajustar a elas ou mesmo para rompê-las, para exprimir seus sentimentos explicitamente ou não, para omiti-los, reprimi-los, dissimulá-los – fazem parte do contexto dos atos de fala em processos interacionais.

Teorias da polidez

O princípio da polidez, introduzido por Brown e Levinson (1987), deriva dos trabalhos de E. Goffman (1967) sobre *face* e do *princípio da cooperação* de Grice (1975) e será aqui apresentado ao lado de outros estudos sobre o mesmo fenômeno como parte de um dos campos de atuação da pragmática. Como as pessoas se relacionam entre si? As pessoas cooperam umas com as outras? Evitam conflitos? São solidárias?

Que regras ou princípios de comportamento atuam como reguladores da interação humana? Como manter a solidariedade recíproca entre as pessoas numa interação? Em que consistem tais regras ou princípios? O que as pessoas realmente fazem em suas ações diárias na interação? Perguntas como essas estão entre as preocupações básicas dos que estudam a polidez.

A polidez está associada aos processos de elaboração de face (autoimagem pública dos indivíduos), oriunda dos trabalhos sobre face de Erving Goffman, e se caracteriza como recurso de dissimulação de afeto do tipo negativo. Para Holanda (1995: 147), a polidez:

> é, de algum modo, organização de defesa ante a sociedade. Detém-se na parte exterior, epidérmica do indivíduo, podendo mesmo servir, quando necessário, de peça de resistência. Equivale a um disfarce que permitirá a cada qual preservar inatas sua sensibilidade e suas emoções.

Em geral, segundo os estudiosos da polidez, as pessoas tendem a cooperar entre si para manter a face na interação, agindo de modo a assegurar a autoimagem de todos os participantes. Partindo-se desse princípio geral e universal de cooperação, vários autores formularam algumas regras de conduta com base no tipo de interação observado e no tipo de cultura implicada. Vamos apresentar algumas dessas regras segundo autores como Goffman, Lakoff, Brown e Levinson, e Leech. De certa forma, todos esses autores objetivam determinar hipóteses e investigar as razões pelas quais as pessoas produzem estratégias – a princípio, universais (embora também particulares a cada cultura) – na interação verbal.

Erving Goffman teve um papel fundamental no desenvolvimento dos estudos na pragmática. Em meados dos anos 1950, elaborou um estudo de natureza sociológica sobre os elementos rituais na interação. Nesse trabalho, o autor introduz a noção de *face* como "o valor social positivo que uma pessoa reclama para si mesma através daquilo que os outros presumem ser a linha por ela tomada durante um contato específico". Face, continua ele, "é uma imagem do self delineada em termos de atributos sociais aprovados" (Goffman, 1980: 77).

Nessa perspectiva, a face é construída pelo indivíduo e está associada às situações sociais e interacionais nas quais se manifestam determinadas habilidades ou condutas como polidez, tato e diplomacia. Há sempre um esforço por parte das pessoas em prol da preservação da face, que se torna, então, condição da interação. Esta, por sua vez, baseia-se no princípio autorregulador voltado para o equilíbrio do ritual que deve ser perseguido pelos membros da sociedade por meio dos chamados processos corretivos. Nesse sentido, as ameaças à face são evitadas ou contornadas para que as pessoas atinjam seus objetivos, mesmo que sejam motivadas por interesses distintos.

A elaboração da face é duplamente orientada em termos de uma face defensiva, isto é, constitui uma prática defensiva, que procura salvar a própria face, e uma face protetora, que procura salvar a face do outro por meio do respeito, da polidez, da discrição e da cortesia. Ou seja, a preocupação com a própria face implica a preocupação com a face do outro.

Se pensarmos em situações de possível confronto como a reclamação, por exemplo, podemos perguntar: o que leva a pessoa a reclamar? Ou a reclamar usando estratégias diferenciadas? Ou mesmo a não optar pela reclamação? Certamente, essa pessoa pensará na relação custo-benefício na ocasião de reclamar. Valerá mesmo a pena fazer uma reclamação? O que é colocado em risco? O que se ganha ou se perde em termos de face? Ao agir desse modo, a pessoa está preocupada com a sua própria face (sua imagem pública positiva) e também preocupada em não ferir ou ameaçar a face do outro (dependendo da situação, dos riscos e custos que isso envolveria) para não ter depois a sua própria face atingida.

Goffman aponta o orgulho, a honra e a dignidade como elementos mantenedores da face e da responsabilidade da pessoa, ao passo que gafes, insultos maliciosos e ofensas constituem atos de ameaça à face. Mas, ao se referir a ela, Goffman está tratando da face social, porque, por mais pessoal que seja a face de um indivíduo, ela está associada às regras e convenções da sociedade. Como exemplo, podemos citar atos de fala como pedidos: "Você poderia me informar as horas?" ou "Que horas são, por favor?".

Toda vez que fazemos um pedido a alguém estamos ameaçando a face porque invadimos a privacidade da pessoa, por isso, em geral, os pedidos são feitos de modo a atenuar o grau de ameaça à face do outro. Um caso muito comum é aquele em que uma pessoa telefona para a outra para pedir algo, depois de muito tempo sem contato. Algumas pessoas fazem um enorme rodeio até chegar ao pedido propriamente dito; outras já vão direto ao assunto. Em ambos os casos, a tentativa é de atenuar esse grau de imposição, que pode ser agravado também em função daquilo que se pede. Imagine o que você responderia e sentiria diante de uma situação como essa: "Marina, eu vou viajar na semana que vem e sei que você tem uma máquina fotográfica digital. Você se incomodaria de me emprestá-la?".

Outros autores, como Lakoff (1973), distinguem três regras de polidez:

- não imponha;
- dê opções;
- faça "A" sentir-se bem; seja amigável.

Não imponha e *dê opções* são regras que se relacionam à polidez positiva. A primeira (não imponha) refere-se ao grau de proximidade/distanciamento entre os interlocutores, dependendo também do tipo de contexto (em contextos formais, o distanciamento é maior, exigindo, então, uma atitude pouco ou não impositiva com o outro). Vejamos um exemplo:

> "Como vai? Como te enviei um e-mail, mas não sei se você recebeu, envio outro, morrendo de vergonha e me desculpando de antemão pela invasão e insistência. Eu gostaria realmente de poder dar início ao meu trabalho, por isso preciso da sua resposta. *Não quero te incomodar ou ser 'chata'. Além disso, eu gostei tanto de trabalhar com vocês aí!* Foi um momento de muito encontro e muita importância para mim."

Reparem como o redator do e-mail transcrito procurou ser o menos impositivo com o seu interlocutor, resguardando-o de uma possível situação de constrangimento e ameaça. Observem a preocupação com a face do outro, pois se trata de um pedido semiformal e, portanto, de uma ação impositiva e de ameaça à face que requer do outro uma resposta e uma ação efetiva. O modo como o emissor da mensagem se dirige ao seu interlocutor revela também a consciência a respeito da distância social e das relações de poder que os separa e os envolve. Além disso, o emissor parece bastante constrangido por ter de reiterar um pedido feito anteriormente, o que agrava ainda mais o ato de ameaça à face e o leva a fazer uso de estratégias de polidez para mitigar a ameaça (trecho em destaque).

A segunda regra (dê opções) sugere que o falante não deva parecer categórico, assertivo demais, procurando deixar o interlocutor o mais à vontade e livre possível para tomar decisões. Vamos observar o caso abaixo:

> "Enfim, querida amiga, cá estou, livre, leve e solto. Ao menos nestas duas semanas de férias. Nosso lanche, *quem sabe*, é possível? *Como estão seus dias.* Engraçado, tanto trabalho me dá uma urgência.... E você é uma delas...
> *beijo,*
> Z."

Reparem que se trata de um convite feito por alguém muito íntimo do emissor do e-mail. Apesar do grau de intimidade, o convite é expresso por meio de uma pergunta (nada retórica, no caso): "nosso lanche, quem sabe, é possível?". Tal estratégia funciona como meio de minimizar o custo para o interlocutor com o objetivo de deixá-lo à vontade para responder e, "quem sabe", aceitar o convite.

A terceira regra (faça "A" sentir-se bem; seja amigável), ao contrário da primeira, sugere a aproximação entre os interlocutores: é a regra da camaradagem em que o outro é tratado como igual (dependerá também do contexto). Vejamos como o exemplo abaixo retrata tipicamente uma conversa entre pessoas muito amigas, com um grau alto de intimidade, o que leva ao uso de uma linguagem bastante espontânea, sem custos para o interlocutor e sem barreiras:

> "Bom-dia! Já aqui estou, agarrada no computador, insone e arrombada. Acordei às 4. Fazer o quê? Se ao menos a inspiração piasse por aqui... Já abri a janela, e tudo que entrou foram dois gatos. Mó!
> Te mando então Aline, tão piedosa!

Beijos matinais e ainda reumáticos
M.
P.S.: É quando a tal festa? Olha, filha, depois de tanto sururu, de tantos e tão variados preparativos, você me apareça, por favor, pelo menos com uma foto na coluna do Gilson Monteiro! Tanto arrepio pra passar em brancas nuvens? Nem pensar!"

Nesse tipo de interação, há apenas um desejo de compartilhar uma situação, conversar, sem demandas, pedidos, favores. Não há nada que sugira ameaça à face, ao contrário, o P.S. ao final ainda sugere um conselho orientado para a face positiva do receptor da mensagem.

Vale lembrar, porém, que a aplicação das três regras está relacionada a fatores como poder, distância social e cultura, cada um deles determinando diferentes ordens de preferência em relação às regras, donde se depreende como o princípio de polidez está sujeito à variação.

Dando sequência aos trabalhos de face, Brown e Levinson (1987) sistematizam os estudos sobre face na teoria da polidez. Tomam o conceito de face como a autoimagem pública que qualquer indivíduo reclama para si e apresentam dois tipos de face que se relacionam: *face negativa* (reivindicação básica para a privacidade e a preservação pessoal, isto é, o desejo da não imposição), que corresponde à polidez negativa, e *face positiva* (autoimagem positiva incluindo o desejo de ser apreciado e aprovado), correspondendo à polidez positiva.

Impregnada de carga afetiva, a face pode ser perdida, mantida ou engrandecida em função de cada tipo de situação e está mais voltada às necessidades de face do outro; raras são as circunstâncias em que as pessoas se preocupam com as suas próprias faces, segundo os autores. Mas, como a elaboração da face na interação requer esforço permanente por parte das pessoas, a polidez consiste exatamente nesse esforço de manter e reparar a face de si mesmo e do outro. Em casos de ameaça à face, caberá ao falante decidir se deve ou não realizar esse ato, lançando mão de recursos que podem minimizá-lo.

Embora reconheçam que o conteúdo da face varie de cultura para cultura, propondo modelos de caracterização de culturas de polidez positiva e culturas de polidez negativa, por exemplo, acreditam os autores que o conhecimento mútuo da autoimagem pública ou face dos indivíduos, associado à necessidade social para se orientar na interação, é universal. O fenômeno da polidez – em princípio, universal – parece dar conta não só das relações sociais que se estabelecem, mas da maneira como elas ocorrem e se organizam.

Em termos práticos, o que isso significa? Vamos retornar ao contexto da reclamação, que é propício à manifestação de emoções negativas, pois toda reclamação implica a expressão de uma insatisfação. Para os teóricos, o princípio da polidez está associado ao ato de tornar possível a comunicação entre as partes potencialmente agressivas na tentativa de manutenção do equilíbrio social, da cooperação a que Grice se referia. Portanto, assim como *pedir* e *reivindicar*, *reclamar* envolve um custo para quem reclama e um custo para quem recebe a reclamação. Trata-se de um ato de imposição com um grau de ameaça à face do ouvinte que varia em termos da imposição do ato e do tipo de afeto expressos. Como as pessoas agem nessa situação em relação à face envolvida? Quais seriam as estratégias de polidez utilizadas nesse caso? Vejamos alguns outros exemplos de cartas de reclamação de proprietários de imóveis residenciais direcionadas à empresa construtora:

1) Modelo de carta com um grau mínimo de ameaça à face da empresa (uso da polidez negativa):

> "Prezados Senhores,
> Em recente manutenção realizada na fachada traseira do (nome do edifício), sito a (endereço do edifício), por equipe dessa Construtora, um objeto se desprendeu do andaime impactando com um dos vidros da janela do quarto do meio, provocando uma trinca. Solicito suas providências no sentido da substituição do mesmo.
> Sendo o que se apresenta para o momento e, ao seu inteiro dispor para informes adicionais, subscrevo-me.
> Atenciosamente,
> X"

Nessa carta, o cliente opta por um discurso objetivo e impessoal, peculiar a contextos que exigem formalidade e pouca ou nenhuma intimidade entre as partes. A "despersonalização", associada à formalidade, pode ser traduzida em termos da contenção afetiva em que o distanciamento implica simbolicamente a intenção da não confrontação, logo, um desejo de ser claro e não impositivo. A opção pelo discurso "neutro", distante, formal e impessoal ajusta-se a regras culturais e pragmáticas: em situações de confronto, há culturas que evitam a manifestação aberta de sentimentos. Nesse caso, o contexto pode ter influenciado a favor da contenção da expressão afetiva; portanto, usar uma estratégia de dissimulação e/ou omissão de sentimento diminui o grau de ameaça à face intrínseco ao ato de fala da reclamação, cuja natureza está vinculada à manifestação de sentimentos de contrariedade, desaprovação e insatisfação.

2) Modelo de carta em que se apela para a face da empresa de forma ambivalente (uso da polidez negativa e positiva):

> "Nós que confiamos na *qualidade, lisura e boa tradição* da V. empresa, *temos a mais absoluta certeza* que, ao receber *mais uma vez* estas *reivindicações* V.S. *há de tomar as providências cabíveis, enérgicas e breves.* (...)"

Tratando de modo ambivalente os sentimentos positivos e negativos, o cliente, diante da incerteza de atendimento, tenta ajustar-se ao enquadre organizacional para alcançar seus objetivos, aliando estratégias de polidez e atitudes cordiais positivas por meio de recursos linguísticos tais como: "qualidade, lisura e boa tradição" da empresa e "temos a mais absoluta certeza" a atos de ameaça à face: "há de tomar as providências cabíveis, enérgicas e breves".

A duplicidade linguística e formal dos recursos empregados, aliada à multiplicidade dos atos, conduz à ambiguidade discursiva e indeterminação semântica no plano afetivo-interacional. A alternância de diferentes forças ilocucionárias modifica os efeitos que possam se tornar desagradáveis para o reclamado (efeito perlocucionário), alargando sua opção para atender satisfatoriamente ao cliente.

3) Modelos de cartas em que o reclamante não tem mais nada a perder: uso da impolidez – são cartas de reiteração dos pedidos, e os proprietários já estão esgotados com o descaso da empresa e com as consequências da falta de assistência e consideração. Na balança custo-benefício, os reclamantes não temem a perda da face, pois já perderam muito mais:

> "Estamos cansados deste atendimento por parte da (nome da empresa) e da qualidade da obra (já tive minhas paredes quebradas por mais de 10 vezes, fora outros problemas, com um índice de reincidência de até 3 vezes), tudo isto incompatível com o custo e com o padrão da unidade adquirida."

O cliente optou, nessa carta, por recursos de intensificação da força ilocucionária do ato de reclamar por meio de atos de ameaça à face positiva e negativa da empresa, por estratégias de impolidez positiva e negativa e pela expressão aberta de hostilidade, logo, enfatizando e manifestando negativamente o afeto no processo de interação com a empresa. As estratégias de polidez destinadas à preservação e à proteção das faces dos interlocutores e utilizadas para manter a harmonia social na interação foram negligenciadas pelo cliente, uma vez que todos os seus esforços nesse sentido já haviam sido realizados.

Mesmo correndo o risco de não ser atendido – a cultura brasileira é tradicionalmente considerada uma cultura de não confrontação, embora seja permeável à expressão de emoções – , o cliente, em face da maximização dos custos, não encontra outra saída a não ser manifestar-se por meio de estratégias de impolidez e expressões de contrariedade, desaprovação e hostilidade. Em decorrência do rompimento do equilíbrio do ritual provocado pela empresa, o cliente não teme perder a sua própria face nem destruir a face da empresa. Portanto, nem a opção por recursos que possam atenuar a força negativa do ato de fala ou que possam manter a interação num nível de cooperação e cordialidade são consideradas eficazes e produtivas nessa situação específica. Nesses casos, o reclamante leva sua ação às últimas consequências. Culpeper (1996) constrói o princípio da impolidez baseado em Brown e Levinson, argumentando que o comportamento impolido não deve ser considerado uma ação marginal, desviante, mas deve ser visto como representando uma importante função social.

Leech (1983), aprofundando os estudos de Brown e Levinson, compreende a polidez em termos de adequação às normas de comportamento de uma determinada comunidade. Segundo o autor, o julgamento de um indivíduo quanto à polidez ou falta de polidez só é possível com base nas normas de um grupo social. A polidez manifesta-se tanto no conteúdo da informação quanto no modo como as pessoas a administram.

Leech estabelece algumas máximas de polidez, a saber:

(1) Máxima do tato:
a. Minimize o custo do outro.
b. Maximize o benefício do outro.

Como exemplo, podemos pensar em situações do tipo:

> "Preciso te pedir um favor, mas já até te adianto que não é nada demais, nada que vá te tomar o teu tempo. É o seguinte..."

Outro exemplo pode ser visto na frase, dita para um garçom: "Esta mesa está um pouco suja", como uma forma indireta de pedir que ele a limpe.

(1) Máxima da generosidade:
a. Minimize o benefício de si próprio.
b. Maximize o custo a si próprio.

Como exemplo, podemos pensar em uma pessoa querendo agradar a outra, fazendo um favor mesmo que esteja sem disponibilidade para tal: "Posso, sim, vou trocar o presente para você!"

(1) Máxima da aprovação:
a. Minimize a aprovação do outro.
b. Maximize a honra do outro.

Como exemplo, podemos ler o trecho abaixo:

> "Se Zico não foi campeão do mundo, azar da Copa do Mundo." (Fernando Calazans, jornalista, revista *Língua Portuguesa*)

(1) Máxima da modéstia:
a. Minimize seu orgulho, sua vaidade.
b. Maximize sua modéstia.

Um exemplo da máxima da modéstia pode ser visto em situações em que as pessoas contrariam o interlocutor quando são elogiadas, como no diálogo abaixo:

A: Você está tão bem hoje!
B: O que é isso?! São seus olhos!
A: Que lindo esse vestido!
B: É tão velho ...

(1) Máxima da concordância:
a. Minimize a desavença entre as pessoas.
b. Maximize a concordância entre as pessoas.

Vejamos um exemplo dessa máxima em:

> "Prezado Sr.
>
> O Itaú tem uma relação de total transparência com seus clientes. Por isso, queremos manter você sempre bem informado sobre os assuntos relacionados à sua conta. Assim, estamos informando que o seu LIS, o cheque especial do Itaú, está suspenso desde 12/06/06.
>
> O seu limite, porém, pode ser disponibilizado automaticamente após o restabelecimento das suas condições de crédito."

Como se trata de uma interação organização-cliente, apesar de uma falha desse último, o tom da carta distancia-se da ameaça, aproximando-se da concórdia e boa vontade, na tentativa de assegurar tranquilidade ao cliente. Essa situação constrangedora para o usuário do banco foi atenuada pela empresa, cujo interesse de mantê-lo como cliente parece até uma novidade num país como o Brasil, cujas leis são severas para o consumidor e frouxas para as grandes empresas. Ou a lei do consumidor está surtindo efeito, ou o cliente pode ser "especial" porque faz uso do LIS e paga altos juros ao banco, o que gera esse tipo polido de interação. A "transparência" no discurso da empresa também não oculta a pena atribuída: a suspensão do cheque especial. No entanto, essa suspensão será "automaticamente restabelecida" após os ajustes necessários por parte do cliente (e desde que sejam feitos), o que valoriza a autoimagem positiva da empresa diante do mercado: transparente, justa e generosa.

(1) Máxima da simpatia:
   a. Minimize a antipatia.
   b. Maximize a simpatia.

Vejamos um exemplo dessa máxima em:

> "Oi, L.
> Desculpe-me pela demora na resposta! Estou com um semestre muitíssimo atribulado. Estive em São Paulo, voltei anteontem da Argentina, onde fui para um congresso e viajo domingo para uma reunião em Brasília, que vai até quarta à noite. No dia 15, começa outra aventura! Uma loucura! E ainda estou dando aula, orientando, indo para reuniões... Desculpe-me mesmo.
> Um beijo grande,
> A."

Nesse e-mail é evidente a tentativa de aproximação com o interlocutor, maximizando o grau de simpatia por ele. A sequência de desculpas pelo atraso e demora da resposta é indicadora dessa tentativa.

Como se pode notar, todo o princípio de polidez estabelecido por Leech está orientado em direção ao bem-estar do outro. Isso não significa que as sociedades, de um modo geral, se comportem dessa maneira. A sociedade brasileira, por exemplo, vem se esmerando em valorizar o "eu" sobre o outro, muitas vezes a qualquer preço. O que as teorias da polidez estabelecem é, na verdade, um ideal de conduta humana centrado na cooperação. Por isso, não se pode confundir polidez com cordialidade. Aquela está fundada em princípios racionais, reguladores; esta, na expressão dos sentimentos, sejam eles positivos ou negativos.

As máximas correspondem a situações prototípicas (praticamente ideais) no que se refere ao princípio de cooperação. Mas é fato que podemos ser polidos usando estratégias indiretas, negando um convite ou um pedido indesejável de forma a não magoar o outro. Tudo dependerá do contexto e das condições em que a interação ocorre. Estudos posteriores sobre polidez já tratam de casos "reais" de interação, revelando inúmeras formas que as pessoas têm de se relacionarem umas com as outras. As diferenças culturais, os aspectos emocionais, dentre outros, são fatores determinantes para a atenuação ou o agravamento de atos de ameaça à face e que concorrem com as estratégias de polidez.

Análise da conversação

A análise da conversação (AC) se aplica à investigação das práticas e atividades conversacionais. Desenvolveu-se inicialmente, a partir de 1960, com pesquisas de Harvey Sacks, Emanuel Schegloff e Gail Jefferson. Nessa década, a ênfase das análises residia na descrição das estruturas e na organização da conversação e no papel dos gestos na interação em contextos institucionais.

Por volta da década de 1980, não só os contextos se diversificaram como também as análises se expandiram em torno de descrições e interpretações acerca do modo como os falantes agem e interpretam a ação e a conduta dos outros nas situações interacionais mais espontâneas, especialmente na conversação comum. Assim, as questões estruturais originais referentes à organização da atividade conversacional expandem-se para o estudo dos conhecimentos linguísticos, paralinguísticos e socioculturais que são postos em ação no momento da conversação, ou seja, para a interpretação desses conhecimentos.

A análise da conversação é de natureza empírica e qualitativa, o que significa que seu material de análise, assim como ocorre com as propostas anteriormente apresentadas, é constituído de manifestações reais/naturais de conversação, e não extraído de situações de conversação artificialmente ou ficticiamente recriadas ou reproduzidas. O objetivo é tornar a análise a mais "realista" possível para que se possam examinar quais os recursos que são livre e espontaneamente empregados pelos falantes num determinado tipo de situação de fala e como eles lidam com as contingências oriundas da situação e da interação em foco. O interesse consiste em investigar a interação em sua manifestação espontânea.

Como os dados para análise são fruto de situações reais do cotidiano, como diálogos (entre amigos, namorados, família), entrevistas, sessões de terapia, conversas telefônicas domésticas e comerciais, etc., a metodologia empregada requer a gravação em áudio e, quando possível, em vídeo das conversas, que são posteriormente transcritas segundo determinadas normas e símbolos que sejam capazes de reproduzir com a máxima fidelidade as ocorrências verificadas nos eventos ou nas atividades de fala.

Nas atividades conversacionais é possível observar a manifestação regular de estruturas linguísticas e comunicativas que são relativamente estáveis, como se pudéssemos fazer uma "gramática" da conversação, observando e extraindo as regras que a moldam. Toda conversação estrutura-se por meio de sequências ou turnos conversacionais dos interlocutores, interrupções, hesitações, truncamentos, sobreposições e também pausas, isto é, os momentos de silêncio que ocorrem na fala humana. A AC, portanto, vai procurar estabelecer os traços estáveis da organização sequencial da conversação. Além disso, vários fatores precisam ser observados numa conversação:

a) o contexto (graus de formalidade de acordo com o tipo de interação e participantes envolvidos, como conversas em família, com os amigos; entrevistas, interação jurídica, institucional, entre outras);
b) as relações interpessoais construídas na interação;
c) o tipo de interlocutores (relações simétricas ou assimétricas entre os falantes – que envolvem aspectos como poder, envolvimento, distanciamento –, grau de intimidade);
d) o tipo de conversação: das mais espontâneas às mais formais, como conversas face a face, conversas telefônicas, entrevistas;
e) os elementos que caracterizam e estruturam a própria conversação, tais como o assunto da conversa (tópico discursivo ou unidade tópica), os turnos conversacionais, isto é, as sequências de fala, as hesitações, os truncamentos e as pausas.

Outros fatores intervêm e fazem parte da organização da conversação, como a aptidão linguística, o conhecimento partilhado e o domínio de situações sociais vividas pelos interlocutores. Marcuschi (1991) destaca cinco elementos básicos que caracterizam uma conversação: a) interação entre pelo menos dois falantes; b) ocorrência de pelo menos uma troca de falantes; c) presença de uma sequência de ações coordenadas; d) "execução de uma identidade temporal", isto é, a conversação deve ocorrer num mesmo tempo, ainda que em espaços distintos (a conversa telefônica ilustra esse caso); e) "interação centrada", isto é, é preciso que os interlocutores tenham algo sobre o que conversar.

Quanto aos aspectos relativos à estrutura e à organização da atividade conversacional, a AC criou um modelo teórico próprio, empregando uma terminologia, como sequências e turnos, no lugar da nomenclatura tradicional, como frases e sentenças. Por turno, entendemos, como Castilho (2000: 36), "o segmento produzido por um falante com direito a voz" que, de acordo com o tipo de análise a ser realizada, pode ser constituído de um item pré-lexical ("ahn", "uhn"), uma palavra, um sintagma, uma sentença ou toda uma unidade discursiva. Ou seja, turno é toda intervenção dos interlocutores constituída ao menos por uma unidade construcional, unidade cuja definição deve atender a critérios de natureza sintático-semântico-pragmática e a critérios entonacionais, incluindo até o silêncio.

A distribuição e a construção do turno conversacional constituem elementos centrais na organização da conversação e fundamentais para se compreender como ela funciona: Como as pessoas fazem a tomada de turno? Quando se passa de um turno a outro? Como um falante consegue manter o turno praticamente até o fim? Em geral, sobretudo se as relações entre os participantes são simétricas, parece haver um princípio de cooperação entre as partes (Goffman, Grice, Brown e Levinson), um princípio de ordem pragmática. Por outro lado, segundo os analistas, existe um sistema básico de regras responsável pela transição de um turno a outro, e o assalto a um turno constituiria um princípio de violação do "fala um de cada vez".

O exemplo abaixo, extraído do Inquérito Nurc-RJ (147), é um diálogo entre dois informantes do sexo feminino, de formação universitária, do ano de 1973. O tema versa sobre vida social, diversões, cidade e comércio. Observe a presença de alguns sinais que marcam: superposição de vozes – [–, dúvidas – ( ) – e inserções de informações de quem transcreveu o texto – ((**risos**)). Também podemos identificar com nitidez, nesse início de conversa, a alternância dos turnos entre os falantes, no sentido relativo ao "segmento produzido por um falante com direito a voz", o que significa a presença de 14 turnos.

L1 eh... você é carioca né?... quantos anos já... há quantos anos você mora no Rio?
L2 a vida inteira...
L1 nasceu aqui?
L2 nasci aqui...
L1 está ok... bom... e você eh... mora em Copacabana mesmo?
L2 *não moro em Ipanema... mas queria te perguntar uma coisa... qual é a tua imagem você mora em Copacabana né? qual... qual a imagem que você faz de Ipanema?*
L2 olha... eu...
L1 *não é sobre o bairro não... eu quero saber como vivem as pessoas que moram lá...*
L2 [das pessoas... da vida ( )
L1 *é... qual a imagem que você faz?*
L2 olha... eu acho...
L1 *pode ser franca... hein...*
L2 está ok ((risos)) eu não vou malhar não... olha eu acho...
L1 não... mesmo se malhar...

No entanto, há controvérsias quanto ao conceito de turno no que diz respeito à identificação do momento em que se passa de um a outro turno, ou seja, nem sempre a simples troca de falantes significa a conclusão de uma unidade constitutiva de turno. Portanto, fica a critério do analista, de posse de determinados conceitos básicos, julgar numa determinada conversação o que se pode entender por turno. Por exemplo, podemos admitir que os trechos em itálico, correspondentes à fala de L1, constituem um único turno porque mantêm a mesma unidade tópica ou temática.

Como a conversação é algo mais do que uma simples sucessão/alternância de turnos, o mesmo se pode dizer acerca do tópico conversacional. Quando estamos conversando, podemos abordar mais de um assunto ou privilegiarmos um determinado tópico, denominado macrotópico ou unidade tópica da conversação, de onde podem emergir os subtópicos relativos àquele tema. Da mesma forma que os turnos entre os falantes se alternam conforme a situação, também a continuidade tópica varia em função dos interesses e objetivos dos interlocutores, mudança tópica essa sujeita ao sistema de troca de turnos entre eles.

Do mesmo inquérito já citado, a conversa entre as informantes passa do tema *cidade* para *diversão* conduzida explicitamente por L1. No entanto, quando L1 introduz o tópico diversão, esse se desdobra em um subtópico no momento em que uma das informantes descobre que a outra é descendente de árabes e esta de israelitas. Observe:

L1 e em matéria assim de diversão o que você acha assim do Rio de Janeiro pra você sair assim de casa... pra onde vamos... o que fa/... fazer no sábado... domingo... fim de semana... que que você acha da nossa cidade?
L2 olha... tem muita coisa boa... mas eu não sei se é porque já é tanto tempo... já está virando um saco... sabe... eu já não sei nem pra onde eu vou mais... vira e mexe
L1 [( )
L2 eu vou pro mesmo lugar... você tem muito lugar pra ir entendeu?
L1 que lugar você gosta ir geralmente?
L2 é bar... restaurante... teatro... cinema... de noite... praia eu sei lá... de vez em quando piscina...aí...algum clube... algum conhecido...
L1 você é sócia de algum clube?
L2 [sou...
L1 de qual?
L2 é o... Monte Sinai sabe?
L1 sei...
L2 na Tijuca? mas eu quase não... eu vou quando eu vou...
L1 está correndo... acho que está correndo uma coisa muito interessante aqui... você é de família de... israelita?
L2 sou...
L1 você vê que coisa bacana... né... eu sou descendente direta de árabe por parte de pai e parte de mãe...
L2 ((risos))

Turno e topicalidade, portanto, estão bastante interligados e representam o princípio organizador e regulador da conversa, muitas vezes desempenhando funções pragmáticas responsáveis pelo fator de integração entre os interlocutores. É claro que outros fatores também contribuem para a manutenção e continuidade tópica numa conversa, como, por exemplo, as estratégias de polidez e envolvimento e o uso de marcadores conversacionais, como os marcadores linguísticos de abertura – "olha", "bem", "bom" – ou finais – "né?", "sabe?".

Enfim, procuramos neste capítulo apresentar as questões mais gerais acerca da conversação. Certamente não esgotamos o assunto, mas procuramos oferecer um painel para que os leitores iniciantes pudessem ter uma noção a respeito do assunto. Os interessados e aqueles que precisam se aprofundar na teoria têm, em autores brasileiros como Luiz Antonio Marcuschi, Dino Pretti, Ataliba de Castilho e tantos outros que trabalham com o discurso oral, fonte inesgotável para o aprofundamento de estudos nessa área, cabendo distinguir as diferentes perspectivas teóricas adotadas.

Exercícios

1) Leia o texto abaixo para responder às questões:

"Chatear" e "encher"

Um amigo meu me ensina a diferença entre "chatear" e "encher". Chatear é assim: você telefona para um escritório qualquer na cidade.

– Alô! Quer me chamar, por favor, o Valdemar?

– Aqui não tem nenhum Valdemar.

Daí a alguns minutos você liga de novo:

– O Valdemar, por obséquio.

– Cavalheiro, aqui não tem nenhum Valdemar.

– Mas não é do número tal?

– É, mas aqui nunca teve nenhum Valdemar.

Mais cinco minutos, você liga o mesmo número:

– Por favor, o Valdemar já chegou?

– Vê se te manca, palhaço. Já não lhe disse que o diabo desse Valdemar nunca trabalhou aqui?

– Mas ele mesmo me disse que trabalhava aí.

– Não chateia.

Daí a dez minutos liga de novo.

– Escute uma coisa! O Valdemar não deixou pelo menos um recado?

O outro dessa vez esquece a presença da datilógrafa e diz coisas impublicáveis.

Até aqui é chatear. Para encher, espere passar mais dez minutos, faça nova ligação:

– Alô! Quem fala? Quem fala aqui é o Valdemar. Alguém telefonou para mim?

(Paulo Mendes Campos, "Chatear" e "encher". In: *Para gostar de ler*. vol. 2. São Paulo, Ática, 1983. p. 35)

a) Após a leitura do texto, caracterize cada diálogo como polido e impolido, identificando os itens linguísticos que caracterizam ora a atitude polida, ora a impolida.

b) Mostre com passagens do texto como o "personagem" infringiu as três regras de polidez apresentadas por Lakoff:

- não imponha;
- dê opções;
- faça "A" sentir-se bem; seja amigável.

c) Proceda como no exercício anterior a partir das máximas estabelecidas por Leech.

d) Estabeleça a diferença entre *chatear* e *encher*, explicando a teoria da polidez.

e) Pensando na afirmação "quando dizer é fazer", que *ações* (atos de fala) são realizadas pelo "personagem" que indiquem o que é *chatear*, de um lado, e o que é *encher*, de outro.

f) Segundo Searle, os atos de fala classificam-se em:

- assertivos: quando dizemos às pessoas como as coisas são;
- declarativos: quando tentamos levar as pessoas a fazer coisas;
- expressivos: quando expressamos sentimentos e atitudes;
- comissivos: quando produzimos mudanças por meio de nossas ações.

De acordo com essa classificação, caracterize os atos de fala com base em sua resposta do exercício anterior.

Abordagens linguísticas

Estruturalismo

Marcos Antonio Costa

Este capítulo trata da escola estruturalista, dando ênfase às propostas de Ferdinand de Saussure e de Leonard Bloomfield.

O legado de Saussure

A rigor, não podemos falar de um conceito *único* para o termo *estruturalismo*. Mesmo sem levarmos em consideração que a antropologia, a sociologia, a psicologia, entre outras áreas das ciências humanas, podem se apresentar sob a orientação de uma *teoria estruturalista* e nos restringindo aos domínios exclusivos das diversas escolas linguísticas, torna-se evidente a impropriedade do uso indistinto do termo para todas elas. Entretanto, essas escolas, de um modo ou de outro, apresentam concepções e métodos que implicam o reconhecimento de que a língua é uma estrutura, ou sistema,[1] e que é tarefa do linguista analisar a organização e o funcionamento dos seus elementos constituintes.

Sistema, estrutura, estruturalismo

Sabemos que um sistema resulta da aproximação e da organização de determinadas unidades. Por possuírem características semelhantes e obedecerem a certos princípios de funcionamento, essas unidades constituem um todo coerente, coeso. É essa ideia que nos permite falar, por exemplo, da existência de um sistema solar, de um sistema circulatório, respiratório, digestivo, etc. Descrever cada um desses sistemas significa revelar a organização de suas unidades constituintes e os princípios que orientam tal organização.

Saussure, o precursor do estruturalismo, enfatizou a ideia de que a língua é um sistema, ou seja, um conjunto de unidades que obedecem a certos princípios de funcionamento, constituindo um todo coerente. À geração seguinte coube observar mais detalhadamente como o sistema se estrutura: daí o termo "estruturalismo" para designar a nova tendência de se analisar as línguas.

O estruturalismo, portanto, compreende que a língua, uma vez formada por elementos coesos, inter-relacionados, que funcionam a partir de um conjunto de regras, constitui uma organização, um sistema, uma estrutura. Essa organização dos elementos se estrutura seguindo leis internas, ou seja, estabelecidas dentro do próprio sistema.

O desenvolvimento da linguística estrutural representa um dos acontecimentos mais significativos do pensamento científico do século XX. Não poderíamos compreender os incontestáveis progressos verificados no quadro das ciências humanas sem compreendermos a elaboração do conceito de estrutura desenvolvido a partir das investigações do fenômeno da linguagem. Toda uma geração de pensadores, entre os quais Jacques Lacan, Claude Lévi-Strauss, Louis Althusser, Roland Barthes, evidencia em suas obras a contribuição pioneira de Ferdinand de Saussure relacionada à organização estrutural da linguagem.

Curiosamente, as ideias de Saussure, que se tornaram ponto de partida do pensamento que caracteriza a linguística moderna, tornaram-se públicas com o famoso *Curso de linguística geral,* livro que, na verdade, é a reconstrução, a partir de notas redigidas por alunos, de três cursos lecionados por Saussure entre 1907 e 1911 na Universidade de Genebra, cidade onde o linguista nasceu. O trabalho foi organizado por dois discípulos, Charles Bally e Albert Sechehaye.

É no *Curso* – publicado em 1916, três anos após a morte de Saussure – que encontramos os conceitos fundamentais do modelo teórico estruturalista. Esse modelo, como já mencionamos anteriormente, apresenta a linguagem como um sistema articulado, uma estrutura em que, tal como no jogo de xadrez (analogia abundantemente utilizada por Saussure), o valor de cada *peça* não é determinado por sua materialidade, ele não existe em si mesmo, mas é instituído no interior do jogo.

É fácil entendermos que pouco importa se, no xadrez, as peças são de madeira, ferro, marfim ou de outro material qualquer. A possibilidade de darmos andamento ao jogo depende exclusivamente de nossa compreensão de como as *peças* se relacionam entre si, das *regras* que as governam, da função estabelecida para cada uma delas e em relação às demais.

Se substituirmos o material das peças, isso em nada afetará o sistema, já que o valor de cada peça depende unicamente das relações, das oposições, entre as unidades. Podemos, por exemplo, utilizar uma simples tampinha de garrafa como se ela *valesse* a torre de nosso jogo. Para isso, é necessário tão somente que o valor atribuído a essa tampinha não seja correspondente ao valor do peão, do bispo, da rainha ou de qualquer outra unidade do sistema de jogo do xadrez. Em relação e em oposição a todas as outras unidades, nossa tampinha precisará valer uma torre.

Podemos, como quer Saussure, pensar a estrutura linguística a partir desse mesmo entendimento: estabelecemos comunicação porque conhecemos as regras da gramática de uma determinada língua. Ou seja, conhecemos as *peças* disponíveis do *jogo* e suas possibilidades de movimento, como elas se organizam e se distribuem. Não se trata, obviamente, do conhecimento acerca das regras normativas que encontramos nos livros de gramática. Não estamos falando de regras estabelecidas por um grupo de estudiosos em um determinado momento da história. Se assim fosse, aqueles que desconhecessem tais regras não se comunicariam.

O que regula o funcionamento das unidades que compõem o sistema linguístico são normas que internalizamos muito cedo e que começam a se manifestar na fase de aquisição da linguagem. Trata-se de um conhecimento adquirido no social, na relação que mantemos com o grupo de falantes do qual fazemos parte. Esse conhecimento, tal como no jogo de xadrez, independe da materialidade, da substância da qual as peças são formadas. Podemos lembrar que o sistema fonológico de uma língua pode ser expresso não a partir de uma substância sonora, mas, por exemplo, a partir de sensações visuais (movimento dos lábios). É desse modo que, em geral, as pessoas surdas de nascença aprendem o sistema de uma determinada língua sem nunca ter ouvido seus sons. O que se pretende demonstrar a partir dessa realidade é que a substância não determina de modo algum as regras do *jogo linguístico*, que são independentes do suporte físico – som, movimento labial, gestos, etc. – em que se realizam.

Em resumo, a abordagem estruturalista entende que a língua é forma (estrutura), e não substância (a matéria a partir da qual ela se manifesta). Reconhece, entretanto, a necessidade da análise da substância para que possamos formular hipóteses acerca do sistema a ela relacionado. Um sistema que não apresenta qualquer manifestação material, que não seja expresso por algum tipo de substância, não desperta qualquer interesse científico, uma vez que não pode ser investigado.

Essa concepção de linguagem tem como consequência um outro princípio do estruturalismo: o de que *a língua deve ser estudada em si mesma e por si mesma*. É o que chamamos *estudo imanente da língua*, o que significa dizer que toda preocupação extralinguística precisa ser abandonada, uma vez que a estrutura da língua deve ser descrita apenas a partir de suas relações internas. Nessa perspectiva, ficam excluídas as relações entre língua e sociedade, língua e cultura, língua e distribuição geográfica, língua e literatura ou qualquer outra relação que não seja absolutamente relacionada com a organização interna dos elementos que constituem o sistema linguístico.[2]

Língua e fala

Quando estudamos Saussure, é frequente encontrarmos um grupo de *dicotomias* relacionado ao pensamento do famoso linguista. O termo *dicotomia* designa a divisão lógica de um conceito em dois, de modo que se obtenha um par opositivo. Podemos, assim, observar dualidades como: língua e fala, sincronia e diacronia, paradigma e sintagma, forma e substância, significado e significante, motivado e arbitrário. Essas são algumas das chamadas dicotomias saussureanas. A partir de agora vamos observar algumas delas, começando pela dicotomia entre língua e fala.

Até agora usamos sem maior rigor o termo *linguagem*. Para Saussure, entretanto, a linguagem deve ser tomada como um objeto duplo, uma vez que "o fenômeno linguístico apresenta perpetuamente duas faces que se correspondem e das quais uma não vale senão pela outra" (Saussure, 1975: 15). Assim sendo, a linguagem tem um lado social, a *língua* (ou *langue*, nos termos saussureanos), e um lado individual, a *fala* (ou *parole*, nos termos saussureanos), sendo impossível conceber um sem o outro.

Para Saussure a língua é um sistema supraindividual utilizado como meio de comunicação entre os membros de uma comunidade. O entendimento saussureano é o de que a língua corresponde à parte essencial da linguagem e constitui um *tesouro* – um sistema gramatical – depositado virtualmente nos cérebros de um conjunto de indivíduos pertencentes a uma mesma comunidade linguística. Sua existência decorre de uma espécie de contrato implícito que é estabelecido entre os membros dessa comunidade. Daí seu caráter social. Para Saussure, o indivíduo, sozinho, não pode criar nem modificar a língua.

Diferentemente, a fala constitui o uso individual do sistema que caracteriza a língua. Nas palavras de Saussure, é "um ato individual de vontade e de inteligência" (1975: 22), que corresponde a dois momentos: as combinações realizadas pelo falante entre as unidades que compõem o sistema da língua, objetivando exprimir seu pensamento, e o mecanismo psicofísico que lhe permite exteriorizar essas combinações. Trata-se, portanto, da utilização prática e concreta de um código de língua por um determinado falante num momento preciso de comunicação. Em outras palavras, é a maneira pessoal de atualizar esse código. Daí seu caráter individual. De acordo com Saussure, a língua é a condição da fala, uma vez que, quando falamos, estamos submetidos ao sistema estabelecido de regras que corresponde à língua.

Portanto, o objeto de estudo específico da linguística estrutural é a língua, e não a fala, sendo esta última tomada como objeto secundário. Isso se dá porque é na língua, conhecimento comum a todos, que se encontra a essência da atividade comunicativa, e não naquilo que é específico de cada um. Como já mencionamos anteriormente, toda preocupação extralinguística é abandonada, e a estrutura da língua é descrita apenas a partir de suas relações internas.

Isso não significa que se possa estudar a língua independentemente da fala, uma vez que, entre os dois objetos, existe uma estreita ligação: a língua é necessária para que a fala seja compreensível e para que o falante, consequentemente, possa vir a atingir os seus propósitos comunicativos; por outro lado, a língua só se estabelece a partir das manifestações concretas de cada ato linguístico efetivo. Assim, a língua é, ao mesmo tempo, o instrumento e o produto da fala.

Sincronia e diacronia

Nesta seção, conheceremos mais uma dicotomia saussureana, relacionada ao método de investigação a ser adotado pelo linguista em suas pesquisas: sincronia e diacronia.

No início do século XIX, as semelhanças encontradas entre determinadas línguas levaram os pesquisadores a acreditar na existência de parentescos entre elas. As investigações passaram a ter como um de seus principais objetivos o agrupamento dessas línguas em *famílias*, o que acontecia através de um método de estudo chamado *histórico-comparativo*. Entre essas famílias, temos a indo-europeia, que reúne, entre outras, a maior parte das línguas europeias, assim como as línguas do chamado grupo indo-irânico, como o persa e o sânscrito, língua sagrada utilizada pelos hindus nos cerimoniais religiosos há cerca de 1.220/800 a.C.

Aos 21 anos, Saussure havia escrito *Mémoire sur le système primitif des voyelles indo-europèene* (apud Malmberg, 1974), obra que faz parte da bibliografia relativa ao pensamento do século XIX. Durante todo esse século, a investigação acerca da linguagem foi marcadamente de caráter histórico. Pouco interesse havia em se estudar a língua de um determinado grupo de falantes fora de um quadro de considerações históricas.

A partir dos anos de 1870, a geração dos neogramáticos procurou mostrar que a mudança das línguas possui uma regularidade, segue uma necessidade própria, não dependendo da vontade dos homens. Com esse objetivo, desenvolveram uma teoria das transformações linguísticas baseada em método estritamente científico, afastando-se das especulações vagas e subjetivas que marcaram os estudos da linguagem no início do século XIX.

De acordo com a escola dos neogramáticos, a linguística necessariamente deveria ter um caráter histórico, já que sua tarefa seria estudar as transformações das línguas em busca de explicações e formulações de regras de um "vir a ser" dessas línguas. Para Hermann Paul, o grande teórico da escola, a simples descrição de uma língua representaria, unicamente, a constatação de um fato, mas de forma alguma uma ciência.

A distinção feita por Saussure entre a investigação diacrônica e a investigação sincrônica representa duas rotas que separam a *linguística estática* da *linguística evolutiva*. "É sincrônico tudo quanto se relacione com o aspecto estático da nossa ciência, diacrônico tudo que diz respeito às evoluções. Do mesmo modo, sincronia e diacronia designarão respectivamente um estado de língua e uma fase de evolução." (Saussure, 1975: 96).

Assim, enquanto o estudo sincrônico de uma língua tem como finalidade a descrição de um determinado estado dessa língua em um determinado momento no tempo, o estudo diacrônico (através do tempo) busca estabelecer uma comparação entre dois momentos da evolução histórica de uma determinada língua. Podemos citar a análise da variação entre o uso de "ter" e "haver" no português contemporâneo no Brasil como exemplo de estudo de caráter sincrônico, já que o termo "variação" implica a coexistência de duas ou mais formas em uma mesma época. Por outro lado, a análise da trajetória de mudança *pane* > *pãe* > "pão", do latim ao português, caracteriza-se como uma abordagem diacrônica.

O estruturalismo proposto por Saussure não apenas aponta as diferenças entre essas duas formas de investigação, mas, sobretudo, registra a prioridade do estudo sincrônico sobre o diacrônico. Ou seja, para Saussure, o linguista deve estudar principalmente o sistema da língua, observando como se configuram as relações internas entre seus elementos em um determinado momento do tempo. Esse tipo de estudo é possível porque os falantes não têm informações acerca da história de sua língua e não precisam ter informações etimológicas a respeito dos termos que utilizam no dia a dia: para os falantes, a realidade da língua é o seu estado sincrônico.

Na defesa de tais ideias, o linguista utiliza, mais uma vez, a analogia entre o sistema linguístico e o jogo de xadrez. Conforme a análise de Saussure, tanto no jogo da língua como durante uma partida de xadrez estamos diante de um sistema de valores e assistimos às suas modificações: assim como ocorre com os sistemas linguísticos, a disposição das peças no tabuleiro sofre contínuas mudanças. A qualquer instante, porém, essa disposição pode ser descrita conforme a posição das peças naquele momento específico do jogo, o mesmo acontecendo quando se trata da descrição de um estado particular de língua. Não importa o caminho percorrido: "o que acompanhou toda a partida não tem a menor vantagem sobre o curioso que vem espiar o estado do jogo no momento crítico; para descrever a posição, é perfeitamente inútil recordar o que ocorreu dez segundo antes" (Saussure, 1975: 105). Além disso, argumenta-se que, embora não sejam muitos os falantes conhecedores profundos da evolução histórica da língua que utilizam, todos nós demonstramos dominar, ainda na infância, os princípios sistemáticos, as regras da língua que ouvimos à nossa volta. A descrição linguística sincrônica tem por tarefa formular essas regras sistemáticas conforme elas operam num momento (estado) específico, independentemente da combinação particular de movimentos (das mudanças) já ocorridos.

Cabe observar ainda que o movimento de uma pedra no tabuleiro implica a constituição de uma nova sincronia, uma vez que tal movimento repercute em todo o sistema. O conjunto das regras do jogo, porém, é mantido. Essas regras, como já vimos anteriormente, situam-se fora do tempo do jogo e são prévias à sua existência e realização. É o próprio Saussure, contudo, que nos alerta quanto ao ponto em que a analogia entre o jogo de xadrez e o sistema linguístico se mostra falha: a ação do jogador ao deslocar uma pedra e, consequentemente, exercer uma alteração no sistema é intencional. Na língua, diferentemente, nada é premeditado, "é espontânea e fortuitamente que suas peças se deslocam – ou melhor, se modificam" (Saussure, 1975: 105).

O signo linguístico

Uma vez compreendido que a língua representa um conjunto de elementos solidários, uma estrutura, cabe-nos conhecer a natureza desses elementos. Saussure afirma que a língua é um sistema de signos. O signo é, portanto, a unidade constituinte do sistema linguístico. Ele é formado, por sua vez, de duas partes absolutamente inseparáveis, sendo impossível conceber uma sem a outra, como acontece com as duas faces de uma folha de papel: um *significante* e um *significado*.

Poderíamos dizer que o significante consiste numa sequência de fonemas, como acontece, por exemplo, com a sequência "linguagem". Precisamos, porém, de um pouco mais de cautela para entender o verdadeiro sentido atribuído por Saussure ao conceito de significante. Comecemos por compreender que, de acordo com a proposta estruturalista saussureana, a língua é uma realidade psíquica. Como já dito, um tesouro – um sistema gramatical – depositado virtualmente no cérebro de um conjunto de indivíduos pertencentes a uma mesma comunidade linguística.

Assim sendo, as faces que compõem o signo linguístico são ambas psíquicas e estão ligadas, em nosso cérebro, por um vínculo de associação. Sendo assim, o significante, também chamado de *imagem acústica*, não pode ser confundido com o som material, algo puramente físico, mas deve ser identificado com a impressão psíquica desse som, a representação da palavra enquanto fato de língua virtual, estando a fala absolutamente excluída dessa realidade.

A outra face do signo, o significado, também chamada de *conceito*, representa o sentido que é atribuído ao significante – o sentido, por exemplo, que atribuímos ao significante "linguagem" anteriormente mencionado como "capacidade humana de comunicação verbal". Daí o entendimento de que o signo, unidade constituinte do sistema linguístico, resulta da associação de um conceito com uma imagem acústica.

A arbitrariedade do signo linguístico

A filosofia desenvolvida na Grécia antiga é um marco inicial, no Ocidente, do debate sobre as relações entre a linguagem e o mundo. A discussão era se os recursos linguísticos através dos quais as pessoas descrevem o mundo à sua volta são arbitrários ou se esses recursos sofrem algum tipo de motivação natural. Essas duas teses representam desdobramentos das especulações filosóficas que dividiram os gregos na antiguidade clássica em *convencionalistas* e *naturalistas*. Enquanto os primeiros defendiam que tudo na língua era convencional, mero resultado do costume e da tradição, os naturalistas afirmavam que todas as palavras eram, de fato, relacionadas por natureza às coisas que elas significavam.

Que relação podemos observar entre a sequência "linguagem" e o sentido a ela atribuído? Quando nos referimos a "livro" como "conjunto de folhas de papel capaz de guardar uma obra literária, científica, artística, etc.", haveria alguma motivação especial para a escolha desse termo ("livro"), e não a de um outro qualquer?

Afirmar que o signo linguístico é arbitrário, como fez Saussure, significa reconhecer que não existe uma relação necessária, natural, entre a sua *imagem acústica* (seu significante) e o *sentido* a que ela nos remete (seu significado). Isso significa dizer que o signo linguístico não é motivado, e sim cultural, convencional, já que resulta do acordo implícito realizado entre os membros de uma determinada comunidade. Trata-se, portanto, de uma convenção.

A arbitrariedade do signo linguístico pode ser mais bem compreendida quando observamos a diversidade das línguas. Cada língua apresenta um modo particular de expressar os conceitos: ninguém discute, por exemplo, se "livro" ou *book* se aproximam mais, ou menos, do conceito apresentado anteriormente. Por outro lado, poderíamos argumentar que certas unidades linguísticas apresentam-se como contraexemplos da arbitrariedade. As onomatopeias (do tipo "au-au", "tic-tac")[3] parecem ser motivadas, não arbitrárias. No entanto, argumenta Saussure, elas "não apenas são pouco numerosas, mas sua escolha é já, em certa medida, arbitrária, pois não passam da imitação aproximativa e já meio convencional de certos ruídos" (1975: 83). Contudo, Saussure reconhece que a arbitrariedade é limitada por associações e motivações relativas: assim, "vinte" é imotivado, mas "dezenove" não o é no mesmo grau, porque evoca os termos dos quais se compõe, "dez" e "nove".

Saussure observa ainda que o princípio da arbitrariedade do signo linguístico não implica a compreensão de que o significado dependa da livre escolha do falante. A língua, como já apresentado anteriormente, é social, não estando ao alcance do indivíduo nela promover mudanças.

Relações sintagmáticas e relações paradigmáticas

Sendo a língua um sistema, cabe-nos compreender a forma como as unidades constitutivas desse sistema encontram-se relacionadas umas às outras. Quando descrevemos essas relações, estamos explicitando a organização dos elementos constituintes da estrutura linguística e, em última instância, reconhecendo o funcionamento do sistema.

Comecemos por entender que o signo linguístico exibe uma característica bastante particular, a qual, embora considerada demasiadamente simples, torna-se fundamental para a compreensão da língua como um sistema: o signo linguístico representa uma extensão. Isso significa que, ao ser transmitido, ele constitui uma sequência cuja dimensão só pode ser mensurável linearmente. Decorre daí o chamado *caráter linear da linguagem articulada*. Uma frase, por exemplo, é constituída por um certo número de signos linguísticos que são apresentados em linha, no tempo, um após o outro. Sabemos, contudo, que, por se tratar de um instrumento de comunicação, a frase deve ser construída de acordo com determinadas regras. Por isso mesmo, a distribuição das palavras (dos signos) não ocorre de maneira aleatória, e sim pela exclusão de outros possíveis arranjos distribucionais.

Quando combinamos duas ou mais unidades (por exemplo: "re-ter"; "várias pessoas"; "a linguística estrutural"; "eu tenho alguns projetos para a minha vida", etc.), estamos compondo sintagmas. As relações sintagmáticas decorrentes do caráter linear da linguagem dizem respeito às articulações entre os sintagmas e relacionam-se às diversas possibilidades de combinação entre essas unidades.

Devemos, portanto, entender como sintagmáticas as relações *in praesentia*, ou seja, entre dois ou mais termos que estão presentes (antecedentes ou subsequentes) em um mesmo contexto sintático. Por englobar diferentes níveis de análise, a noção de sintagma deve ser compreendida de uma maneira ampla.

a) No nível fonológico, as unidades se combinam para formar as sílabas. Quanto às restrições impostas pelas regras do sistema linguístico, sabemos, por exemplo, que a língua portuguesa não admite sílaba formada sem som vocálico.

Ex: Ca-sa, bar
↙↘ ↙↓↘
CV CVC

b) No nível morfológico, os morfemas se unem para formar a palavra, ou sintagma vocabular, como caracterizam alguns autores. Desse modo, prefixos e sufixos respectivamente antecedem e sucedem o radical (com Rad (= radical), VT (= vogal temática), Pref (= prefixo) e Suf (= sufixo)).

Ex: Menin - o, in - feliz - mente
↓ ↓ ↓ ↓ ↓
Rad VT Pref Rad Suf

c) No nível sintático, as palavras se combinam para formar frases. É inadmissível como frase construções tais como "De gosta bolo menino o". (SN (=sintagma nominal), SV (=sintagma verbal)).

Ex: O menino – gosta de bolo.
↓ ↓
SN SV

Além das relações sintagmáticas que dizem respeito à distribuição linear das unidades na estrutura sintática, as línguas apresentam relações paradigmáticas ou associativas que dizem respeito à associação mental que se dá entre a unidade linguística que ocupa um determinado contexto (uma determinada posição na frase) e todas as outras unidades ausentes que, por pertencerem à mesma classe daquela que está presente, poderiam substituí-la nesse mesmo contexto.

As relações paradigmáticas manifestam-se como relações *in absentia*, pois caracterizam a associação entre um termo que está presente em um determinado contexto sintático com outros que estão ausentes desse contexto, mas que são importantes para a sua caracterização em termos opositivos.

Ocorre que os elementos da língua nunca estão isolados em nossa memória. Eles são armazenados em termos de determinados traços que os caracterizam, como estrutura, classe gramatical, tipo semântico, entre outros. Assim, a palavra "livreiro", por exemplo, está associada a elementos como "livro" e "livraria" a partir do radical que está na base desses elementos. Por outro lado, podemos estabelecer uma outra série de relações paradigmáticas tomando como base o sufixo: "leiteiro", "sapateiro", "garimpeiro", entre outros.

De algum modo essa organização dos elementos linguísticos na nossa memória, para Saussure, é importante na caracterização de uma frase. Por exemplo, podemos substituir uma desinência verbal de pessoa e número por outra do mesmo tipo (estuda<u>s</u>/estuda<u>mos</u>), um adjetivo por outro adjetivo ou locução adjetiva (Ele é <u>bondoso</u>/Ele é <u>caridoso</u>/Ele é <u>do bem</u>), um substantivo por outro substantivo (Gostaria de comprar um <u>livro</u>/Gostaria de comprar uma <u>fazenda</u>), etc. Para Saussure, além da possibilidade de ocorrência em um mesmo contexto, as relações paradigmáticas são também decorrentes da semelhança de significação (educação/aprendizagem), da semelhança sonora (livro/crivo) ou de qualquer outra situação em que a presença de um elemento linguístico suscita no falante ou no ouvinte a associação com outros elementos ausentes.

Desse modo, podemos concluir que as relações sintagmáticas e as relações paradigmáticas ocorrem concomitantemente. Na sequência "Gostaria de comprar uma fazenda", a unidade "comprar", por exemplo, ao mesmo tempo em que se encontra em relação paradigmática com "vender", "entregar", "olhar" e tantas outras unidades, também mantém relações sintagmáticas com "gostaria", "de", "uma" e "fazenda". Da mesma maneira, no nível fonológico, em se tratando da sequência /bola/, o fonema /b/ se encontra em relação paradigmática com /s/, /m/, /g/, etc. e em relação sintagmática com /b/, /l/ e /a/. Esses fatos nos permitem compreender melhor o porquê da língua ser um sistema, uma estrutura, e não uma mera reunião de elementos. Adotando uma perspectiva estruturalista, podemos afirmar, então, que o que permite o funcionamento da língua é o sistema de valores constituído pelas associações, combinações e exclusões verificadas entre as unidades linguísticas.

Essas são, em linhas gerais, as principais ideias formuladas por Saussure. Elas representam o alicerce da linguística estrutural e, ao mesmo tempo, fundam a linguística moderna.

Durante a primeira metade do século XX, privilegiando diferentes aspectos das ideias de Saussure, surgem, na Europa, pelo menos três importantes grupos de estudos linguísticos: a Escola de Genebra, a Escola de Praga e a Escola de Copenhague. As duas primeiras não se limitaram ao estudo meramente formal da linguagem, adotando a visão de que a língua deve ser vista como um sistema funcional, no sentido de que é utilizada para um determinado fim: a comunicação.

Por outro lado, a Escola de Copenhague focalizou o aspecto formal das línguas, deixando sua função num plano secundário. Ou seja, essa escola adotou concepção saussureana de língua como um sistema autônomo e, através de Hjelmslev, desenvolveu uma teoria chamada de glossemática, aprofundando principalmente os conceitos de forma e substância (expressão e conteúdo).

Sob o rótulo de estruturalismo, a linguística moderna conhece duas vertentes principais: a europeia[4] e a norte-americana.

A corrente norte-americana

O estruturalismo norte-americano é representado pelas ideias de Leonard Bloomfield, desenvolvidas e sistematizadas sob o rótulo de *distribucionalismo* ou *linguística distribucional*. A teoria da linguagem proposta por Bloomfield, dominante nos Estados Unidos até aproximadamente 1950, é apresentada de maneira independente no momento em que o pensamento de Saussure começa a ser conhecido na Europa. Ocorre que, ao lado de algumas diferenças, muitos são os pontos em comum – ou, pelo menos, convergentes – entre as propostas formuladas pelos dois autores, o que nos permite conceber a teoria distribucionalista como uma vertente do estruturalismo.

O objetivo da teoria formulada por Bloomfield é a elaboração de um sistema de conceitos aplicáveis à descrição sincrônica de qualquer língua. Para tanto, parte dos seguintes pressupostos:

- cada língua apresenta uma estrutura específica;
- essa estruturação é evidenciada a partir de três níveis – o fonológico, o morfológico e o sintático – que constituem uma hierarquia, com o fonológico na base e o sintático no topo;
- cada nível é constituído por unidades do nível imediatamente inferior: as construções são sequências de palavras; as palavras, sequências de morfemas; os morfemas, sequências de fonemas;
- a descrição de uma língua deve começar pelas unidades mais simples, prosseguindo, então, à descrição das unidades cada vez mais complexas;
- cada unidade é definida em função de sua posição estrutural – de acordo com os elementos que a precedem e que a seguem na construção;
- na descrição, é necessária absoluta objetividade, o que exclui o estudo da semântica do escopo da linguística.

O autor pressupõe ainda que o processo de combinação de unidades para formar construções de nível superior (combinação de fonemas que resulta em morfemas, combinação de morfemas que resulta em palavras e combinação de palavras que resulta em frases) é guiado por leis próprias do sistema linguístico. Ou seja, enquanto determinadas construções são permitidas, outras são totalmente bloqueadas na língua. No português, por exemplo, uma construção do tipo "Linguística aluno de gosta estudar o" seria indiscutivelmente inaceitável.

De acordo com a concepção da linguística distribucional, para que possamos estudar uma língua, faz-se necessário:

- a constituição de um *corpus*, isto é, a reunião de um conjunto, o mais variado possível, de enunciados efetivamente emitidos por usuários de uma determinada língua em uma determinada época;
- a elaboração de um inventário, a partir desse *corpus*, que permita determinar as unidades elementares em cada nível de análise, assim como as classes que agrupam tais unidades;
- a verificação das leis de combinação de elementos de diferentes classes;
- a exclusão de qualquer indagação sobre o significado dos enunciados que compõem o *corpus*.

Essa postura mecanicista da linguística de Bloomfield apoia-se na psicologia behaviorista fortemente difundida nos Estados Unidos a partir de 1920, que tem Skinner como um de seus maiores teóricos. Ao tomar o próprio comportamento como objeto de estudo da psicologia, e não como indicador de alguma outra coisa que se expresse por ele ou através dele, o behaviorismo rompe com a compreensão de que as impressões, criadas na mente do homem pelos objetos e eventos, geram seu comportamento. Segundo essa corrente, o comportamento humano é totalmente explicável e, portanto, previsível a partir das situações em que se manifesta independentemente de qualquer fator *interno*. Logo, ele pode ser compreendido como o conjunto de uma excitação ou estímulo e de uma resposta ou ação.

No que diz respeito ao comportamento linguístico, a psicologia behaviorista fornece a seguinte explicação: uma comunidade ensina o indivíduo a emitir uma dada resposta verbal (a *expressar um termo*), provendo estímulos reforçadores quando essa resposta ocorre na presença da *coisa* para a qual o termo proferido é tomado como *referente*. O indivíduo, por exemplo, aprende a dizer "cadeira" na presença de uma cadeira ou objeto similar não por uma questão de *apreensão do significado* de "cadeira", mas porque essa resposta, na presença do objeto, tem uma história de reforço provido pela comunidade verbal. Na perspectiva de Skinner, termos como "conteúdo", "significado" ou "referente" devem ser desprezados, pelo menos enquanto propriedades de respostas verbais.

O método de análise que caracteriza a vertente americana da linguística estrutural é conhecido como análise distribucional, apresentado nos Estados Unidos por Bloomfield, com a publicação de *Language*, em 1933. Objetivando chegar à descrição total de um estado sincrônico de língua, esse método parte da observação de um *corpus* para descrever seus elementos constituintes de acordo com a possibilidade de eles se associarem entre si de maneira linear. Pressupõe-se, assim, que as partes de um língua não se organizam arbitrariamente, mas, ao contrário, apresentam-se em certas posições particulares relacionadas umas às outras. Trata-se, portanto, de um método puramente descritivo e indutivo que corrobora o entendimento de que todas as frases de uma língua são formadas pela combinação de construções – os seus constituintes –, e não de uma simples sequência de elementos discretos. Esses constituintes, por sua vez, são formados por unidades de ordem inferior. Assim, para decompor os enunciados do *corpus,* os distribucionalistas utilizam um método chamado de *análise em constituintes imediatos*. Nessa perspectiva, uma frase é o resultado de diversas camadas de constituintes. Por exemplo, a estrutura da frase "O aluno comprou um livro" é descrita como a combinação de dois constituintes: um sintagma nominal ("o aluno") e um sintagma verbal ("comprou um livro"). Por sua vez, cada um desses dois constituintes imediatos é formado por outros constituintes: o sintagma nominal "o aluno" é formado por um determinante ("o") e por um substantivo ("aluno"); o sintagma verbal "comprou um livro" é formado por um verbo ("comprou") e por um sintagma nominal ("um livro"). Podemos observar abaixo como nossa frase pode ainda ser segmentada em outros constituintes:

- Frase .... o aluno comprou um livro
- Sintagmas .... o aluno / comprou um livro
- Palavras..................................... o / aluno / comprou / um / livro
- Morfemas .... o / alun/o / compr/ou / um / livr/o
- Fonema..................................... o / a/l/u/n/o / k/õ/p/r/o/u / ũ / l/i/v/r/o

Conforme podemos observar, a análise distribucional (e o modelo estruturalista como um todo) apresenta uma perspectiva demasiadamente formal acerca do fenômeno linguístico, restringindo a tarefa do pesquisador, ao descrever uma língua, à classificação dos segmentos que aparecem nos enunciados do *corpus* e à identificação das leis de combinação de tais segmentos.

As formulações propostas por Bloomfield sob a inspiração do behaviorismo representaram, nos estudos linguísticos desenvolvidos nos Estados Unidos durante as primeiras décadas do século XX, uma oposição às ideias mentalistas que defendiam que a fala deveria ser explicada como um efeito dos pensamentos (intenções, crenças, sentimentos) do sujeito falante.

Ao lado de Bloomfield, Edward Sapir é apontado como um autor clássico da linguística norte-americana do início do século XX. Entretanto, os estudos de Sapir rompem os limites do estruturalismo saussureano, uma vez que adotam o postulado de que os resultados da análise estrutural de uma língua devem ser confrontados com os resultados da análise estrutural de toda a cultura material e espiritual do povo que fala tal língua. As seguintes ideias estão relacionadas à *hipótese Sapir-Whorf:*

- cada língua segmenta a realidade à sua maneira e impõe tal modo de segmentação do mundo a todos os que a falam. Nesse sentido, a língua configura o pensamento: as pessoas que falam diferentes línguas veem o mundo diferentemente;
- os modelos linguísticos relacionam-se aos modelos socioculturais. As distinções gramaticais e lexicais, obrigatórias numa dada língua, correspondem às distinções de comportamento, obrigatórias numa dada cultura.

Tanto a teoria proposta por Sapir-Whorf como o modelo de análise distribucional formulado por Bloomfield inserem-se na situação linguística específica dos Estados Unidos naquele início de século. Havia no continente americano cento e cinquenta famílias de línguas ameríndias – o equivalente a aproximadamente mil línguas – apresentadas sob a forma de material linguístico oral ainda não descrito, o que representava um grande problema para os administradores e etnólogos da época. A perspectiva antropológica presente nos postulados de Sapir-Whorf e a psicologia comportamental que influenciou as ideias de Bloomfield encontram terreno fértil nesse contexto particular.

Esse contexto, portanto, marcou o estruturalismo dos Estados Unidos, diferenciando-o da linguística europeia. Pode-se dizer que, enquanto Sapir foi o pioneiro, Bloomfield foi o consolidador da linguística naquele país, criando uma teoria mais bem delimitada do que os linguistas anteriores.

Exercícios

1) Comente a afirmativa saussuriana:

> "A língua é um sistema cujas partes podem e devem ser consideradas em sua solidariedade sincrônica" (Saussure, 1975).

2) Defina os conceitos de "língua" e "fala".
3) Um dos postulados de base da linguística estrutural é que o signo é arbitrário. Explique o que significa essa afirmação.
4) A linguística estrutural reconhece o princípio saussuriano de que *todo o mecanismo linguístico repousa sobre relações de dois tipos: sintagmáticas e paradigmáticas*. Explique tal princípio.
5) A afirmativa de que "a linguística tem por único e verdadeiro objeto a língua considerada em si mesma e por si mesma", que finaliza o texto do *Curso de linguística geral*, é fundamental para que possamos compreender os postulados de Saussure. Faça alguns comentários a respeito dessa questão.
6) Aponte três características da linguística descritiva norte-americana (distribucionalismo) que fazem dela uma vertente do estruturalismo saussuriano.

Notas

[1] A noção inicial era a de *sistema*, proposta por Saussure. A noção de estrutura se desenvolveu do termo saussuriano: tendo sido estabelecido que a língua constitui um sistema, cumpre estabelecer como se estrutura esse sistema.

[2] Essa característica se desenvolveu de modo mais forte na chamada Escola de Copenhague, sobretudo com Louis Hjelmslev. As chamadas escolas de Praga e de Genebra, desenvolvendo uma linha um pouco diferente, procuraram relacionar essa estrutura com a noção de "função".

[3] Saussure caracteriza as onomatopeias autênticas como aquelas que representam imitações aproximativas e já meio convencionais de certos ruídos, em oposição àquelas que impressionam por sua sonoridade sugestiva, como, por exemplo, tilintar, chover e piar.

[4] O estruturalismo europeu está representado principalmente pela linguística funcional desenvolvida pela Escola de Praga. As questões relacionadas a essa vertente são tratadas em capítulo específico.

Geratívismo

Eduardo Kenedy

Neste capítulo, apresentam-se em linhas gerais os principais aspectos que caracterizam a corrente de estudos linguísticos conhecida como *gerativismo*. Analisaremos a concepção de linguagem humana que norteia as pesquisas dessa corrente, bem como faremos uma exposição da maneira gerativista de observar, descrever e explicar os fatos das línguas naturais. Trata-se de uma visão geral, introdutória e simplificada, destinada ao estudante que conhece pouco ou nada sobre o gerativismo. Nas indicações bibliográficas, apresentadas no fim do livro, o leitor encontrará sugestões de leituras em português para prosseguir nos estudos sobre o assunto.

A faculdade da linguagem

A *linguística gerativa* – ou *gerativismo*, ou, ainda, *gramática gerativa* – é uma corrente de estudos da ciência da linguagem que teve início nos Estados Unidos, no final da década de 1950, a partir dos trabalhos do linguista Noam Chomsky, professor do Instituto de Tecnologia de Massachussets, o MIT. Considera-se o ano de 1957 a data do nascimento da linguística gerativa, ano em que Chomsky publicou seu primeiro livro, *Estruturas sintáticas*. Trata-se, portanto, de uma linha de pesquisa linguística que já possui cinquenta anos de plena atividade e produtividade. Ao longo desse meio século, o gerativismo passou por diversas modificações e reformulações, que refletem a preocupação dos pesquisadores dessa corrente em elaborar um modelo teórico formal, inspirado na matemática, capaz de descrever e explicar abstratamente o que é e como funciona a linguagem humana.

A linguística gerativa foi inicialmente formulada como uma espécie de resposta e rejeição ao modelo behaviorista de descrição dos fatos da linguagem, modelo esse que foi dominante na linguística e nas ciências de uma maneira geral durante toda a primeira metade do século xx. Para os behavioristas, dentre os quais se destacava o linguista norte-americano Leonard Bloomfield, a linguagem humana era interpretada como um condicionamento social, uma resposta que o organismo humano produzia mediante os estímulos que recebia da interação social. Essa resposta, a partir da repetição constante e mecânica, seria convertida em hábitos, que caracterizariam o comportamento linguístico de um falante. Vejamos, por exemplo, como Bloomfield (1933: 29-30) descrevia a maneira pela qual uma criança aprendia a falar uma língua:

> Cada criança que nasce num grupo social adquire hábitos de fala e de resposta nos primeiros anos de sua vida. [...] Sob estimulação variada, a criança repete sons vocais. [...] Alguém, por exemplo, a mãe, produz, na presença da criança, um som que se assemelha a uma das sílabas de seu balbucio. Por exemplo, ela diz *doll* [boneca]. Quando esses sons chegam aos ouvidos da criança, seu hábito entra em jogo e ela produz a sílaba de balbucio mais próxima, *da*. Dizemos que nesse momento a criança começa a imitar. [...] A visão e o manuseio da boneca e a audição e a produção da palavra *doll* (isto é, *da*) ocorrem repetidas vezes em conjunto, até que a criança forma um hábito. [...] Ela tem agora o uso de uma palavra.

Para um behaviorista, a linguagem humana é exatamente o que descreveu Bloomfield: um fenômeno externo ao indivíduo, um sistema de hábitos gerado como resposta a estímulos e fixado pela repetição. Numa resenha feita em 1959 sobre o livro *Comportamento verbal*, escrito por B. F. Skinner, professor da famosa universidade de Harvard e principal teórico do behaviorismo, Chomsky apresentou uma radical e impiedosa crítica à visão comportamentalista da linguagem sustentada pelos behavioristas. Na resenha, Chomsky chamou a atenção para o fato de um indivíduo humano sempre agir criativamente no uso da linguagem, isto é, a todo momento, os seres humanos estão construindo frases novas e inéditas, ou seja, jamais ditas antes pelo próprio falante que as produziu ou por qualquer outro indivíduo.

Por isso, todos os falantes são criativos, desde os analfabetos até os autores dos clássicos da literatura, já que todos criam infinitamente frases novas, das mais simples e despretensiosas às mais elaboradas e eruditas. Pensemos, por exemplo, na frase que acabamos de produzir aqui mesmo neste texto. É muito provável que ela nunca tenha sido proferida exatamente da maneira como o fizemos, bem como jamais será dita novamente da mesma forma. Chomsky chegou a afirmar, inclusive, que a *criatividade* é o principal aspecto caracterizador do comportamento linguístico humano, aquilo que mais fundamentalmente distingue a linguagem humana dos sistemas de comunicação animal.

De acordo com esse pensamento de Chomsky, se considerarmos a criatividade a principal característica da linguagem humana, então devemos abandonar o modelo teórico e metodológico do behaviorismo, já que nele não há espaço para eventos criativos, pois, para linguistas como Bloomfield, o comportamento linguístico de um indivíduo deve ser interpretado como uma resposta completamente previsível a partir de um dado estímulo, tal como é possível prever que um cão começará a latir ao ouvir, por exemplo, o som de uma campainha caso tenha sido treinado para isso.[1] Se o behaviorismo deve ser abandonado, como de fato foi após a publicação da resenha de Chomsky, o gerativismo se apresenta como um modelo capaz de superá-lo e substituí-lo.

Com as suas ideias, Chomsky revitalizou a concepção *racionalista* dos estudos da linguagem, em oposição franca e direta à concepção *empiricista* de Skinner, Bloomfield e demais estruturalistas norte-americanos e europeus. Para Chomsky, a capacidade humana de falar e entender uma língua (pelo menos), isto é, o comportamento linguístico dos indivíduos, deve ser compreendida como o resultado de um dispositivo inato, uma capacidade genética e, portanto, interna ao organismo humano (e não completamente determinada pelo mundo exterior, como diziam os behavioristas), a qual deve estar radicada na biologia do cérebro/mente da espécie e é destinada a constituir a competência linguística de um falante. Essa disposição inata para a competência linguística é o que ficou conhecido como *faculdade da linguagem.*

Há, de fato, muitas evidências de que a linguagem seja uma faculdade natural à espécie humana. Pensemos, por exemplo, que, excluindo-se os casos patológicos graves, todos os indivíduos humanos, de todas as raças, em qualquer condição social, em todas as regiões do planeta e em todos os tempos da história foram e são capazes de manifestar, ao cabo de alguns anos de vida e sem receber instrução explícita para tanto, uma competência linguística – a capacidade natural e inconsciente de produzir e entender frases. É notável que nenhum outro ser do planeta, a não ser o próprio homem, seja capaz de dominar naturalmente um sistema de linguagem tão complexo como uma língua natural mesmo após muitos anos de treinamento. E nem mesmo o mais potente e arrojado dos computadores modernos é capaz de reproduzir artificialmente os aspectos mais elementares do comportamento linguístico de uma criança de menos de 3 anos de idade, como criar ou compreender uma frase completamente nova.

Não é por outra razão que a faculdade da linguagem é a característica mental mais marcante que separa os humanos dos demais primatas superiores e do resto do mundo natural. O papel do gerativismo no seio da linguística é constituir um modelo teórico capaz de descrever e explicar a natureza e o funcionamento dessa faculdade, o que significa procurar compreender um dos aspectos mais importantes da mente humana, como afirmou o próprio Chomsky (1980: 9):

> Uma das razões para estudar a linguagem (*exatamente a razão gerativista*) – e para mim, pessoalmente, a mais premente delas – é a possibilidade instigante de ver a linguagem como um "espelho do espírito", como diz a expressão tradicional. Com isto não quero apenas dizer que os conceitos expressados e as distinções desenvolvidas no uso normal da linguagem nos revelam os modelos do pensamento e o universo do "senso comum" construídos pela mente humana. Mais instigante ainda, pelo menos para mim, é a possibilidade de descobrir, através do estudo da linguagem, princípios abstratos que gover-nam sua estrutura e uso, princípios que são universais por necessidade biológica e não por simples acidente histórico, e que decorrem de características mentais da espécie humana.

Com o gerativismo, as línguas deixam de ser interpretadas como um comportamento socialmente condicionado e passam a ser analisadas como uma faculdade mental natural. A morada da linguagem passa a ser a mente humana.

O modelo teórico

Naturalmente, apenas postular a existência da faculdade da linguagem como um dispositivo inato que permite aos humanos desenvolver uma competência linguística não resolveria todos os problemas da linguística gerativa. Era (e ainda é) preciso descrever exatamente como é essa faculdade, como ela funciona e como é possível que ela seja geneticamente determinada se as línguas do mundo parecem tão diferentes entre si. Para dar conta dessa aparente contradição entre a hipótese da faculdade da linguagem e as milhares de línguas existentes no planeta, os linguistas da corrente gerativa vêm elaborando teorias que procuram explicar o funcionamento da linguagem na mente das pessoas. Ao observar os fatos das línguas naturais, um gerativista faz-se perguntas como:

- O que há em comum entre todas as línguas humanas e de que maneira elas diferem entre si?
- Em que consiste o conhecimento que um indivíduo possui quando é capaz de falar e compreender uma língua?
- Como o indivíduo adquire esse conhecimento?
- De que maneira esse conhecimento é posto em uso pelo indivíduo?
- Quais são as sustentações físicas presentes no cérebro/mente que esse conhecimento recebe?

Para procurar responder a perguntas como essas, a linguística gerativa propõe-se a analisar a linguagem humana de uma forma matemática e abstrata (formal), que se afasta bastante do trabalho empírico da gramática tradicional, da linguística estrutural e da sociolinguística, e se aproxima da linha interdisciplinar de estudos da mente humana conhecida como *ciências cognitivas*. A maneira pela qual tais perguntas vêm sendo respondidas constitui o *modelo teórico* do gerativismo.

Ao longo dos anos, linguistas de todas as partes do mundo (inclusive do Brasil, desde a década de 1970) têm trabalhado na formulação e no refinamento do modelo teórico gerativista. O mais importante deles é o próprio Chomsky, mas existem muitos estudiosos que dele discordam e acabam formalizando modelos alternativos, que às vezes divergem crucialmente do modelo chomskyano. Não há qualquer dúvida de que Chomsky seja não só o criador como, principalmente, o mais influente teórico da linguística gerativa – e um dos mais importantes estudiosos da linguagem de todos os tempos –, no entanto não se deve traçar um sinal de igual entre Chomsky e o gerativismo. É muito comum encontrarmos gerativistas que não são chomskyanos, apesar de que, quase sempre, ser chomskyano significa ser gerativista. Vejamos a seguir as principais características dos modelos chomskyanos (e convidamos o leitor, ao avançar em seus estudos, a conhecer os modelos diferentes).

A gramática como sistema de regras

A primeira elaboração do modelo gerativista ficou conhecida como *gramática transformacional* e foi desenvolvida e reformulada diversas vezes durante as décadas de 1960 e 1970. Os objetivos dessa fase do gerativismo consistiam em descrever como os constituintes das sentenças eram formados e como tais constituintes transformavam-se em outros por meio da aplicação de regras. Por exemplo, a sentença "o estudante leu o livro" possui cinco itens lexicais, que estão organizados entre si através de relações estruturais que chamamos de *marcadores sintagmáticos*, e tais marcadores poderiam sofrer regras de transformação de modo a formar outras sentenças, como "o livro foi lido pelo estudante", "o que o estudante leu?", "quem leu o livro?", etc. Ou seja, os gerativistas perceberam que as infinitas sentenças de uma língua eram formadas a partir da aplicação de um finito sistema de regras (a gramática) que transformava uma estrutura em outra (sentença ativa em sentença passiva, declarativa em interrogativa, afirmativa em negativa, etc.) – e é precisamente esse sistema de regras que, então, se assumia como o conhecimento linguístico existente na mente do falante de uma língua, o qual deveria ser descrito e explicado pelo linguista gerativista.

Vejamos um exemplo. A sentença (S) "o aluno leu o livro" é formada pela relação estrutural entre o sintagma nominal (SN) "o aluno" e o sintagma verbal (SV) "leu o livro". O SN é formado pelo determinante (DET) "o" e pelo nome (N) "aluno"; e o SV, por sua vez, é formado pelo verbo (V) "leu" e pelo outro SN "o livro", o qual se forma também por uma relação entre DET e N, no caso "o" e "livro" respectivamente. Toda essa estrutura sintagmática pode ser mais claramente visualizada no esquema abaixo, denominado *diagrama arbóreo* (ou, simplesmente, *árvore*), que é a famosa maneira pela qual os gerativistas representam estruturas sintáticas.

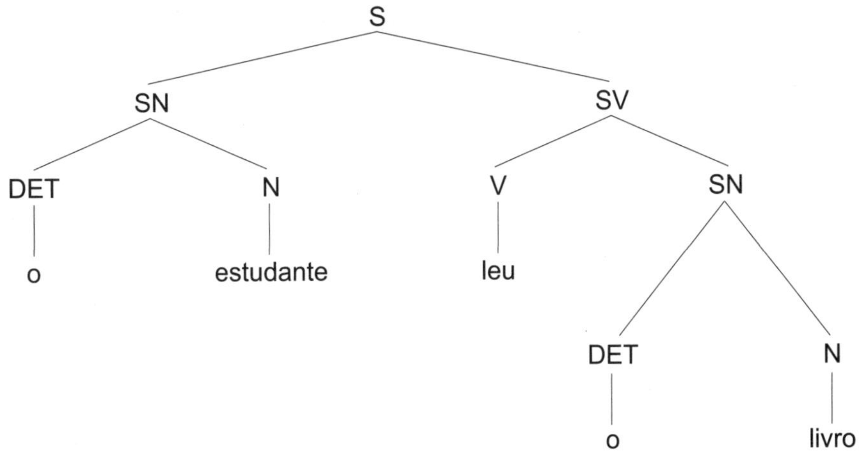

Figura 1: representação arbórea.

Essas regras de composição sintagmática explicam como uma estrutura simples como esta é gerada, mas não são suficientes para explicar como uma outra estrutura relacionada, como a voz passiva, seria formada a partir da estrutura de base, no caso, a voz ativa. Para dar conta da relação entre estruturas diferentes, mas relacionadas, os gerativistas formularam as regras transformacionais. Essencialmente, uma transformação forma uma estrutura a partir de uma outra previamente existente. A estrutura primeiramente formada é chamada de *estrutura profunda*, e a estrutura dela derivada chama-se *estrutura superficial*. Nesse sentido, a voz ativa é interpretada como a estrutura profunda sobre a qual são aplicadas as regras transformacionais que geram a voz passiva, a estrutura superficial.

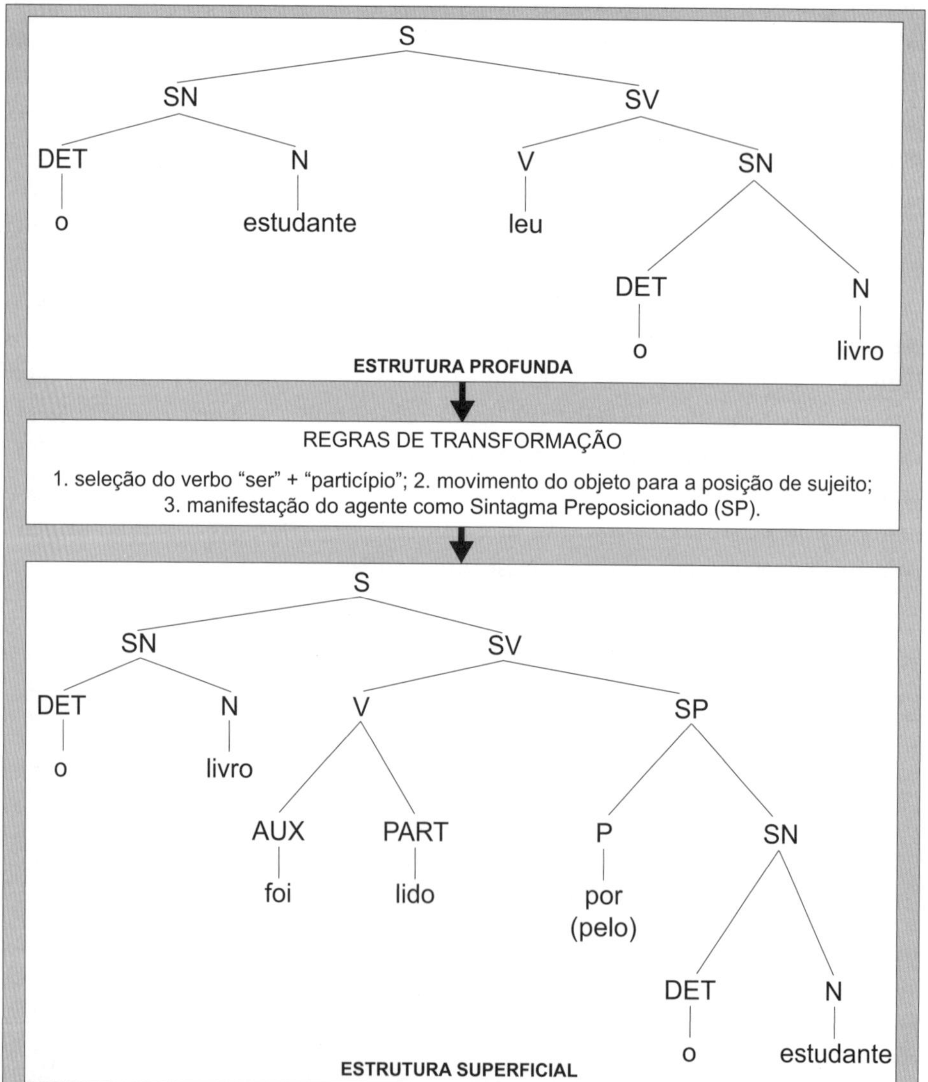

Figura 2: transformação passiva.

Na década de 1990, a ideia da transformação de uma estrutura profunda numa estrutura superficial seria abandonada em favor de uma visão que não mais *representava* estruturas, e sim as *derivava* – mostrando os passos pelos quais uma estrutura é formada (derivada) sem que ela tenha de ser comparada com uma outra estrutura independente. Não obstante, a ideia das transformações como operações computacionais (fenômenos sintáticos) que derivam sentenças é o tópico central da pesquisa gerativista até o presente momento.

Outro centro de atenção dos gerativistas sempre foi compreender como é possível que os falantes de uma língua tenham *intuições* sobre as estruturas sintáticas que produzem e ouvem. Por exemplo, todo falante nativo do português sabe que uma frase como "quantos livros você já escreveu?" é perfeitamente normal e pode ser falada por qualquer um de nós sem causar estranhamento. Trata-se, portanto, de uma frase *gramatical*, normal na língua. Esse mesmo falante do português também sabe, pela sua intuição, que uma frase como "*que livro você conhece uma pessoa que escreveu?" não é normal, é estranha, é uma frase *agramatical* da língua (e, por isso, aparece antecedida do asterisco, que indica a agramaticalidade).

Ora, como é que o falante sabe disso? Como ele consegue distinguir uma frase gramatical de uma frase agramatical em sua língua? Note bem: estamos falando de um conhecimento implícito, inconsciente e natural acerca da língua que todos os falantes nativos possuem, e não das regras da gramática normativa que aprendemos na escola. Na escola nunca são analisadas construções como a frase agramatical citada.

a) quantos livros você já escreveu? → gramatical
b) * que livro você conhece uma pessoa que escreveu → agramatical

Figura 3: gramaticalidade *vs.* agramaticalidade.

Um outro exemplo: na sentença "João disse que ele vai se casar", todo falante nativo de português sabe que o pronome "ele" pode referir-se tanto a João quanto a outra pessoa qualquer (do sexo masculino), diferente de João e citada anteriormente no discurso – isto é, a frase pode dizer que o próprio João vai se casar ou que um outro homem vai se casar. Mas na frase "Ele disse que João vai se casar" o falante sabe que "ele" não pode ser a mesma pessoa que "João" – e, nesse caso, a frase diz somente que João vai se casar. Todos os falantes de português conhecem inconscientemente essas pequenas regras que acabamos de descrever e é por isso que entendem e produzem as frases de sua língua. Mas como isso é possível? Como podemos saber essas coisas se ninguém nos ensina explicitamente como a língua funciona?

Esse conhecimento linguístico inconsciente que o falante possui sobre a sua língua e que lhe permite essas intuições é o que denominamos *competência linguística* – o conhecimento interno e tácito das regras que governam a formação das frases da língua. A competência linguística não é a mesma coisa que o comportamento linguístico do indivíduo, aquelas frases que de fato uma pessoa pronuncia quando usa a língua. Esse uso concreto da língua denomina-se *desempenho linguístico* (também conhecido por *performance* ou, ainda, *atuação*) e envolve diversos tipos de habilidade que não são linguísticas, como atenção, memória, emoção, nível de estresse, conhecimento de mundo, etc. Imagine que você desejava pronunciar a frase "Vou tentar a sorte", mas enrolou a língua e acabou dizendo "vou tentar a torte". Ora, o que aconteceu foi apenas um erro de execução, com a preservação do segmento /t/ no início da palavra "sorte", o que não significa que seu conhecimento sobre o português tenha sido abalado. O que ocorreu não foi um problema de *conhecimento*, mas de *uso*, de *desempenho*, de *performance* da língua.

Classicamente o interesse central das pesquisas gerativistas recai na competência linguística dos falantes – muito embora só se possa ter acesso a ela através do desempenho –, pois é essa competência que torna o indivíduo capaz de falar e compreender uma língua. De acordo com essa abordagem, é somente através do estudo da competência que será possível elaborar uma teoria formal que explique o funcionamento abstrato da linguagem na mente dos indivíduos.

Em razão desse interesse central na competência linguística, os estudos clássicos do gerativismo não costumam usar dados linguísticos reais (*performance*) retirados do uso concreto da língua na vida cotidiana. O que interessa fundamentalmente ao gerativista é o funcionamento da mente que permite a geração das estruturas linguísticas observadas nos dados de qualquer *corpus* de fala, mas não lhe interessam esses dados em si mesmos ou em função de qualquer fator extralinguístico, como o contexto comunicativo ou as variáveis sociais que influenciam o uso da linguagem. Os gerativistas usam como dados para as suas análises principalmente (1) testes de gramaticalidade, nos quais frases são expostas a falantes nativos de uma língua, que devem utilizar sua intuição e distinguir as frases gramaticais das agramaticais, e (2) a intuição do próprio linguista, que, afinal, também é um falante nativo de sua própria língua.

Não obstante, os gerativistas que fazem pesquisas aplicadas (psicolinguistas, neurolinguistas, etc.)[2] também observam os dados do uso da língua, em situação natural ou em situação experimental, procurando extrair deles informações para o modelo de explicação da competência linguística. Por exemplo, esses gerativistas se interessam por (1) testes e experimentos psicolinguísticos, com pessoas de todas as idades, nos quais os informantes são levados a produzir ou interpretar determinados tipos de estruturas linguísticas; (2) testes e experimentos de aquisição da linguagem com crianças, além de gravações da fala natural destas; (3) testes e experimentos neurolinguísticos através dos quais se observa o funcionamento do cérebro quando em atividade linguística e também o desempenho linguístico de pacientes afásicos (pessoas que possuem dificuldades no desempenho linguístico em decorrência de uma lesão cerebral, na maior parte das vezes); (4) evidências das mudanças linguísticas por que passam as línguas, como uma maneira de compreender o que ocorre com a gramática quando algum de seus componentes se transforma ao longo do tempo, perdendo ou ganhando formas. Esse último tipo de análise gerativista é o que mais se aproxima da linguística baseada em dados concretos do uso da língua (*corpus*). No Brasil, trabalharam e trabalham nessa linha, que ficou conhecida como sociolinguística paramétrica, linguistas de importância e reconhecimento internacional como Fernando Tarallo, Mary Kato, Maria Eugênia Duarte, entre outros.

A gramática universal: princípios e parâmetros

Com a evolução da linguística gerativa no início dos anos 1980, a ideia da competência linguística como um sistema de regras específicas cedeu lugar à hipótese da gramática universal (GU). Deve-se entender por GU o conjunto das propriedades gramaticais comuns compartilhadas por todas as línguas naturais, bem como as diferenças entre elas que são previsíveis segundo o leque de opções disponíveis na própria GU. A hipótese da GU representa um refinamento da noção de faculdade da linguagem sustentada pelo gerativismo desde o seu início: a faculdade da linguagem é o dispositivo inato, presente em todos os seres humanos como herança biológica, que nos fornece um algoritmo, isto é, um sistema gerativo, um conjunto de instruções passo a passo – como as inscritas num programa de computador – o qual nos torna aptos para desenvolver (ou adquirir) a gramática de uma língua. Esse algoritmo é a GU.

Para procurar descrever a natureza e o funcionamento da GU, os gerativistas formularam uma teoria chamada de *princípios e parâmetros*. Essa teoria possui pelo menos duas fases: a fase da teoria da regência e da ligação (TRL), que perdurou por toda a década de 1980, e o programa minimalista (PM), em desenvolvimento desde o início da década de 1990 até o presente.

As pesquisas da teoria de princípios e parâmetros foram e são desenvolvidas sobretudo na área da sintaxe, pois é exatamente nas estruturas sintáticas que mais evidentemente se percebem as grandes semelhanças entre todas as línguas do mundo, mesmo entre aquelas que não possuem nenhum parentesco, o que facilita o estudo da GU. Por exemplo, todas as línguas do mundo possuem estruturas como orações adjetivas, orações interrogativas e funções sintáticas como sujeito, predicado, complementos.

A possibilidade de estudar a sintaxe isolada dos demais componentes da gramática (léxico, fonologia, morfologia, semântica) é consequência de um conceito fundamental do gerativismo, o de *gramática modular*. Segundo ele, os componentes da gramática devem ser analisados como módulos autônomos, independentes entre si, no sentido de que são governados por suas próprias regras e não sofrem influência direta dos outros módulos. Isto é, o funcionamento de um módulo como, digamos, a sintaxe, é cego em relação às operações da fonologia, por exemplo. Naturalmente existem pontos de interseção entre os módulos da gramática, afinal a sintaxe cria sintagmas e sentenças a partir das palavras do léxico, e o produto final da sintaxe (a sentença) deve receber uma leitura fonológica e também uma interpretação semântica básica, que no gerativismo se chama forma lógica. Podemos visualizar essa interação entre os módulos da gramática no esquema a seguir.

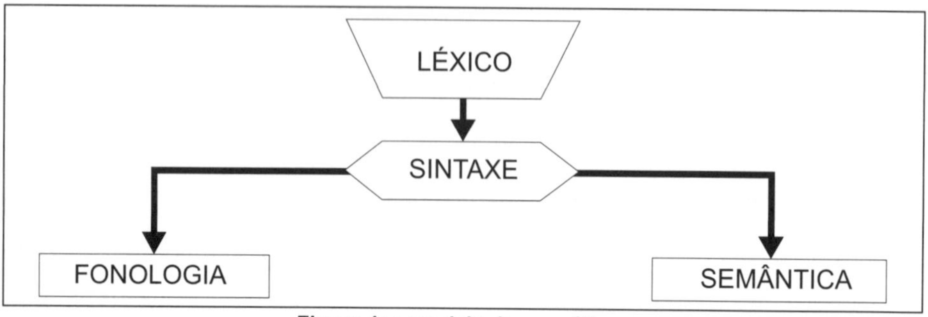

Figura 4: o modelo de gramática.

Nessa ilustração, vemos que o elemento central da gramática é a sintaxe. Ela retira do léxico as palavras com as quais construirá, segundo suas próprias regras, estruturas como sintagmas e sentenças, que da sintaxe são encaminhadas à preparação para a pronúncia, no módulo fonológico, e para a interpretação formal, no módulo semântico. Nessa maneira de compreender o funcionamento da gramática, a morfologia é interpretada como parte do léxico, já que dá conta da estrutura interna da palavra, e também como parte da fonologia, uma vez que deve dar conta das alterações mórficas fonologicamente condicionadas.

No programa minimalista atual, entendemos por "princípio" as propriedades gramaticais que são válidas para todas as línguas naturais, ao passo que "parâmetro" deve ser compreendido como as possibilidades (limitadas sempre de maneira binária) de variação entre as línguas. Por exemplo, quando analisamos as sentenças (a) "João disse que ele vai se casar" e (b) "Ele disse que João vai se casar", vimos que em (a) o pronome "ele" pode referir-se tanto a "João" quanto a qualquer outro homem anteriormente citado no discurso, mas na frase (b) "ele" não pode se referir a "João" e necessariamente faz referência a um outro homem.

Essa diferenciação entre a referencialidade do pronome "ele" nas duas frases pode ser explicada da seguinte maneira: nesse contexto, o pronome faz referência a algum elemento que precisa ter sido citado anteriormente no texto – trata-se de um pronome anafórico. É um princípio da GU que uma anáfora necessariamente deve suceder o seu referente, e nunca o contrário. É por isso que na frase (a) "ele" pode ser tanto "João" quanto outro homem citado numa frase anterior, já que ambos os termos antecedem o pronome. Já no caso de (b) "João" não pode ser o referente de "ele", pois o pronome antecede o nome. Se traduzíssemos (a) e (b) para qualquer língua do mundo, o resultado seria sempre o mesmo: em (b) seria impossível ligar o pronome ao nome citado, mas em (a) isso pode ocorrer. Trata-se, portanto, de um princípio da GU, exatamente igual em todas as línguas naturais.

Vejamos agora um exemplo de parâmetro. Se considerarmos que o valor semântico básico da frase (a) seja, digamos, algo como "João disse que ele mesmo, o próprio João, vai se casar", saberemos que "ele" se refere a "João". "João" é o sujeito da oração principal, e "ele" é o sujeito da oração subordinada. Dizemos, então, que os sujeitos das duas orações são correferenciais. O que é interessante nesse exemplo é que o sujeito da segunda oração poderia não ser preenchido por um pronome anafórico, isto é, o sujeito da oração subordinada poderia ser oculto – que na linguística gerativa chamamos tecnicamente de sujeito nulo (representado aqui informalmente por Ø) –, como ocorre na sentença (c) "João disse que Ø vai se casar".

i) João disse que ele vai se casar ("ele" → sujeito preenchido)
ii') João disse que Ø vai se casar ("Ø" → sujeito nulo)

Podemos dizer que a língua portuguesa se caracteriza por suportar a ocorrência de sujeitos nulos, como ocorre também nessas frases "Ø saí ontem", "Ø fomos ao cinema", "Ø fez o trabalho?", "Ø choveu ontem", etc. Tanto nesses casos quanto na oração subordinada em (ii), o SN sujeito do SV predicado não possui nenhum elemento pronunciado, está vazio, nulo, como se ilustra na sentença (S) abaixo.

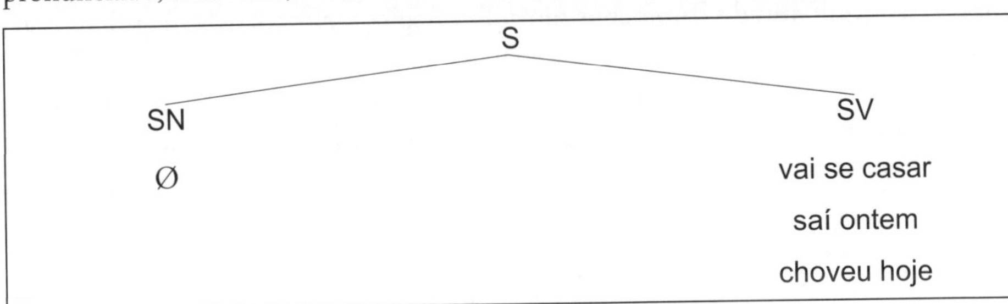

Figura 5: parâmetro do sujeito nulo (+).

Deixar o sujeito nulo é uma propriedade do português e também de outras línguas, como o espanhol, o italiano, mas essa propriedade não é comum a todas as línguas humanas. Se traduzíssemos as sentenças do quadro acima para línguas como o inglês e o francês, teríamos necessariamente de preencher o SN sujeito com um elemento pronominal, pois nessas línguas o sujeito nulo é uma estrutura agramatical. A frase (ii), por exemplo, só poderia apresentar, em inglês, o pronome anafórico *he*, e nunca o sujeito nulo "Ø", independentemente da referencialidade da anáfora pronominal ou zero:

(i) John said that <u>he</u> is going to get married
(ii) * John said that Ø is going to get married

A existência de sujeitos nas sentenças é um princípio da GU, mas a possibilidade de deixá-los nulos nas frases é um parâmetro da GU, pois línguas como o português se caracterizam como [+ sujeito nulo], enquanto línguas como o inglês são [– sujeito nulo]. É por essa razão que dissemos que os parâmetros que diferenciam as línguas são previsíveis e distribuídos sempre de maneira binária (+ ou – o parâmetro X). O léxico, por exemplo, não é um fator de diferenciação entre as línguas que possa ser interpretado como opção paramétrica, já que o léxico é sempre arbitrário e, por isso mesmo, imprevisível.

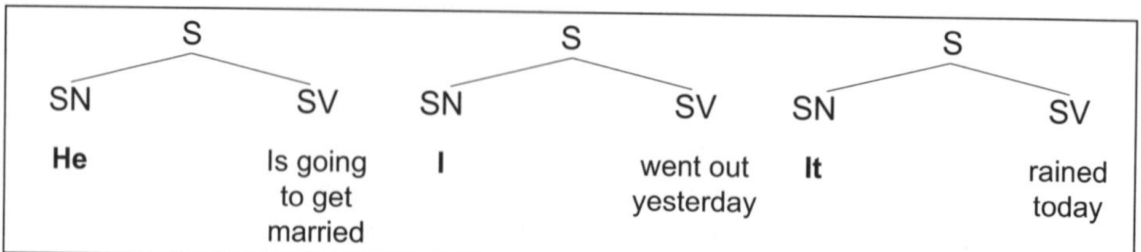

Figura 6: parâmetro do sujeito nulo (–).

Ao compararmos as figuras 5 e 6, percebemos que somente línguas como o português (e também o espanhol, o italiano, etc.) permitem o sujeito nulo "Ø", casos que conhecemos pela gramática tradicional como *sujeito oculto*, *indeterminado* e *inexistente*. Como indica a figura 6, línguas como o inglês (bem como o francês, o alemão, etc.) não permitem o sujeito nulo e exigem o preenchimento do SN sujeito da frase nem que seja com um pronome expletivo (sem conteúdo semântico), como o *it* do inglês.

O projeto da linguística gerativa é observar comparativamente as línguas humanas – com os seus milhares de fenômenos morfofonológicos, sintáticos, semânticos e sua suntuosa complexidade – com o objetivo de descrever os princípios e os parâmetros da GU que subjazem à competência linguística dos falantes, para, assim, poder explicar como é a faculdade da linguagem, essa parte notável da capacidade mental humana.

O FOXP2 e a genética da linguagem

Em outubro de 2001, um geneticista inglês chamado Anthony Monaco, professor da Universidade de Oxford e integrante do Projeto Genoma Humano, anunciou a descoberta do primeiro gene que aparentemente está destinado a controlar a capacidade linguística humana: o FOXP2. Monaco estudou diversas gerações da família K. E.,[3] e constatou que todos os seus membros possuíam distúrbios de linguagem que não estavam associados a algum problema físico superficial como língua presa, audição ineficiente, etc.

Esses distúrbios diziam respeito à conjugação verbal, à distribuição e à referencialidade dos pronomes, à elaboração de estruturas sintáticas complexas, como as orações subordinadas. O interessante é que os avós, pais, filhos e netos da família K. E. não possuíam aparentemente nenhum outro distúrbio cognitivo além desses problemas com o sistema linguístico. Monaco analisou amostras de DNA dessa família e descobriu que uma única unidade de DNA de um só gene estava corrompida. O FOXP2 é um dos setenta genes diferentes que compõem o cromossomo 7, que é responsável pela arquitetura genética do cérebro humano. Esse gene, o FOXP2, possui 2.500 unidades de DNA, e só uma delas apresenta problemas na genética da família K. E. Monaco estava quase certo de que esse gene deveria ser responsável pela capacidade genética associada à linguagem, e teve certeza disso quando descobriu o jovem inglês C. S., que não possuía parentesco com os K. E., mas apresentava os mesmos distúrbios linguísticos que os membros dessa família. Monaco analisou o FOXP2 de C. S. e constatou o que presumia: C. S. apresentava um defeito na mesma unidade de DNA do FOXP2 deficiente da família K. E. Daí o geneticista proclamou o que pode ser a descoberta do primeiro gene responsável pela genética da linguagem humana.

Independentemente de as pesquisas de Anthony Monaco serem confirmadas ou não – e há muitos geneticistas que as refutam –, o importante é que elas abriram ou aprofundaram a discussão, fora do âmbito da linguística gerativa, sobre as bases genéticas da linguagem humana. O FOXP2 é um gene existente também em outros primatas, como chimpanzé e gorilas, mas em quantidade muito reduzida – e isso pode explicar a limitada capacidade de comunicação linguística desses animais.

De fato, se o mapeamento dos genes humanos apontar, como a hipótese FOXP2 esboça, a existência de genes cuja função na genética de nossa espécie é controlar o uso de pronomes, a construção de orações subordinadas, a flexão de verbos, etc., então a faculdade da linguagem e sua disposição na GU através de princípios e parâmetros podem passar a ser considerados não mais hipóteses abstratas mas sim fatos do mundo natural. Consequentemente, a linguística gerativa será a corrente da ciência da linguagem que travará forte diálogo com as ciências naturais.

Exercícios

1) Em seu livro *O instinto da linguagem*, o linguista e psicólogo norte-americano Steven Pinker afirmou que a linguagem natural é um instinto da espécie humana, uma capacidade que herdamos da natureza. Para Pinker, assim como as aranhas são naturalmente programadas para tecer teias, os humanos são programados para falar (pelo menos) uma língua. Explique por que essa afirmação de Pinker deve ser considerada coerente com os fundamentos da linguística gerativa. Você concorda, em parte ou completamente, com a afirmação do psicólogo-linguista? Vê nela algum exagero? Comente.
2) Leia as sentenças abaixo. Ponha um asterisco antes daquelas que considerar, segundo a sua intuição, agramaticais e escreva OK depois daquelas que considerar gramaticais. Logo após explique: de onde vem essa intuição sobre as frases da língua?
   a) Parece que os alunos estão cansados.
   b) Os alunos, parece que estão cansados.
   c) Os alunos parecem estar cansados.
   d) Os alunos parecem estarem cansados.
   e) Parece os alunos estarem cansados.
   f) Parece os alunos estar cansados.
   g) Os alunos, parece que eles estão cansados.
3) No final da festa do aniversário do seu filho, dona Maria ia anunciar que estava na hora de cortar o bolo e disse a seguinte frase: "Vamos, gente, está na hora de *b*ortar o *c*olo!". A própria falante riu do que disse e corrigiu a frase logo depois. O erro linguístico que dona Maria cometeu deve ser explicado como um problema na *competência* ou no *desempenho* linguístico? Explique.

4) Observe o que diz John Lyons a respeito da propriedade linguística da produtividade:

> "O que é impressionante na produtividade das línguas naturais, na medida em que é manifesto na estrutura gramatical, é a extrema complexidade e heterogeneidade dos princípios que a mantêm e constituem. Mas, como insistiu Chomsky, esta complexidade e heterogeneidade não é irrestrita: *é regida por regras*. Dentro dos limites estabelecidos pelas regras da gramática, que são em parte universais e em parte específicos de determinadas línguas, os falantes nativos de uma língua têm a liberdade de agir criativamente – de uma maneira que Chomsky classificaria de distintivamente humana – construindo um número indefinido de enunciados." (Lyons, 1987: 34)

Explique o que é: a) criatividade como qualidade distintivamente humana e b) criatividade regida por regras.

5) O estruturalismo linguístico concebia a linguagem humana como uma forma de comportamento, e este era interpretado como "uma resposta fisiológica a estímulos externos, podendo ser condicionado e programado – da mesma forma que ratos de laboratório podem ser treinados a puxar uma alavanca para obter comida" (*O Globo*, 2000: 414). Explique por que o gerativismo pode ser interpretado como um modelo de análise linguística radicalmente oposto ao modelo estruturalista/behaviorista.

6) Observe os dados do inglês e do espanhol abaixo. Leve em consideração também a tradução dessas frases para o português. Explique o comportamento dos sujeitos e dos objetos (nulos ou preenchidos) nessas três línguas de acordo com as noções de princípios e parâmetros.

Inglês	**Espanhol**
Did you see John? Int. você viu João?	Tu viste a Juan? Você viu João?
Yes, I saw him. Sim, eu vi-o	Si, yo lo vi Sim, eu o vi
* Yes, I saw. Sim, eu vi Ø	Si, lo vi Sim, Ø o vi
* Yes, saw him. Sim, Ø vi-o	* Si, yo vi Sim, eu vi Ø
* Yes, saw. Sim, Ø vi Ø	* Si, vi Sim, Ø vi Ø

7) Explique por que descobertas genéticas como a do gene FOXP2 e pesquisas em neurolinguística e em psicolinguística em geral são uma forma de pôr à prova, para refutar ou confirmar, a validade epistemológica das hipóteses da linguística gerativa.

Notas

1 Para uma melhor caracterização da epistemologia behaviorista e sua superação pela psicologia recente, ver Mehler e Dupoux (1990).

2 Cabe ressaltar que os estudos de psicolinguística, de neurolinguística e de linguística histórica não são conduzidos exclusivamente sob um viés gerativista. Existem inúmeros pesquisadores de orientação não formalista nessas áreas.

3 A família e os indivíduos que participam de experiências científicas são sempre referidos por suas iniciais, como é o caso aqui, ou por nomes fictícios, para preservar sua privacidade.

Sociolinguística

Maria Maura Cezario
Sebastião Votre

A sociolinguística é uma área que estuda a língua em seu uso real, levando em consideração as relações entre a estrutura linguística e os aspectos sociais e culturais da produção linguística. Para essa corrente, a língua é uma instituição social e, portanto, não pode ser estudada como uma estrutura autônoma, independente do contexto situacional, da cultura e da história das pessoas que a utilizam como meio de comunicação.

A sociolinguística parte do princípio de que a variação e a mudança são inerentes às línguas e que, por isso, devem sempre ser levadas em conta na análise linguística. O sociolinguista se interessa por todas as manifestações verbais nas diferentes variedades de uma língua. Um de seus objetivos é entender quais são os principais fatores que *motivam* a variação linguística, e qual a importância de cada um desses fatores na configuração do quadro que se apresenta variável. O estudo procura verificar o grau de estabilidade de um fenômeno, se está em seu início ou se completou uma trajetória que aponta para mudança. Em outras palavras, a variação não é vista como um efeito do acaso, mas como um fenômeno cultural motivado por fatores linguísticos (também conhecidos como fatores estruturais) e por fatores extralinguísticos de vários tipos (conforme mostraremos através de vários exemplos). A variação ilustra o caráter adaptativo da língua como código de comunicação e, portanto, a variação não é assistemática. O linguista, ao estudar os diversos domínios da variação, deve demonstrar como ela se configura na comunidade de fala, bem como quais são os contextos linguísticos e extralinguísticos que a favorecem ou que a inibem.

A sociolinguística abordada neste presente manual firmou-se nos Estados Unidos na década de 1960 com a liderança do linguista William Labov e é comumente denominada de "sociolinguística variacionista" ou "teoria da variação". Possui uma metodologia bem delimitada que fornece ao pesquisador ferramentas para estabelecer variáveis, para coleta e codificação dos dados, bem como instrumentos computacionais para definir e analisar o fenômeno variável que se quer estudar. A abordagem variacionista baseia-se em pressupostos teóricos que permitem ver regularidade e sistematicidade por trás do aparente caos da comunicação do dia a dia. Procura demonstrar como uma variante se implementa na língua ou desaparece.

O termo "variante" é utilizado para identificar uma forma que é usada ao lado de outra na língua sem que se verifique mudança no significado básico. Tomemos, por exemplo, a variação nos pronomes pessoais na primeira pessoa do plural ilustrada com o verbo "falar". Temos as formas "nós falamos" e "a gente fala" como variantes do presente do indicativo. Ambas as expressões são aceitas pelas pessoas em geral, mas a estrutura "nós falamos" é considerada mais formal, enquanto "a gente fala" soa mais coloquial. Tendo essas duas variantes em vista, um sociolinguista poderia se perguntar:

a) Em que contexto social um mesmo falante se utiliza de cada uma das duas variantes?
b) Ou será que há um contexto específico para uma das formas?
c) Há diferença nos usos dessas formas ao se compararem crianças, jovens e adultos?
d) Há diferenças ao se compararem pessoas cultas com pessoas analfabetas?
e) E quanto a pessoas de nível socioeconômico distinto?
f) É possível saber se a forma mais coloquial, "a gente fala", está substituindo a forma canônica "nós falamos"?
g) Há verbos (provavelmente os mais formais) que motivam o uso de "nós"? Quais seriam esses verbos? E quais outros (provavelmente os menos formais) motivariam o uso de "a gente"?

Além das variantes citadas que combinam "a gente" com a terceira pessoa do singular e "nós" com primeira do plural, temos mais duas variantes, mais estigmatizadas, que são: "nós fala" e "a gente falamos". Diante dessas variantes, mais perguntas podem ser feitas:

a) Qual o grau de escolaridade das pessoas que usam essas formas?
b) Há incidência da forma "a gente" mais verbo na primeira do plural na fala de pessoas cultas? Em que contexto tais incidências tendem a ocorrer?

Uma das contribuições da pesquisa sociolinguística foi a constatação de que muitas formas não padrão também ocorrem na fala de pessoas com nível superior, principalmente nos momentos mais informais. Graças a sua metodologia de análise da língua em situação real de comunicação, a sociolinguística consegue medir o número de ocorrências de usos de uma variante e, sobretudo, fazer previsões sobre as principais tendências de uso em relação a essa variante. Assim, por exemplo, num estudo sobre a concordância verbal que se iniciou com a fala dos analfabetos adultos do Rio de Janeiro, na década de 1970, constatou-se que, ao lado da variante "As meninas brincam no quintal", os analfabetos privilegiavam o uso de "As menina brinca no quintal".

Verificou-se, também, que a falta de concordância podia ocorrer tanto na fala de pessoas analfabetas como na fala de alunos universitários, por exemplo. Mas a frequência de uso era muito diferente e continua a ser muito diferente. As pessoas analfabetas têm tendência a marcar o número plural apenas no primeiro elemento do sujeito, deixando o substantivo e, sobretudo, o verbo sem marcas. Já as pessoas mais instruídas têm tendência alta de expressar o plural no núcleo dos sujeitos, nos determinantes e no verbo (que, assim, concorda com o sujeito em número e pessoa). Mas isso não significa que a forma padrão não ocorra na fala não culta; também não significa que a forma não padrão não apareça na classe dos universitários. Entretanto, as probabilidades de ocorrência num e noutro grupo são distintas e relevantes. Cabe ao sociolinguista descobrir os contextos que favorecem a variação: a) na fala de um mesmo grupo de falantes; b) entre grupos distintos de falantes divididos segundo variáveis convencionais, a exemplo de sexo, idade, escolaridade, procedência, etnia, nível socioeconômico. A partir da frequência de uso das variantes, cabe a ele estimar as tendências associadas a cada frequência e verificar se se trata de variação instável ou estável. No primeiro caso, poderia ainda indagar se algum tipo de mudança linguística está ocorrendo ou se está prestes a ocorrer.

Como vimos pelos dois exemplos citados, o conjunto das variantes denomina-se "grupo de fatores" ou "variável linguística". Cabe ao linguista estabelecer através da análise quais são as variáveis linguísticas relevantes para a descrição e interpretação do fenômeno que está estudando. Por exemplo, a sibilante e a ausência da mesma em "meninas" e "menina" são variantes de *número*. Podemos dizer que a variável <s>, cuja representação é feita com parênteses angulares, tem as variantes sibilante e zero.

Uma variável pode ser binária, como a de número singular e plural, com duas variantes, ou eneária, com três ou mais variantes. Vamos ilustrar a variável eneária com a vibrante final. O "r" final, que ocorre em palavras como "cantar", "for", "der", "qualquer", "melhor", "mulher", tem diversas variantes fonéticas no Brasil: a) a pronúncia vibrante alveolar do Sul do Brasil; b) a pronúncia retroflexa (com a ponta da língua voltada para trás) do interior de estados como São Paulo; c) a pronúncia velar do Rio de Janeiro, por exemplo; d) a fricativa glotal e e) zero, ou seja, a ausência de som. Podemos dizer que essas são as principais variantes da variável vibrante /r/ na realidade. Para simplificar a análise, vamos reduzir a variável vibrante a duas variantes: presença ou ausência de consoante vibrante final. E vamos chamá-la de *variável dependente*. Examinemos agora algumas das variáveis linguísticas associadas à presença ou à ausência de vibração. Vamos chamá-las de *variáveis independentes*. As variáveis linguísticas podem ser (1) a classe sintática da forma em –r: verbo, nome, adjetivo, outros; (2) no caso de verbo, a classe modo-temporal: infinitivo, subjuntivo; (3) ainda no caso de verbo, a vogal temática indicadora de conjugação: -a, -e, -i, -o; (4) a variável extensão, com as variantes: monossílabo, dissílabo, trissílabo e polissílabo. As variáveis extralinguísticas envolvem: a) gênero, com as variantes masculino e feminino; b) idade, com as variantes: criança, jovem, adulto, velho ou uma escala de idade.

A pergunta agora seria: qual é a variante de "r" que é mais eliminada em cada situação? As pesquisas mostram que o "r" final de verbo no infinitivo é, na maioria das vezes, mais eliminado da fala de informantes de todos os graus de escolaridade do que o "r" final de substantivos e adjetivos. A variável escolaridade, por exemplo, é relevante para a descrição do fenômeno, dado que os falantes com mais tempo de escolarização tendem a manter o "r" mais do que os analfabetos. Ambos os grupos tendem a manter mais no caso dos substantivos do que com verbos.

Há outras variáveis que podem influenciar a variação, além das mencionadas acima. Assim, por exemplo, o grau de formalidade do item é um fator relevante: o "r" final de um verbo menos usado, como "postergar", tem maior chance de ser pronunciado do que de um verbo do dia a dia, como "falar". O contexto fonológico da sequência que segue é também relevante. Com efeito, a presença de um fonema vocálico na palavra seguinte favorece a manutenção do fonema consonantal por um processo de reorganização da sílaba, como em "pega**r a** criança", enquanto um som consonantal desfavorece a presença dessa variante de prestígio, como em "toma**r b**anho".

Tomemos um segundo exemplo da variação no uso da língua, dessa vez com foco na alternância entre presença e ausência do pronome "eu". Podemos constatar que, no português brasileiro, é variável a manifestação da primeira pessoa,[1] como "comprei um livro" ou "eu comprei um livro". A primeira forma ocorre com mais frequência na língua escrita e a segunda, na língua oral. Com relação à língua oral, o sujeito oculto tende a ocorrer nas orações que apresentam uma sequência de ações realizadas pelo mesmo sujeito. Somente a primeira oração de uma sequência é que apresenta o sujeito explícito, como no exemplo:

> ... tinha uma... árvore um tronco... aí **eu** ... me abaixei pra poder não bater bati com isso aqui... aí **fiquei...** desmaiado uma hora e meia duas horas... aí **acordei** no hospital com isso aqui... aberto e as costas toda arranhada... (RJ)

Em várias línguas em que o sujeito pode ser explícito ou oculto, ele tende a ocorrer no início do enunciado e na mudança de referente (por exemplo, se o informante está falando de Pedro e passa a falar de si próprio), e o sujeito oculto tende a ocorrer na cadeia de tópico, ou seja, quando há várias orações se referindo a uma mesma pessoa, tornando o discurso mais coeso e econômico (ver o capítulo "Funcionalismo").

Dessa forma, o aparente caos da variação é desfeito, e o linguista demonstra a sistematização que existe no uso das variantes de uma língua. A diversidade e a variabilidade são características inerentes aos sistemas linguísticos e passam também a ser objeto de estudo com o advento da sociolinguística.

O estudo dos processos de variação e mudança permite estabelecer três tipos básicos de variação linguística:

(a) *variação regional*, associada a distâncias espaciais entre cidades, estados, regiões ou países diferentes; a variável geográfica permite opor, por exemplo, Brasil e Portugal;

(b) *variação social*: associada a diferenças entre grupos socioeconômicos, compreende variáveis já citadas, como faixa etária, grau de escolaridade, procedência, etc.;
(c) *variação de registro*: tem como variantes o grau de formalidade do contexto interacional ou do meio usado para a comunicação, como a própria fala, o e-mail, o jornal, a carta, etc.

Estamos apresentando cada variável como se a mesma operasse de forma autônoma, sem interferência das demais variáveis associadas ao comportamento da variação. Entretanto, o que ocorre normalmente nas línguas é uma interação mais ou menos estreita entre as diferentes variáveis. Assim, uma inovação linguística começa numa determinada região (variável regional), mas é própria de um grupo socioeconômico desfavorecido (variável social). A variante pode passar a ser usada pelo grupo socioeconômico mais alto nos momentos mais informais (a variável é, então, o registro).

Um exemplo em que podemos ver a atuação dos três tipos de variável independente é o caso do uso de "tu" vs. "você" com o verbo na terceira pessoa do singular: "tu fez", "tu quer". Do ponto de vista regional, podemos dizer que há cidades, como o Rio de Janeiro, que apresentam tanto a variante "você" quanto a variante "tu"; a variável idade aponta a preferência de jovens pelo uso de "tu", e a variável escolaridade a associa com os menos escolarizados; já a variável registro mostra que o pronome "tu" tende a ser usado nos momentos mais informais.

Podemos flagrar variação em todos os níveis da língua. Por exemplo, no nível lexical, poderíamos citar conhecidas oposições de forma: "jerimum" (Bahia) e "abóbora" (Rio de Janeiro); "guri" (Rio Grande do Sul) e "menino" (Rio de Janeiro).[2] No nível gramatical, vimos a variação "elas brincam/elas brinca". No nível fonético-fonológico, podemos dar como exemplo a variação regional das pronúncias de uma palavra como "morena", com a vogal pré-tônica aberta no Nordeste e fechada na maior parte do Brasil. Nesse nível situa-se grande parte da variação que contém formas estigmatizadas, como o segundo membro dos pares seguintes: flamengo ~ framengo, lagarta ~ largata, bicicleta ~ bicicreta.

Na dimensão propriamente social estão as diferenças linguísticas verificadas com a comparação entre o dialeto padrão – considerado correto, superior, puro – e os dialetos não padrão – considerados incorretos, inferiores, corrompidos. A variante padrão é ensinada na escola e valorizada pelos membros da sociedade, tanto pelos que a dominam como pelos que gostariam de dominá-la, posto que sabem da sua importância para se adquirir prestígio.

O contexto situacional é responsável por uma série de variações linguísticas. Dependendo da situação em que o falante se encontre, ele utiliza mecanismos linguísticos diferentes para se expressar. Assim, a sua linguagem apresenta diferenças lexicais, gramaticais e fonéticas distintas devido ao contexto, ao ouvinte ou ao meio através do qual a informação é transmitida (fala ou escrita, carta, e-mail, artigo, etc.)

Desse modo, por exemplo, um diretor de faculdade se expressa de diferentes formas, dependendo se está discutindo os novos recursos tecnológicos da educação com outro profissional da área, se está dando uma aula, se está explicando para o reitor a necessidade de contratar um professor, se está conversando com o filho sobre a escola, com o amigo sobre o futebol, com a família sobre a próxima viagem, etc. Cada pessoa tem um enorme repertório linguístico que a torna capaz de adaptar sua linguagem às diferentes situações vividas.

Em síntese, a língua é uma estrutura maleável, que apresenta variações, mas há muitos elementos gramaticais, fonéticos e léxicos que são comuns às variedades de uma língua. Nem tudo é variação, havendo um número enorme de elementos comuns que são estáveis. A variação configura-se como um conjunto de elementos diferentes de outro, conjunto de outro grupo, de outra localidade ou de outro contexto. O linguista pode demonstrar que a variação é previsível e determinada por fatores linguísticos e/ou extralinguísticos, como veremos nas próximas seções.

O advento da corrente sociolinguística variacionista

O estruturalismo e o gerativismo não incluíram nas suas análises a variação porque esta estava fora do âmbito do objeto da linguística, o qual deveria ser abstraído do "caos" da realidade do uso linguístico.

Como fruto da insatisfação diante dos modelos existentes que afastavam o objeto da linguística da realização da língua e de suas diversas manifestações, vários linguistas procuraram outros caminhos. Um desses caminhos culminou com o surgimento da sociolinguística.

O termo "sociolinguística" surge pela primeira vez na década de 1950, mas se desenvolve como corrente nos Estados Unidos na década de 1960, especialmente com os trabalhos de Labov, bem como os de Gumperz e Dell Hymes e a conferência *The Dimensions of Sociolinguistics,* de William Bright, publicada em 1966 sob o título de *Sociolinguistics.* Na conferência, o autor afirma que o escopo da sociolinguística está na demonstração de que existe uma sistemática covariação entre a estrutura linguística e a estrutura social.

Dell Hymes (1977), como antropólogo, concebe a sociolinguística como um campo que inclui contribuição de várias disciplinas, como a sociologia, a linguística, a antropologia, a educação, a poética, o folclore e a psicologia. Enfatiza que, apesar de englobar tantas áreas, a sociolinguística é uma disciplina autônoma, pois seu objetivo final é diferente dos objetivos de cada uma das disciplinas citadas. Interessa-lhe identificar, descrever e interpretar as variáveis que interferem na variação e mudança linguística.

Labov (tal qual Saussure) vê a linguística como uma ciência do social; dessa forma, a sociolinguística equivale à linguística com ênfase na atenção às variáveis de natureza extralinguística.

Assim como a etnolinguística e a psicolinguística, a sociolinguística veio preencher um vazio deixado pelo gerativismo, que considera objetivo legítimo de estudo apenas o aspecto interior das línguas e a competência linguística. Dessa forma, as novas disciplinas vêm priorizar os fatores sociais, culturais e psíquicos que interagem na linguagem.

Esses fatores são considerados essenciais para o estudo linguístico porque o homem adquire a linguagem e dela se utiliza dentro de uma comunidade de fala, tendo como objetivos a comunicação com os indivíduos e a atuação sobre os interlocutores. Portanto, muito se perde ao abstrair a língua de seu uso real.

Labov demonstrou que a mudança linguística é impossível de ser compreendida fora da vida social da comunidade em que ela se produz, pois pressões sociais são exercidas constantemente sobre a língua.

Os precursores da sociolinguística

Conforme podemos imaginar, a variação linguística não era ignorada pelos antigos estudiosos da língua nem pela linguística como ciência antes da década de 1960. Muitos linguistas procuraram demonstrar a relação entre língua, cultura e sociedade e podem ser considerados os precursores da corrente sociolinguística. Aqui apenas faremos menção a movimentos em favor da inclusão de variáveis sociais nos Estados Unidos e na França.

Na década de 1930, os dialetólogos que trabalhavam no *Linguistic Atlas of the United States and Canada* passaram a incorporar informações sociais, além das geográficas, para o levantamento dos dialetos, dividindo os informantes em três grupos de acordo com o nível de escolaridade.

Meillet (1926), procurando uma explicação para as mudanças linguísticas na França, afirmou que toda modificação na estrutura social acarreta uma mudança nas condições nas quais a linguagem se desenvolve e que, portanto, a história das línguas é inseparável da história da cultura e da sociedade.

Os sociolinguistas contemporâneos vêm consolidando as bases teóricas e metodológicas do estudo da língua em situação real de comunicação e demonstrando a existência da natureza socioestrutural da linguagem. As pessoas provenientes de diferentes classes sociais falam dialetos bastante diferentes (com divergências em todos os níveis, incluindo o gramatical).

Sociedade e linguagem

O indivíduo, inserido numa comunidade de fala, partilha com os membros dessa comunidade uma série de experiências e atividades. Daí resultam várias semelhanças entre o modo como ele fala a língua e o modo dos outros indivíduos. Nas comunidades organizam-se agrupamentos de indivíduos constituídos por traços comuns, a exemplo de religião, lazeres, trabalho, faixa etária, escolaridade, profissão e sexo. Dependendo do número de traços que as pessoas compartilham, e da intensidade da convivência, podem constituir-se subcomunidades linguísticas, a exemplo dos jornalistas, professores, profissionais da informática, pregadores e estudantes.

Nas sociedades em que é nítida a separação da população em classes sociais e econômicas, a relação entre língua e classes sociais se verifica com bastante evidência. Para exemplificar, vejamos o trabalho de Labov (1966) sobre a emissão da consoante /r/ pós-vocálica em Nova York, pesquisa que é um marco para a história dessa corrente.

Labov pesquisou o referido fenômeno em três lojas de departamento de Nova York: uma frequentada pela classe alta, outra, pela média e a terceira frequentada pela classe baixa. Induziu os empregados a proferir as palavras *fourth* (numeral quarto) e *floor* (piso, andar) como resposta à sua pergunta sobre em que andar se encontrariam produtos que lhe interessavam. Observe-se que a consoante /r/ aparece em dois contextos diferentes: posição pós-vocálica final e posição pós-vocálica não final. Labov descobriu que a preservação da vibrante ocorria com maior frequência na loja da classe alta e média do que na loja da classe mais baixa, revelando que a pronúncia do /r/ pós-vocálico é considerada de prestígio. Além disso, o autor – ao comparar o que se verificava com os registros sobre o grau de manutenção da vibrante em Nova York em décadas anteriores – concluiu que o /r/ estava sendo recuperado na cidade após a Segunda Guerra.

A situação é diferente do que ocorre no inglês padrão da Inglaterra e de algumas regiões dos Estados Unidos, locais onde a pronúncia padrão não emite o som consonantal, ou pelo menos não emitia na época da realização da pesquisa. Dessa forma, a variação entre a realização e a omissão do /r/ está relacionada com a comunidade linguística e a classe social.

Um outro exemplo para ilustrar a relação entre variação linguística e classe social é o não uso da desinência -s da terceira pessoa do presente do inglês (*He/she/it travels, plays, sleeps*). Trudgill (1974) compara os resultados de pesquisas realizadas em duas cidades: Norwich, na Inglaterra, e Detroit, nos Estados Unidos. Os resultados demonstram que, nas duas cidades, a classe média elimina a marca -s em menos de 10% dos dados, enquanto a classe trabalhadora baixa elimina em mais de 70% dos dados (em Norwich, a taxa de eliminação do -s chega a quase 100%). Dessa forma, a percentagem média leva a um modelo previsível, representando toda a comunidade. Assim, por exemplo, se um falante é da classe trabalhadora baixa provavelmente omitirá a desinência -s.

Um outro exemplo para ilustrar a relação entre sociedade e linguagem é a diferença entre os falantes do sexo masculino, de um lado, e os do sexo feminino, de outro. Nas sociedades em que as funções entre homens e mulheres são muito distintas, os falantes de um e outro sexo falam dialetos bastante diferenciados, como é o caso de línguas de várias partes do mundo. Uma das razões desta diferenciação é reportada ao tabu:[3] determinadas palavras só podem ser proferidas pelos homens e outras, apenas pelas mulheres. Por exemplo, em zulu, uma língua falada na África, a mulher é proibida de dizer o nome do sogro, o nome dos irmãos deste e o nome do genro, quer estejam vivos ou mortos, e também não pode falar uma palavra semelhante ou derivada: uma mulher cujo genro chame-se *Umánzi* com o radical *mánzi* (água), por exemplo, deverá evitar todos os vocábulos em que se apresenta a palavra *mánzi* e os complexos fônicos semelhantes.[4]

Nas sociedades em que as funções sociais entre homens e mulheres se aproximam, a diferença de linguagem de um e outro é menos nítida, mas existe. Por exemplo, em nossa língua, o marido pode dizer "Esta é minha mulher", já a mulher deve evitar a frase "Este é o meu homem", que, em determinados contextos, soa vulgar.

Pesquisas mostram que as mulheres tendem a usar as formas padrão de uma língua com maior frequência do que os homens. Há muitas tentativas de explicação para a diferença, nenhuma totalmente convincente ou suficiente. Segundo alguns estudiosos, isso se dá porque, dentre outros fatores, da mulher é cobrado um comportamento mais rígido, em conformidade com as normas, em todos os sentidos, inclusive no que se refere ao comportamento linguístico. Devido a essa cobrança social, a mulher teria uma preocupação maior em reproduzir as formas linguísticas consideradas de prestígio dentro de uma comunidade linguística. Nos estudos efetuados sobre o português do Brasil, quando uma variante é estigmatizada e outra é prestigiada, verifica-se a tendência de as mulheres empregarem a variante de prestígio. Quando uma forma nova deixa de ser estigmatizada, as mulheres utilizam-na geralmente com maior frequência que os homens.

Aspectos teórico-metodológicos da sociolinguística

A pesquisa sociolinguística tem como ponto de partida o objeto de estudo para daí construir o modelo teórico. O objeto de estudo normalmente se localiza no uso do vernáculo, ou seja, da língua falada em situações naturais, espontâneas, em que supostamente o falante se preocupa mais com *o que* dizer do que com *o como* dizer.

Trabalha-se com o falante-ouvinte real, em situações reais de linguagem. Busca-se, através do estudo das manifestações linguísticas concretas, descrever e explicar o fenômeno da linguagem.

A análise dos fenômenos de mudança linguística (mais do que de variação) procura levar em conta cinco grandes dimensões estabelecidas por Weinreich, Labov e Herzog, em seu estudo clássico de 1968:

1) os fatores universais limitadores da mudança (e variação), que podem ser sociais ou linguísticos;
2) o encaixamento das mudanças no sistema linguístico e social da comunidade;

3) a avaliação das mudanças em termos dos possíveis efeitos sobre a estrutura linguística e sobre a eficiência comunicativa;
4) a transição, momento em que há mudanças intermediárias;
5) a implementação da mudança: estudo dos fatores responsáveis pela implementação de uma determinada mudança; explicação para o fato de a mudança ocorrer numa língua e não em outras, ou na mesma língua em outros momentos.

O sociolinguista procura recolher um grande número de dados através da gravação em fitas magnetofônicas de um número considerável de informantes. Hoje todos os tipos de produção linguística são gravados. Na busca da fala menos monitorada, costuma-se pedir aos informantes para produzirem narrativas de experiência pessoal, para que o envolvimento emocional com o assunto narrado os fizesse produzir um discurso espontâneo, informal.

Os informantes escolhidos são aqueles nascidos e criados na comunidade a ser estudada ou aqueles que aí vivem desde os 5 anos de idade. O ideal é que se formem células de dados com o mesmo número de informantes: dois sexos (cada qual com o mesmo número de informantes); três níveis de escolaridade e quatro faixas etárias, por exemplo.

A sistematicidade da linguagem é buscada através do estudo da variação. As variantes – entendidas como modos diferentes de dizer a mesma coisa – são concebidas como estando em competição na língua, sendo que o favorecimento de uma sobre outra ocorre devido a fatores linguísticos e não linguísticos (contexto linguístico, classe social, sexo, faixa etária, etc.).

O linguista busca formular regras variáveis que descrevem e explicam os pesos relativos ligados aos fatores associados à ocorrência de duas formas variantes. A regra é variável porque não é categórica, ou seja, não se aplica sempre. Por exemplo, em português a regra que estabelece que o artigo vem antes do substantivo, e não depois, é categórica, mas a regra que estabelece a concordância entre o artigo e o substantivo é variável: "as casas/as casa".

Nas décadas de 1960 e 1970, os fatores extralinguísticos da linguagem foram por demais valorizados, mas, a partir da década de 1980, Labov postulou que o aspecto linguístico deveria ser privilegiado sobre o social. A variação é reconhecida como existindo dentro do sistema linguístico. A teoria recebeu reformulações, reduzindo o peso do social para destacar as motivações essencialmente linguísticas. Os resultados da análise de variantes podem definir duas situações:

a) a existência de estabilidade entre variantes;
b) a competição entre as variantes com aumento de uso de uma das variantes.

No primeiro caso, diz-se que ocorre *variação* e no segundo, *mudança em curso*. A variação é facilmente detectada, pois para ela ocorrer é necessário simplesmente o favorecimento do ambiente linguístico. Para ocorrer uma mudança linguística, no entanto, é necessária a interferência de fatores sociais, refletindo as lutas pelo poder, o prestígio entre classes, sexos e gerações. Mas, para ocorrer a mudança, é necessário um período de variação entre formas.

A variação estável consiste em diferenças linguísticas que caracterizam cada grupo social, cada cidade, região, cada canal (oral ou escrito). A variação está presente em todas as línguas num dado momento. Assim, por exemplo, podemos citar a variação entre [ŋ] (consoante velar) e [n] (consoante alveolar) para a terminação -ing dos verbos do inglês (*speaking*/"falando", *walking*/"andando", *watching*/"assistindo"), que é um caso de variação que permanece estável na língua inglesa há séculos. Essa variação é determinada pelo grau de escolaridade e pela classe social: falantes com grau alto de escolaridade usam a forma padrão [ŋ] e falantes com grau baixo de escolaridade e da classe baixa tendem a usar a forma não padrão [n].

Outro exemplo é o caso da alternância [l] vs. [ɾ] dos grupos consonantais do português: "c[l]aro" ~ "c[ɾ]aro", "bicic[l]eta" ~ "bicic[ɾ]eta". Pesquisas demonstram que esse é um caso de variação estável que caracteriza duas comunidades de fala: a forma não padrão [ɾ] é usada pelos falantes das classes menos favorecidas e com baixo grau de escolaridade. A outra forma, canônica, é usada pelo grupo mais escolarizado.

À medida que as crianças entram na escola e o seu nível de escolaridade sobe, aumenta a ocorrência da forma padrão [l] na sua fala.[5] A mudança ocorre quando, após um período de variação de duas ou mais formas, a forma mais nova e de menor prestígio se espalha e substitui a forma antes mais usada. Podemos dar como exemplo a pronúncia /l/ pós-vocálico do português do Brasil, que passou a ser pronunciado como uma semivogal (sa[w], pape[w]) em todo o território brasileiro, exceto na região Sul (que mantém a consoante).

Ao analisar o momento atual de uma língua, é difícil dizer se um determinado fenômeno linguístico é um caso de variação estável ou de mudança em curso. Os sociolinguistas têm uma metodologia para dizer se uma forma está ou não vencendo outra forma mais antiga. É possível analisar *o tempo real* ou *o tempo aparente*. O tempo real é observado através da pesquisa de duas ou mais épocas, sendo ideal o estudo de dois momentos que se distanciam no mínimo em 12 anos e no máximo em 50 anos. O linguista pode gravar informantes e revisitá-los anos mais tarde para ver como é o comportamento de determinadas variáveis, como concordância nominal, concordância verbal, uso de pronomes, pronúncia do /r/ final, etc. Pode também comparar gravações de entrevistas atuais com entrevistas dadas em rádio há várias décadas. Pode comparar dados de textos antigos, observar atlas linguísticos, estudar as descrições feitas por outros linguistas ou gramáticos. Ele terá, assim, diversos meios de verificar se duas formas estão em variação ou se são um caso de mudança.

Muito comum também é a técnica de estudo do tempo aparente: o linguista grava amostras de informantes de diferentes faixas etárias para observar se uma dada forma ocorre mais na fala de crianças e jovens do que na de adultos e idosos. Um uso muito elevado de ocorrência da forma nova na fala de jovens pode indicar mudança em curso.

Outros fatores devem ser somados à faixa etária para dar mais certeza ao pesquisador. A escolaridade, por exemplo, é um importante fator: quando falantes mais cultos estão usando uma forma que anteriormente não tinha prestígio, isso significa que ela deixou de ser estigmatizada e passou a ser normal dentro da comunidade de fala de pessoas escolarizadas, o que pode significar mudança, ou seja, substituição de uma forma mais antiga pela forma nova.

Vemos que a sociolinguística não trabalha com a ideia de se separar a sincronia da diacronia, como era normal na metodologia estruturalista. Ao analisar um determinado momento, é possível verificar aspectos relativos à mudança da língua quando, por exemplo, se compara a fala de jovens e adultos de mais de 40 anos. O linguista está também estudando a sincronia porque jovens e adultos realizam a língua num dado recorte do tempo. Portanto, a sociolinguística tanto descreve o que ocorre nas diferentes comunidades de fala, tendo em vista diferentes fatores linguísticos e extralinguísticos, como dá explicações relativas às tendências de mudanças.

Essa corrente trabalha com dados estatísticos, mas os números são apenas o ponto de partida para o linguista fazer as suas análises. Só ele pode chegar a conclusões sobre os fatores que motivam ou desfavorecem uma variante. Ele seleciona os fatores importantes a partir de sua experiência, de seu conhecimento sobre a teoria e sobre o fenômeno em questão e de sua intuição. Depois, de acordo com os resultados preliminares de sua pesquisa, fará os cruzamentos de fatores, como, por exemplo, (a) a forma "a gente" e o grau de formalidade do verbo, e (b) a forma "a gente", o grau de formalidade do verbo e o fator idade. Os dados estatísticos servem para comprovar, refutar e reconstruir hipóteses a partir do olhar treinado do linguista.

Para aprimorar as análises com um número grande de dados e de fatores, houve um grande desenvolvimento de programas computacionais para essa área.

Expansão da sociolinguística

Além de contribuir para a descrição e explicação de fenômenos linguísticos, a sociolinguística também fornece subsídios para a área do ensino de línguas. Os sociolinguistas postulam que os dialetos das classes desfavorecidas não são inferiores, insuficientes ou corrompidos. Afirmam que esses dialetos são estruturados com base em regras gramaticais, muitas das quais diferentes das regras do dialeto padrão. Dessa forma, a sociolinguística cria nos (futuros) professores uma visão menos preconceituosa e incentiva-os a valorizar todos os dialetos e a mostrar à criança que o dialeto culto é considerado melhor socialmente, mas que estrutural e funcionalmente não é nem melhor nem pior que o dialeto da comunidade do aluno.

A sociolinguística, com suas pesquisas baseadas na produção real dos indivíduos, dá-nos informações detalhadas acerca da variante produzida pelas pessoas mais escolarizadas, sobre as variantes que deixaram de ser estigmatizadas, e das mudanças já implementadas na fala, mas que ainda não são aceitas nas gramáticas normativas. Com isso, a área da educação se enriquece com as informações que podem ser usadas também no ensino da língua culta, que passa a ser baseada em dados reais.

No que se refere ao ensino de línguas estrangeiras, as pesquisas acerca da variação podem contribuir para fornecer material para que as aulas sejam baseadas na forma como realmente os nativos falam, na preparação de material com diversos tipos de registros com as suas variações linguísticas típicas, na escolha do dialeto a ser ensinado, dentre outros elementos.

Os pressupostos teórico-metodológicos da sociolinguística são trabalhados em diversos centros de pesquisa no mundo. No Brasil, as pesquisas nessa linha começaram a ser desenvolvidas na década de 1970, através da atuação de alguns grupos de pesquisadores, a saber: o grupo do projeto Mobral Central, o grupo do projeto da Norma Urbana Oral Culta do Rio de Janeiro (Nurc) e o do projeto Censo da Variação Linguística no Estado do Rio de Janeiro (Censo), tendo como coordenadores os professores Miriam Lemle, Celso Cunha e Anthony Naro, respectivamente. A partir daquela década, muitos trabalhos foram realizados nessa linha.

Hoje, em várias universidades brasileiras, há grupos que seguem os pressupostos téorico-metodológicos da sociolinguística, como o Programa de Estudos sobre o Uso da Língua (Peul), continuidade do Projeto Censo, o próprio Nurc – na Universidade Federal do Rio de Janeiro (UFRJ); o projeto de Variação Linguística da Região Sul do Brasil (Varsul) – na Universidade Federal de Santa Catarina (UFSC) e na Universidade Federal do Rio Grande do Sul (UFRS). Diversas teses foram defendidas com o objetivo de descrever as formas variantes do português do Brasil e de explicar os fatores linguísticos e extralinguísticos que favorecem/desfavorecem as variantes linguísticas.

Muitos projetos buscam novas alternativas para explicar a variação e a mudança, a partir de outras áreas da linguística como o funcionalismo. Por outro lado, há grupos funcionalistas que aproveitam o aparato teórico-metodológico da sociolinguística para preparar o *corpus* e para coletar e analisar os dados, como é o caso do projeto Discurso & Gramática, iniciado pelo professor Sebastião Votre na UFRJ e que hoje conta com representantes em diversas universidades do Brasil.

Exercícios

1) Caracterize a área de estudos denominada de sociolinguística.
2) Quais são os três tipos básicos de variação linguística? Cite exemplos no nível fonético-fonológico.
3) Cite algumas variáveis linguísticas e extralinguísticas que podem explicar o uso das variantes do fonema /r/ em português em posição pós-vocálica (final de sílaba).
4) Cite um exemplo em que fique claro que há uma relação intrínseca entre língua e sociedade.
5) Diferencie *variação estável* de *mudança em curso*. Que recursos metodológicos o linguista pode utilizar para afirmar se um fenômeno linguístico é caso de mudança em curso?

6) Qual o papel da variável *gênero* (sexo) na metodologia sociovariacionista?
7) Para se estudar a mudança linguística, o pesquisador pode fazer um estudo em tempo real ou em tempo aparente. Qual a diferença entre os dois métodos de pesquisa?
8) Cite alguns grupos de pesquisa que fazem estudos sociovariacionistas no Brasil.
9) Compare os contextos fonéticos em que ocorrem os sons [t] (som alveolar) e [tʃ] (som africado) no Rio de Janeiro. Qual a regra que descreve a variação entre o som alveolar e o africado nessa cidade? Observe nos exemplos a seguir que o mesmo tipo de variação também ocorre em [d] e [dʒ].

   time ['tʃimi]
   teto ['tɛtu]
   tolo ['tolu]
   tive ['tʃivi]
   tudo ['tudu]
   dito ['dʒitu]
   dedo ['dedu]
   adiado [adʒi'adu]

10) Compare a produção oral com a escrita de um mesmo informante (Valéria, nível superior incompleto). Apresente algumas das diferenças entre as duas modalidades (variação de registro).

   FALA

   E: eh::... e::... agora eu queria que você me contasse uma história... que tenha acontecido com alguém... algum amigo seu... seu pai... seu irmão... que você não estivesse presente... alguém te contou... e que você achou a história engraçada... [ou triste ou/]

   I: [ahn... ahn]... ah::... essa eu... eu me lembro sim... achei tão engraçada... foi um ami/ um noi/ não... um amigo de um amigo meu... que foi jantar na casa da noiva... aquele jantar assim... primeira vez e tal... oficializar o noiva::do... aí ele::... estava jantando e tal... ele... ele já não gosta muito de bife... de carne... aí estava lá... não conseguia partir o bife de jeito nenhum e tal... aí ele chamou a atenção do pessoal... pra uma outra coisa... entendeu? apontou assim pro outro lado da mesa... e ele viu que tinha uma janela atrás ((riso de E)) ele pegou o bife e tacou ((riso)) mas ele não reparou muito... a janela estava fechada... ((riso)) sério... o bife saiu... bateu na janela... e começou a escorrer... grudou... escorreu... quando eu (ouvi) ele contando aquilo... cara... eu dei/ muito... foi muito engraçado ele contando... ele contando o que aconteceu com ele... cara... foi muito engraçado...

   E: e ninguém viu... que o bife/

   I: não... aí depois... todo mundo olhou... ele viu que o bife/ o bife ali... a família toda sem graça ((risos)) aí (é) o fim da história...

   E: e ele casou com a menina ou naquele dia acabou?

   I: não... não casou... não chegou a casar com essa não... foi casar com uma outra ((riso))

   ESCRITA

   Um conhecido meu foi jantar na casa da noiva, era o primeiro jantar com a família toda reunida, foi servido bife, sendo que o Ricardo não gostava muito de carne e ainda por cima o bife estava duro, que mal dava para partir.

   Atrás do Ricardo havia uma janela, aproveitando a oportunidade em que todos olhavam em sentido oposto, não pensou duas vezes, fincou o garfo no bife e o arremessou para trás, ele só não contava com a janela fechada. Foi uma vergonha, quando todos viraram para frente e viram a janela suja de gordura e o bife no chão, o Ricardo só quis abrir um buraco no chão e se enfiar.

Não sei se foi por isso, mas o Ricardo não se casou com a Roberta.

(Corpus Discurso & Gramática, RJ)

Notas

1 Cf. Paredes da Silva, 1988 e Cezario, 1994.

2 Cada exemplo ocorre em vários estados da federação. Os mencionados são apenas para figurar como ilustração.

3 Segundo Trudgill (1974), na língua o tabu está associado às coisas que não são ditas e às palavras que não devem ser usadas. O tabu pode estar associado ao sagrado ou às coisas proibidas.

4 Cf. Guérrios, 1979, p. 33.

5 Cf. Mollica, 1987 e Cezario, 1991.

Funcionalismo

Angélica Furtado da Cunha

O funcionalismo é uma corrente linguística que, em oposição ao estruturalismo e ao gerativismo,[1] se preocupa em estudar a relação entre a estrutura gramatical das línguas e os diferentes contextos comunicativos em que elas são usadas. Assim, a abordagem funcionalista apresenta não apenas propostas teóricas distintas acerca da natureza geral da linguagem, mas diferentes concepções no que diz respeito aos objetivos da análise linguística, aos métodos nela utilizados e ao tipo dos dados utilizados como evidência empírica.

Os funcionalistas concebem a linguagem como um instrumento de interação social, alinhando-se, assim, à tendência que analisa a relação entre linguagem e sociedade. Seu interesse de investigação linguística vai além da estrutura gramatical, buscando na situação comunicativa – que envolve os interlocutores, seus propósitos e o contexto discursivo – a motivação para os fatos da língua. A abordagem funcionalista procura explicar as regularidades observadas no uso interativo da língua, analisando as condições discursivas em que se verifica esse uso. Para compreender isso melhor, vejamos dois exemplos que refletem um fenômeno relativamente comum no nosso dia a dia:

a) Você é desonesto.
b) Desonesto é você.

Como explicar a diferença entre essas duas sentenças? Certamente, uma análise que observasse apenas seu caráter sintático não daria conta de indicar por que o falante usaria a sentença exemplificada em (a), em lugar da exemplificada em (b). Ocorre que, ao contrário do que acontece em (a), que constitui uma afirmativa, a sentença (b) está relacionada a uma situação comunicativa típica de réplica, marcada pela inversão do predicado *desonesto*, que vai para o início da frase. Isso significa que essa sentença só faz sentido em um contexto em que o interlocutor tenha feito anteriormente o mesmo insulto. Esse exemplo demonstra a essência da análise funcionalista, que amplia seu campo de visão, recorrendo ao contexto de uso o qual, por hipótese, motiva as diferentes estruturas sintáticas.

Ou seja, na análise de cunho funcionalista, os enunciados e os textos são relacionados às funções que eles desempenham na comunicação interpessoal. Ou seja, o funcionalismo procura essencialmente trabalhar com dados reais de fala ou escrita retirados de contextos efetivos de comunicação, evitando lidar com frases inventadas, dissociadas de sua função no ato da comunicação. É a universalidade dos usos a que a linguagem serve nas sociedades humanas que explica a existência dos universais linguísticos,[2] em contraposição à postura gerativista, que considera que os universais derivam de uma herança linguística genética comum à espécie humana.

Funcionalistas e gerativistas divergem também com relação ao processo de aquisição da linguagem. Os funcionalistas tendem a explicá-lo em termos do desenvolvimento das necessidades e habilidades comunicativas da criança na sociedade. A criança é dotada de uma capacidade cognitiva[3] rica que torna possível a aprendizagem da linguagem, assim como outros tipos de aprendizagem. É com base nos dados linguísticos a que é exposta em situação de interação com os membros de sua comunidade de fala que a criança constrói a gramática da sua língua. Os gerativistas, por outro lado, explicam a aquisição da linguagem em termos de uma capacidade humana específica para a aprendizagem da língua.

Ao mencionarmos a ideia de uma capacidade cognitiva rica, frisamos mais uma importante característica do funcionalismo: a visão de que a linguagem não constitui um conhecimento específico, como propõem os gerativistas, mas um conjunto complexo de atividades comunicativas, sociais e cognitivas integradas ao resto da psicologia humana. Assim, a visão funcionalista de cognição assume que a linguagem reflete processos gerais de pensamento que os indivíduos elaboram ao criarem significados, adaptando-os a diferentes situações de interação com outros indivíduos. Ou seja, os conceitos humanos associam-se à época, à cultura e até mesmo a inclinações individuais caracterizadas no uso da linguagem.

Resumindo o que foi visto até aqui, o modelo funcionalista de análise linguística caracteriza-se por duas propostas básicas:

a) a língua desempenha funções que são externas ao sistema linguístico em si;
b) as funções externas influenciam a organização interna do sistema linguístico.

Sendo assim, a língua não constitui um conhecimento autônomo, independente do comportamento social, ao contrário, reflete uma adaptação, pelo falante, às diferentes situações comunicativas.

Por um lado, essas propostas opõem o funcionalismo às abordagens que não se interessam pela atuação de fenômenos externos à estrutura das línguas (como o estruturalismo e o gerativismo); por outro lado, elas contrastam diferentes visões funcionalistas, opondo modelos mais antigos, que focalizam as funções associadas à organização interna do sistema linguístico (como na fonologia de Praga, por exemplo), a modelos mais recentes, que consideram as funções que a linguagem pode desempenhar nas situações comunicativas, dando maior ou menor peso aos aspectos cognitivos relacionados à comunicação.

É costume distinguir as análises na linha funcionalista com base no grau em que se considera o condicionamento do sistema linguístico pelas funções externas. A postura mais radical propõe que as funções externas (tais como os propósitos comunicativos dos interlocutores) definem as categorias gramaticais, de modo que não seria necessário postular categorias autônomas e independentes. Em outras palavras, não existiria o nível estrutural chamado sintaxe: a língua poderia ser descrita unicamente com base nos princípios comunicativos.

Nessa linha, inserem-se o trabalho de Du Bois (1985) sobre a estrutura dos argumentos preferida em uma dada língua e o trabalho de Hopper & Thompson (1980), que trata a transitividade como uma categoria que deriva do discurso.

Uma postura mais moderada admite uma interação entre forma e função, de modo que as funções externas atuariam concomitantemente com a organização formal inerente ao sistema linguístico, influenciando-a em certos pontos, sem fundamentalmente definir suas categorias básicas. Servem como exemplo dessa postura mais moderada o funcionalismo de Dik e de Halliday, que, reconhecendo a inadequação do formalismo, propõem a incorporação da semântica e da pragmática[4] à análise sintática. Vejamos mais detalhadamente alguns desses diferentes modelos funcionalistas.

O funcionalismo europeu

Embora frequentemente contrastado ao estruturalismo, o funcionalismo surge como um movimento particular dentro do estruturalismo, enfatizando a função das unidades linguísticas: na fonologia, o papel dos fonemas (segmentais e suprassegmentais) na distinção e demarcação das palavras; na sintaxe, o papel da estrutura da sentença no contexto. Atribui-se aos membros da Escola de Praga, que se originou no Círculo Linguístico de Praga fundado em 1926 pelo linguista tcheco Vilém Mathesius, as primeiras análises na linha funcionalista. Com relação ao ponto de vista saussuriano, esses linguistas se opunham à distinção nítida entre sincronia e diacronia, assim como à noção de homogeneidade do sistema linguístico. Sua contribuição pode ser sintetizada no uso dos termos *função/funcional*, no estabelecimento dos fundamentos teóricos básicos do funcionalismo e nas análises que levam em conta parâmetros pragmáticos e discursivos.

Foi na área dos estudos fonológicos, principalmente, que a Escola de Praga obteve maior projeção. Entre os seus principais representantes, destacam-se Nikolaj Trubetzkoy e Roman Jakobson, ambos de origem russa. Os trabalhos de Trubetzkoy lançaram os fundamentos para o desenvolvimento da fonologia de um modo geral. Deve-se a ele a teoria estruturalista do fonema, a noção de contraste funcional utilizada na distinção entre fonética e fonologia, a teoria dos sistemas fonológicos desenvolvida com Jakobson e o conceito de traços distintivos, mais tarde incorporado à teoria da fonologia gerativa, em 1960, por Chomsky e Halle, discípulo e colaborador de Jakobson.

De acordo com a fonologia desenvolvida em Praga, os fonemas, definidos como elementos mínimos do sistema linguístico, não são elementos mínimos em si, mas feixes ou conjuntos de traços distintivos simultâneos. Por exemplo, o fonema /p/ é constituído dos traços: oclusivo, bilabial, surdo; enquanto o fonema /b/ reúne os traços: oclusivo, bilabial, sonoro. Logo, /p/ e /b/ diferem quanto à sonoridade, e é esse traço [+ ou – sonoro] que distingue pares mínimos, como as palavras "*p*ata" e "*b*ata" ou "*p*ico" e "*b*ico".

Além da função distintiva, Trubetzkoy e seus seguidores estabeleceram também a função demarcadora e a função expressiva dos fonemas. A função demarcadora serve para marcar a fronteira entre uma forma e outra na cadeia da fala. O acento tônico das palavras, por exemplo, tem uma função demarcadora importante no português, como em "fábrica" (substantivo) e "fabrica" (verbo). A função expressiva de um traço fonológico indica o estado de espírito do falante, seus sentimentos ou sua atitude, como, por exemplo, a pronúncia enfática de uma palavra, com o alongamento da vogal (/liiiiindo/).

Jakobson, por sua vez, é responsável pela introdução do conceito de marcação na morfologia. Aplicado primeiramente na fonologia, o princípio de marcação estabelece a distinção entre categorias marcadas e categorias não marcadas, em um contraste binário. Por exemplo, a oposição entre /p/ e /b/, vista anteriormente, se dá através do traço sonoridade. Quanto a esse traço, então, /b/, que se caracteriza pelo traço [+ sonoro], é marcado, já /p/, caracterizado pelo traço [– sonoro], é não marcado. Na morfologia, com relação à categoria de número, a forma "meninos" [+ plural] é marcada em oposição a "menino" [– plural], forma não marcada. As ideias de Jakobson extrapolaram a linguística, refletindo-se nas áreas da poesia e da antropologia.

Os linguistas da Escola de Praga estenderam o funcionalismo para além da fonologia. Com relação à estrutura gramatical das línguas, Mathesius antecipou uma concepção funcional da sentença, que deu origem, mais tarde, à teoria da perspectiva funcional da sentença, um tipo de análise em termos da informação transmitida pela organização das palavras. O conceito de informação, tal como é usado na linguística, é definido como um processo de interação entre o que já é conhecido ou predizível e o que é novo ou imprevisto (Halliday, 1985). A categoria *perspectiva* dá conta do contraste entre sentenças sintaticamente distintas que descrevem o mesmo estado de coisas. Vejamos dois enunciados como os apresentados abaixo:

a) Eu já li esse livro.
b) Esse livro eu já li.

Podemos tratar esses enunciados como sentenças diferentes com base nas diferenças na ordenação dos seus elementos, ou podemos tratá-los como versões alternativas de dizer a mesma sentença, já que transmitem o mesmo conteúdo semântico ou a mesma informação. Temos aqui um problema semelhante ao que apresentamos no exemplo anterior: como justificar o uso de uma ou outra dessas sentenças em um determinado contexto?

Se considerarmos, como costumam fazer os funcionalistas, que a organização sintática da cláusula é motivada pelo contexto discursivo em que esta ocorre, não podemos dizer que (a) e (b) seriam empregadas na mesma situação de comunicação. Ou seja, embora essas cláusulas pareçam equivalentes do ponto de vista semântico, elas diferem do ponto de vista pragmático. Essa diferença pragmática está relacionada ao *status* informacional dos elementos que compõem a cláusula: nos exemplos em questão, é interessante o fato de "esse livro" ter ou não sido mencionado anteriormente, ou seja, constituir ou não informação nova para o interlocutor. No caso do exemplo (b), o termo "esse livro" já foi mencionado, apresentando *status* de informação dada (ou informação velha), o que motiva sua colocação no início da sentença. Questões dessa ordem estão diretamente envolvidas no papel funcional da sentença, tal como sugerido por Mathesius.

Seguindo a tradição da Escola de Praga, Jan Firbas desenvolveu, no começo da década de 1960, um modelo da estrutura informacional da sentença que buscava analisar sentenças efetivamente enunciadas para determinar sua função comunicativa. Nesse modelo, a parte da sentença que representa informação dada, ou já conhecida pelo ouvinte, tem o menor grau de dinamismo comunicativo, ou seja, a quantidade de informação que ela comunica aos interlocutores no contexto é a menor possível. Essa parte é denominada *tema*. A parte que contem a informação nova apresenta o grau máximo de dinamismo e forma o *rema*. Suponhamos o seguinte diálogo:

A: O que Maria comprou?
B: Maria comprou uma bolsa preta.

Nesse contexto, "Maria comprou" é o tema e "uma bolsa preta" é o rema. Como mencionamos anteriormente, a tendência geral é que as partes que contêm o menor grau de dinamismo comunicativo tendem a vir no início da sentença, enquanto as partes com o grau mais alto vêm por último.

Em oposição à corrente linguística que focalizava o estudo da linguagem enquanto expressão do pensamento, os funcionalistas de Praga enfatizaram o caráter multifuncional da linguagem, ressaltando a importância das funções expressiva e conotativa, entre outras, além da referencial (ver o capítulo "Funções da linguagem"). A influência da Escola de Praga foi duradoura e profunda. As ideias originadas nesse período são a fonte para diversos trabalhos posteriores, principalmente de Roman Jakobson e André Martinet, considerados os dois divulgadores mais importantes do pensamento linguístico internacional da Escola de Praga. Dentre as principais contribuições dessa escola estão a distinção entre as análises fonética e fonológica dos sons, a análise dos fonemas em traços distintivos e as noções correlatas de binário e marcado.

O funcionalismo também se faz representar em algumas outras correntes linguísticas pós-saussurianas da Europa no século XX. Saussure influenciou mais de perto a chamada Escola de Genebra, cujos principais representantes são Charles Bally, Albert Sechehaye e Henri Frei. Enquanto Sechehaye limitou-se basicamente a discutir as ideias de Saussure, Bally, interessado na relação entre o pensamento e sua expressão linguística, deu novo impulso à estilística, que definiu como o estudo dos elementos afetivos da linguagem. Concentrou sua atenção nos desvios que o uso individual (a fala) é levado a impor ao sistema (a língua). Essa proposta baseia-se no fato de que não há separação intransponível entre esses dois aspectos da linguagem – língua e fala –, posição teórica por definição funcionalista. Por sua vez, Frei notabilizou-se por sua análise referente aos desvios da gramática normativa, que, segundo sua proposta, não são fortuitos, mas refletem tendências resultantes da necessidade de comunicação e constituem, portanto, uma rica fonte de estudos linguísticos. Frei se fez o promotor da linguística de base funcional, que associa os fatos linguísticos a determinadas funções a eles relacionadas. Essa influência chegou até Martinet, que manteve frequente contato com os principais linguistas de Praga, sobretudo com Trubetzkoy, por quem foi bastante influenciado.

Outra manifestação funcionalista podemos ver na Escola de Londres, sobretudo, através das ideias de Michael K. Halliday. A teoria funcional de Halliday, que surge na década de 1970, está centrada em um conceito amplo de função, que inclui tanto as funções de enunciados e textos quanto as funções de unidades dentro de uma estrutura. Apoiado na tradição etnográfica de Boas-Sapir-Whorf e de Bronislav Malinowski, Halliday defende a tese de que a natureza da linguagem, enquanto sistema semiótico, e seu desenvolvimento em cada indivíduo devem ser estudados no contexto dos papéis sociais que os indivíduos desempenham. A postura de Halliday reflete também a influência do linguista inglês John Firth, para quem a linguagem deve ser considerada parte de um processo social.

A tendência de analisar a língua de um ponto de vista funcional está também presente no chamado grupo holandês. No final da década de 1970, o linguista holandês Simon Dik e seus seguidores desenvolveram um modelo de sintaxe funcional em que as funções em uma sentença são analisadas em três níveis distintos. Tomemos, como exemplo, a sentença "João chegou cedo". "João" desempenha a função sintática de sujeito, a função semântica de agente e a função pragmática de tema. Primeiro as funções semânticas são associadas com os predicados no léxico (por exemplo, agente + "chegar"), e o núcleo de uma sentença (no nosso exemplo, "João chegou") pode ser ampliado por satélites ("cedo", nesse caso). As funções sintáticas são então relacionadas aos seus elementos e, por último, às funções pragmáticas. A linguística, portanto, tem que tratar de dois tipos de sistemas de regras: de um lado, as regras semânticas, sintáticas, morfológicas e fonológicas (responsáveis pela constituição das estruturas linguísticas), de outro lado, as regras pragmáticas (responsáveis pelos modelos de interação verbal em que as estruturas linguísticas são usadas). Dik trabalha com uma concepção teleológica de linguagem. Para ele, o principal interesse de uma linguística funcionalista está nos processos relacionados ao êxito dos falantes ao se comunicarem por meio de expressões linguísticas.[5]

O funcionalismo norte-americano

A partir do estruturalismo, a linguística norte-americana foi dominada por uma tendência formalista que se enraizou com Leonard Bloomfield e se mantém até hoje com a linguística gerativa. Entretanto, paralelamente foi se desenvolvendo uma tendência para o funcionalismo sob influência dos trabalhos de etnolinguistas, como Franz Boas, Edward Sapir e Benjamin Lee Whorf.

Dwight Bolinger é frequentemente apontado como um dos precursores da abordagem funcionalista norte-americana. Ainda durante o predomínio das teorias formais, Bolinger chamava a atenção para o fato de que fatores pragmáticos operavam em determinados fenômenos linguísticos estudados pelos estruturalistas e gerativistas. Embora não tenha avançado um esboço completo de uma gramática funcionalista, Bolinger impulsionou o funcionalismo com suas análises de fenômenos particulares, em especial seu estudo pioneiro sobre a pragmática da ordenação das palavras na cláusula.

Em contraposição à postura estruturalista, que enfatiza o princípio da arbitrariedade, a questão da iconicidade, que prediz uma correlação direta entre um conceito e sua representação linguística, volta a atrair o interesse dos linguistas, em especial a partir da década de 1960, quando o foco da atenção recai sobre os estudos tipológicos e os universais linguísticos. Essa área de investigação foi enfatizada sobretudo pelos crioulistas[6] e pelo linguista Joseph Greenberg (1966), interessado na variação tipológica entre as línguas.

É por volta de 1975 que as análises linguísticas explicitamente classificadas como funcionalistas começam a proliferar na literatura norte-americana. Essa corrente surge como reação às impropriedades constatadas nos estudos de cunho estritamente formal, ou seja, nas pesquisas estruturalistas e gerativistas. Os funcionalistas norte-americanos advogam que uma dada estrutura da língua não pode ser proveitosamente estudada, descrita ou explicada sem referência à sua função comunicativa, o que, aliás, caracteriza todos os funcionalismos até aqui mencionados.

Diferentemente das teorias formais, o funcionalismo pretende explicar a língua com base no contexto linguístico e na situação extralinguística. De acordo com essa concepção, a sintaxe é uma estrutura em constante mutação em consequência das vicissitudes do discurso, ao qual se molda. Ou seja, há uma forte vinculação entre discurso e gramática: a sintaxe tem a forma que tem em razão das estratégias de organização da informação empregadas pelos falantes no momento da interação discursiva.

Dessa maneira, para compreender o fenômeno sintático, seria preciso estudar a língua em uso em seus contextos discursivos específicos, pois é neste espaço que a gramática é constituída. Em termos funcionalistas, essa concepção de sintaxe corresponde às noções de "gramática emergente" (Hopper, 1998) ou "sistema adaptativo" (Du Bois, 1985).

Considerar a gramática como um organismo maleável, que se adapta às necessidades comunicativas e cognitivas dos falantes, implica reconhecer que a gramática de qualquer língua exibe padrões morfossintáticos estáveis, sistematizados pelo uso, ao lado de mecanismos de codificação emergentes. Em outras palavras, as regras da gramática são modificadas pelo uso (isto é, as línguas variam e mudam), e, portanto, é necessário observar a língua como ela é falada. Nesse sentido, a análise dos processos de variação e mudança linguística constitui uma das áreas de interesse privilegiado da linguística funcional.

O texto considerado pioneiro no desenvolvimento das ideias da escola funcionalista norte-americana é *The Origins of Syntax in Discourse*, publicado por Gillian Sankoff e Penelope Brown em 1976. Nesse trabalho, as autoras fornecem evidências das motivações discursivas geradoras das estruturas sintáticas do tok pisin, língua de origem pidgin de Papua-Nova Guiné, ilha ao norte da Austrália.

Em 1979, Talmy Givón, influenciado pelas descobertas de Sankoff e Brown, publica *From Discourse to Syntax*, texto explicitamente antigerativista, que afirma que a sintaxe existe para desempenhar uma certa função, e é essa função que determina a sua maneira de ser. Os trabalhos de Givón (1984, 1990, 1995, 2001, entre outros) se caracterizam pela busca de parâmetros substantivos, isto é, motivados comunicativa ou cognitivamente, para a explicação de fatos gramaticais.

Se ainda não há uma teoria gramatical funcionalista completa e unificada, há uma quantidade expressiva de análises funcionalistas, sobretudo do inglês. Alguns linguistas norte-americanos, como Givón, Sandra Thompson e Paul Hopper, sobressaem pelos seus estudos individuais.

Sozinha ou em coautoria, Thompson produziu alguns trabalhos considerados marcos na análise funcionalista. Entre esses, podemos destacar seu estudo sobre as passivas em inglês, em que Thompson observa que a ocorrência de uma cláusula passiva em inglês é motivada por dois fatores pragmáticos distintos: um deles prediz uma passiva sem agente e o outro, uma passiva com agente. Em *Transitivity in grammar and discourse* (1980), em coautoria com Paul Hopper, os autores reinterpretam o conceito tradicional de transitividade como uma propriedade escalar constituída de dez parâmetros sintático-semânticos independentes e covariantes. De acordo com a presença ou ausência desses parâmetros, a cláusula pode ser mais ou menos transitiva. O complexo de transitividade e seus parâmetros individuais se associam a uma função discursivo-comunicativa: a de assinalar as porções centrais e periféricas de um texto narrativo. Fatores discursivos, portanto, interferem na codificação da transitividade, como veremos adiante.

Além desses autores, há um grupo de funcionalistas europeus na Alemanha que trabalha com questões de mudança linguística, gramaticalização e empréstimo e segue um modelo semelhante ao dos linguistas norte-americanos. Esse grupo reúne, entre outros, Bernd Heine, na universidade de Colônia, Tânia Kuteva em Dusseldorf.

Vale destacar a recente aproximação entre a linguística funcional e a linguística cognitiva, representada por antigos gerativistas, como Ronald Langacker (1991), George Lakoff (1987), e ainda por psicolinguistas, como Michael Tomasello (1999) e John Taylor (1995), que também rejeitam a tese da autonomia da sintaxe, proposta pela gramática gerativa, e propõem a incorporação das dimensões sociais e cognitivas nos estudos linguísticos.

No panorama brasileiro, os estudos de cunho funcionalista ganham impulso a partir da década de 1980 com a constituição de grupos de pesquisadores que propõem fatores de natureza comunicativa e cognitiva para interpretar o funcionamento de tópicos morfossintáticos em textos falados e escritos. Aqui também se acha refletida a diversidade de orientações teóricas de base funcionalista, e os pesquisadores costumam combinar diferentes perspectivas em suas análises.

Em trabalho pioneiro, Rodolfo Ilari publicou, em 1987, *Perspectiva funcional da frase portuguesa*, que trata do dinamismo comunicativo em termos de tema e rema, na linha dos estudos da Escola de Praga.

Entre os grupos constituídos, destacam-se os pesquisadores do Projeto Norma Urbana Culta, que abrange várias capitais do país, do Projeto de Estudo do Uso da Língua da Universidade Federal do Rio de Janeiro (Peul-UFRJ) e do Grupo de Estudos Discurso & Gramática, sediado em várias universidades (Universidade Federal do Rio de Janeiro, Universidade Federal Fluminense, Universidade do Estado do Rio de Janeiro, Universidade Federal do Estado do Rio de Janeiro e Universidade Federal do Rio Grande do Norte).

O Peul tem formação sociolinguística: seus trabalhos focalizam a variação linguística sob a perspectiva da função discursiva das variantes selecionadas, de acordo com o quadro do funcionalismo norte-americano. Destaca-se, nesse grupo, a participação de Anthony Julius Naro, que em parceria com Sebastião Votre publicou vários artigos seguindo a orientação de Givón.

O Grupo de Estudos Discurso & Gramática, criado por Sebastião Votre, também trabalha com os pressupostos do funcionalismo norte-americano, tendo como foco central de interesse o estudo dos processos de gramaticalização. Os resultados de suas pesquisas podem ser vistos em Martelotta, Votre e Cezario (1996), Rios de Oliveira (1998), Furtado da Cunha (2000) e Furtado da Cunha, Rios de Oliveira e Martelotta (2003).

Dentre os princípios e as categorias centrais dessa corrente funcionalista estão: informatividade, iconicidade, marcação, transitividade e plano discursivo e gramaticalização. Nesse quadro, os processos de gramaticalização e discursivização constituem pontos privilegiados de investigação.

Informatividade

O princípio de informatividade focaliza o conhecimento que os interlocutores compartilham, ou supõem que compartilham, na interação verbal. De um modo geral, a aplicação desse princípio se tem voltado para o exame do *status* informacional dos referentes nominais. Desse modo, um sintagma nominal pode ser classificado como *dado*, *novo*, *disponível* e *inferível*.

Um referente pode ser *dado*, ou *velho*, se já tiver ocorrido no texto (referente textualmente dado) ou se estiver disponível na situação de fala (referente situacionalmente dado), como os próprios participantes do discurso: falante e ouvinte. Vejamos os dois casos respectivos nos exemplos seguintes, retirados do *corpus* Discurso & Gramática:[7]

> a) aí o mecânico falou que... (∅) não sabia qual o homem que tinha apertado aquilo ((riso))
>
> b) E: e:: agora eu queria que *você* me... me dissesse... alguma coisa que você sabe fazer... ou que você... goste de fazer... e como é que se faz isso...

No exemplo (a), o sujeito do verbo "saber" (marcado pelo símbolo ∅, que indica sua omissão) foi mencionado na primeira cláusula, constituindo um caso de referente anteriormente dado: "o mecânico". Por isso ele não precisa ser repetido na sentença seguinte. No exemplo (b), em que o entrevistador pede ao informante que ele diga algo que sabe fazer, embora a palavra "você" seja ambígua no sentido de que pode se referir a qualquer pessoa, o contexto permite que interlocutor (o entrevistado) perceba que é a ele que o falante deseja se referir. Em circunstâncias desse tipo, como a situação contextual não deixa dúvidas quanto ao sentido do termo, temos um caso de referente situacionalmente dado.

Um referente é *novo* quando é introduzido pela primeira vez no discurso, como no exemplo (c). Se já está na mente do ouvinte por ser geralmente um referente único (num dado contexto), é chamado *disponível*. São exemplos de referentes disponíveis termos como "a lua", "o sol", "Pelé" ou "Petrópolis", como no caso (d):

> (c) aí quando chegou... ali na:: decida/ porque é... Barra... Tijuca... né? quando estava quase chegando a... Tijuca... vinha... *um ônibus* na:: direção deles... e tinha *um caminhão*... parado aqui... (Informante 12, Dario, Discurso & Gramática, RJ)
>
> (d) ... mas... eu fui a *Petrópolis* com uma amiga... que nunca tinha subido a serra.

Um referente denomina-se *inferível* quando é identificado através de um processo de inferência – exemplo (e) – a partir de outras informações dadas. As entidades inferíveis geralmente são codificadas com um artigo definido:

> (e) ... quando ela viu o ônibus passar... mas o ônibus já estava indo... e ela começou a gritar e todo o ponto de ônibus assim lotado... né? ela começou a gritar *pro motorista*... mas ela estava um pouco longe...

Nesse caso, o referente "o motorista" não foi mencionado, não constituindo informação dada (ou velha). Entretanto, como um ônibus implica a existência de um motorista, o ouvinte não tem problemas em identificar essa informação, que, por isso, também não pode ser classificada como nova. Temos aí um caso de referente inferível.

O *status* informacional dos elementos linguísticos é importante no sentido de que interfere, por exemplo, na ordenação que eles assumem na cláusula, como veremos a seguir no conceito de iconicidade.

Iconicidade

O princípio de iconicidade é definido como a correlação natural e motivada entre forma e função, isto é, entre o código linguístico (expressão) e seu significado (conteúdo). Os linguistas funcionais defendem a ideia de que a estrutura da língua reflete, de algum modo, a estrutura da experiência. Como a linguagem é uma faculdade humana, a suposição geral é a de que a estrutura linguística revela o funcionamento da mente, bem como as propriedades da conceitualização humana do mundo.

Em sua versão original, o princípio de iconicidade postula uma relação isomórfica, de um para um, entre forma e conteúdo (Bolinger, 1977). Contudo, estudos sobre os processos de variação e mudança, ao constatar a existência de duas ou mais formas alternativas de dizer "a mesma coisa", levaram à reformulação dessa versão forte. Na língua que usamos diariamente, em especial na língua escrita, existem, por certo, muitos casos em que não há uma relação clara, transparente, entre expressão e conteúdo.

Nesses casos, a relação entre forma e significado é aparentemente arbitrária, uma vez que o significado original do elemento linguístico se perdeu total ou parcialmente, assim como a motivação para sua criação. Por exemplo, o item "entretanto", hoje, tem um valor opositivo que justifica sua classificação como conjunção adversativa (ex: "Estudou muito, *entretanto* não passou").

Esse uso é completamente distinto de seu significado original utilizado em textos arcaicos do português, como advérbio temporal, com valor de "enquanto isso", "ao mesmo tempo", "entre tantos acontecimentos" (essa ideia permanece no item "entre" encontrado na construção: "entre" + "tanto").[8] O mesmo se deu com a conjunção concessiva "embora" (ex: "*Embora* tenha estudado muito, não passou"), proveniente da expressão com valor temporal "em boa hora", muito comum, sobretudo na era medieval. Essa expressão era comumente acrescida a determinadas frases em virtude da crença de que o sucesso dos atos estava relacionado ao momento em que eram praticados.

Há, portanto, contextos comunicativos em que a codificação morfossintática é opaca em termos da função que desempenha. Isso ocorre porque a iconicidade do código linguístico está sujeita a pressões diacrônicas corrosivas tanto na forma quanto na função:

a) o código (forma) sofre constante erosão pelo atrito fonológico, tendo sua forma diminuída. Ex: "em boa hora" > "embora".
b) a mensagem (função) é constantemente alterada pela elaboração criativa através de processos metafóricos e metonímicos. Ex: na conjunção "entretanto" o valor espacial, expresso originalmente pela preposição "entre" (ex: "A casa fica *entre* a igreja e o supermercado"), é estendida para uma noção mais abstrata, referente a um espaço existente entre sequências de acontecimentos (ex: "Muita coisa aconteceu *entre* a discussão e a briga"). Esse é o ponto de partida para o uso arcaico com valor de concomitância temporal que acaba se estendendo para o atual valor concessivo.

Os dois tipos de pressão geram ambiguidade. Quanto ao código, verifica-se correlação entre uma forma e várias funções: é o que ocorre com "embora", que pode ser empregado como concessivo (ex: "*Embora* tenha estudado muito, não passou") ou com o valor que alguns gramáticos chamam de "partícula de afastamento" (ex: "Vou *embora* assim que a aula acabar"). Quanto à mensagem, observa-se correlação entre várias formas e uma função: no português atual, coexistem com a conjunção concessiva "embora" e várias outras com mesmo valor, como "mesmo que", "ainda que", "apesar de", entre outras.

Em sua versão mais branda, o princípio de iconicidade se manifesta em três subprincípios, que se relacionam à quantidade de informação, ao grau de integração entre os constituintes da expressão e do conteúdo e à ordenação sequencial dos segmentos. Vejamos cada um deles.

Segundo o *subprincípio da quantidade*, quanto maior a quantidade de informação, maior a quantidade de forma, de tal modo que a estrutura de uma construção gramatical indica a estrutura do conceito que ela expressa. Isso significa que a complexidade de pensamento tende a refletir-se na complexidade de expressão (Slobin, 1980): aquilo que é mais simples e esperado se expressa com o mecanismo morfológico e gramatical menos complexo. A atuação desse subprincípio pode ser vista no comprimento maior das palavras derivadas (que tendem a veicular mais informações semânticas e/ou gramaticais) em comparação com as palavras primitivas de que se originam, refletindo na forma a ampliação do seu campo conceitual:

BELO > BELEZA > EMBELEZAR > EMBELEZAMENTO

Outro exemplo é a repetição de certas estruturas verbais, em que o falante deseja expressar o aspecto iterativo e/ou a intensidade da ação descrita, como em:

> ... ele fugiu com a moça ... daí fugiram ... começaram a correr e o homem atrás deles ... *correram* ... *correram* ... *correram* ... enquanto isso ... o homem *correndo* ... *correndo* atrás deles ...

O *subprincípio da integração* prevê que os conteúdos que estão mais próximos cognitivamente também estarão mais integrados no nível da codificação – o que está próximo mentalmente coloca-se próximo sintaticamente. Esse subprincípio se manifesta, por exemplo, no grau de integração que o verbo da oração principal exibe em relação ao verbo da subordinada:

a) Maria ordenou: fique aqui.
b) Maria fez a filha ficar ali.
c) A filha não queria ficar ali.

Essas orações indicam que, quanto menos integrados os dois eventos estão, tanto mais provável que um elemento de subordinação ou uma pausa separe a oração subordinada da principal. Em outras palavras, o subprincípio da integração correlaciona a distância linear entre expressões à distância conceptual entre as ideias que elas representam. Na primeira oração, temos dois eventos separados, o ato de dizer algo e o ato de ficar ali, além disso, os verbos (núcleos da oração) referem-se a sujeitos distintos e apresentam codificação modo-temporal distinta. Na segunda frase, a integração semântica e sintática é maior: já não é tão fácil dizer que são dois eventos separados e não há um elemento explícito que separe sintaticamente as duas orações. O sujeito da segunda é objeto da primeira. Na terceira oração, a fusão semântica e sintática é ainda maior, pois também não é nítida a distinção de eventos diferentes e o sujeito de "querer" é o mesmo de "ficar", e obrigatoriamente o sujeito desse segundo verbo aparece apagado.

Há ainda o fenômeno da iconicidade relacionado à ordenação dos elementos na cadeia sintática. Nesse caso, temos os chamados subprincípios de *ordenação sequencial*. O primeiro deles é o *subprincípio da ordenação linear*, segundo o qual a ordenação das orações no discurso tende a espelhar a sequência temporal em que os eventos descritos ocorreram:

> sabe como é feito um bom *strogonof*... compra o camarão:: limpa o camarão... põe o camarão... boto cebola... pimentão... tomate... cozinho ele... deixo ele cozinhar um pouquinho assim...

As orações acima estão colocadas sintaticamente na mesma ordem em que ocorreram na realidade: primeiro compra-se o camarão, depois limpa-se o camarão, e assim por diante. A inversão da ordem das orações implicaria também uma mudança na sequência real dos fatos.

O segundo subprincípio ligado à ordenação é o *subprincípio da relação entre ordem sequencial e topicalidade*. Nesse caso, temos uma conexão entre o tipo de informação veiculada por um elemento da cláusula e a ordenação que ele assume. Um exemplo de como isso ocorrer pode ser visto no fato de que informações velhas, ou já mencionadas, tendem a ocorrer no início da cláusula e informações novas, no final. Vejamos o exemplo que segue:

> Tenho vários amigos, mas meu preferido é Carlos. Carlos está sempre comigo nas horas de diversão.

Podemos notar que o referente "Carlos", quando mencionado pela primeira vez, aparece no final da frase ("meu preferido é Carlos" ao invés de "Carlos é meu preferido"). Entretanto, na cláusula seguinte, "Carlos" é novamente mencionado, constituindo, portanto, informação velha. Nesse caso, ele ocorre no início da cláusula.

Esse subprincípio pode assumir características diferentes quando associado à noção de contrastividade. Esse caso pode ser visto, por exemplo, na tendência de se antepor na cláusula determinados trechos para efeito de contraste:

a) João comprou um carro.
b) Foi João que comprou um carro.
c) Foi um carro que João comprou.

Tanto o sujeito "João" quanto o objeto "um carro" da cláusula (a) apresentada anteriormente podem ser colocados em situação de foco contrastivo, como ocorre em (b) – foi João, *e não outra pessoa*, que comprou o carro – e em (c) – foi um carro, *e não outra coisa*, que João comprou. Essas construções refletem a preocupação do funcionalismo em trabalhar com as expectativas do falante em um contexto particular: a crença, por exemplo, de que outra pessoa que não João tivesse comprado o carro, no caso de (b), ou de que João comprou outra coisa que não um carro, no caso de (c).

Marcação

Os termos "marcado" e "não marcado" foram introduzidos na linguística pela Escola de Praga. Aqui a ideia-chave é a de contraste entre dois elementos de uma dada categoria linguística, seja ela fonológica, morfológica ou sintática. Um entre dois elementos que se opõem é considerado marcado quando exibe uma propriedade ausente no outro membro, considerado não marcado. Assim, no campo da morfologia, por exemplo, é interessante observar, nesse sentido, a categoria de número: a forma "meninos" [+ plural] é marcada em oposição a "menino" [– plural], forma não marcada.

As formas não marcadas apresentam várias características, tais como:

a) maior frequência de ocorrência nas línguas em geral e em uma língua particular;
b) contexto de ocorrência mais amplo;
c) forma mais simples ou menor;
d) aquisição mais precoce pelas crianças.

Se observarmos com cuidado, veremos que o elemento que está no singular apresenta essas características das formas não marcadas: ocorre mais na língua, pois usamos mais palavras no singular do que no plural; apresenta contexto de ocorrência mais amplo, pois dizemos, por exemplo, que vamos ao mercado comprar cenoura, mesmo sabendo que compraremos mais de uma – o que significa que o singular é utilizado no contexto do plural; apresenta forma mais simples, ou seja, ocorre sem a desinência -s; e possivelmente por isso é aprendida mais facilmente pelas crianças do que as formas de plural.

No nível sintático, o conceito de marcação também apresenta consequências interessantes no uso da língua. Comparemos as duas construções abaixo:

a) Eu uso esta roupa.
b) Esta roupa eu uso.

A sentença exemplificada em (b) é mais marcada, já que a ordenação mais comum é a que está indicada em (a): sujeito ("Eu") verbo ("uso") objeto ("esta roupa"). Essa questão tem implicações interessantes quando pensamos na expressividade dessas estruturas. Qual seria a mais expressiva das duas? A resposta seria a do exemplo (b), já que expressa algum tipo de força argumentativa associada à ideia de que aquela roupa é de um tipo que agrada mais ao falante do que alguma outra. Isso não ocorre no primeiro exemplo, em que temos uma simples afirmação, que não apresenta necessariamente qualquer argumento desse tipo.

Essa é a importância do conceito de marcação no que diz respeito ao uso da língua: uma forma linguística mais corriqueira, que apresenta alta frequência de uso, tende a ser conceptualizada de modo mais automatizado pelo usuário da língua e isso significa que essa forma tem pouca expressividade. Assim, quando querem ser expressivos, os falantes usam formas marcadas. É o que ocorre em frases como a apresentada em (b).

Vale ressaltar que a marcação que caracteriza uma forma linguística é relativa, pois uma construção pode ser marcada num dado contexto e não marcada em outro. Por exemplo, a voz passiva sintética ("Vende-se casa") é muito marcada na língua oral por ser bastante incomum. Entretanto, num texto escrito formal ela não é marcada, já que ocorre com relativa frequência.

Transitividade e plano discursivo

Para a gramática tradicional, a transitividade é uma propriedade dos verbos – que são classificados como transitivos, quando acompanhados de objeto direto ou indireto, ou intransitivos, quando não há complemento. A proposta de Hopper e Thompson (1980) não opõe binariamente verbos transitivos a intransitivos, mas trata a transitividade como uma propriedade escalar que focaliza diferentes ângulos da transferência da ação de um agente para um paciente em diferentes porções da oração. Vejamos os exemplos seguintes, extraídos de uma narrativa que reconta o filme *Batman*:

a) Batman derrubou o Pinguim com um soco.
b) A Mulher Gato não gostava do Batman.
c) Esse rio tem uma forte correnteza.
d) Então o Pinguim chegou na festa.

Pela classificação da gramática tradicional, as três primeiras orações são transitivas, pois apresentam um objeto como complemento do verbo. Segundo a formulação de Hopper e Thompson, (a) é a que ocupa lugar mais alto na escala de transitividade, seguida de (d), (b) e, por último, (c), tendo em vista aspectos como a dinamicidade do verbo, a agentividade do sujeito e o afetação do objeto.

Hopper e Thompson associam a transitividade a uma função pragmática: o modo como o falante organiza seu texto é determinado, em parte, pelos seus objetivos comunicativos e, em parte, pela sua percepção das necessidades do seu interlocutor. Nesse sentido, o texto apresenta diferentes planos discursivos, que distinguem as informações centrais das periféricas. O grau de transitividade de uma oração, ou o lugar que ela ocupa na escala de transitividade de Hopper e Thompson, reflete sua função discursiva característica, de modo que orações com alta transitividade assinalam porções centrais do texto, correspondentes à figura, enquanto orações com baixa transitividade marcam as porções periféricas, correspondentes ao fundo. Vejamos o seguinte fragmento:

> meu pai estava andando... ele morava no outro lado da Penha... e:: ele estava passando por... por baixo da pa... da passagem subterrânea do trem... *aí dois caras*... um escuro alto... forte e um branco também alto... forte... *esbarraram nele*... e ele anda com aquelas capangas... aí:: *a capanga caiu no chão... abriu...* os documentos... dinheiro ficou tudo espalhado no chão... e eu/ *ele abaixou* pra... catar os documentos... *quando ele abaixou... os caras falaram* que era um assalto... *aí pegaram o dinheiro... a conta de luz... tudo* que tinha... *juntaram... colocaram na capanga* e *levaram a capanga embora...* e *aí meu pai foi pra casa... falou que tinha sido assaltado... aí eles resolveram ir na polícia... né?* pra dar queixa... e *depois teve todo trabalho de... pedir segunda via de documento... de conta de luz... de conta de água...* e *ficou sem o dinheiro...* era o dia de pagamento...

Em figura estão os eventos perfectivos em itálico, que expressam a sequência de ações que caracteriza a narrativa:

FIGURA

a) "dois caras esbarraram nele"
b) "a capanga caiu no chão"
c) "abriu"
d) "ele abaixou"
e) "os caras falaram"
f) "aí pegaram o dinheiro"
g) "colocaram na capanga e"
h) "levaram a capanga embora"
i) "meu pai foi pra casa"
j) "falou que tinha sido assaltado"
l) "aí resolveram ir pra polícia"
m) "depois teve todo trabalho de... pedir segunda via"
n) "e ficou sem o dinheiro..."

Em fundo estão as informações que são colocadas no texto para dar suporte às orações de figura. São as informações básicas que contextualizam as ações de figura, indicando normalmente o local ou o momento em que elas ocorrem, como elas ocorrem, assim como expressam as causas e as finalidades dessas ações. Frequentemente são expressas por orações que apresentam verbos estáticos, como "ser" e "estar" na forma de presente do indicativo ou de pretérito imperfeito:

> FUNDO
> a) "meu pai estava andando"
> b) "ele morava no outro lado da Penha"
> c) "ele estava passando por... por baixo da pa... da passagem subterrânea do trem"
> d) "ele anda com aquelas capangas"
> e) "era um assalto"
> f) "era o dia de pagamento"

O texto anterior mostra oposição de tempo, aspecto e dinamicidade: as sentenças da primeira sequência da figura contêm verbos de ação, como "esbarrar", "abrir", "pegar", entre outros, que estão no pretérito perfeito. Em fundo, exemplificado na segunda sequência de orações, vemos orações que contextualizam o evento narrado, com comentários descritivos e avaliativos do narrador.

Gramaticalização

Como já mencionamos anteriormente, o funcionalismo caracteriza-se por uma concepção dinâmica do funcionamento das línguas. Nessa perspectiva, a gramática é vista como um organismo maleável, que se adapta às necessidades comunicativas e cognitivas dos falantes. Isso implica reconhecer que, ao lado de padrões morfossintáticos estáveis, sistematizados pelo uso, a gramática de qualquer língua exibe mecanismos de codificação emergentes, que são consequentes da necessidade de formas mais expressivas. A gramaticalização é um fenômeno relacionado a essa *necessidade de se refazer* que toda gramática apresenta.

Gramaticalização designa um processo unidirecional, segundo o qual itens lexicais e construções sintáticas, em determinados contextos, passam a assumir funções gramaticais e, uma vez gramaticalizados, continuam a desenvolver novas funções gramaticais. A tendência é que esse processo ocorra com itens ou expressões muito frequentes, o que faz com que o termo normalmente sofra desgaste fonético, perdendo, assim, expressividade. Com isso, o elemento deixa de fazer referência a entidades do mundo biossocial para assumir funções de caráter gramatical, como ligar partes do texto, indicar categorias gramaticais, como o tempo de um verbo ou o gênero de um nome, etc.

Considerando que substantivos, verbos e adjetivos são elementos lexicais e que preposições, conjunções, artigos, morfemas derivacionais e flexionais, entre outros, têm valor gramatical, são exemplos de gramaticalização:

a) A trajetória de substantivos e verbos para conjunções:

É o que ocorre com o verbo "querer", que passa a ser utilizado como conjunção alternativa em "*Quer* chova *quer* faça sol, estarei lá", ou com o elemento "logo", que no português arcaico tinha valor de substantivo e que atualmente pode ser empregado como conjunção conclusiva em cláusulas como "Penso, *logo* existo".

b) A trajetória de nomes e verbos para morfemas:

É o que se dá em passagens como a que ocorre com a expressão "tranquila mente", em que o substantivo "mente" ("intelecto") passa a desempenhar papel de sufixo formador de advérbio: "tranquilamente". Ou em trajetórias como a que acontece com a locução "amar hei", em que a forma do verbo "haver" ("hei") se incorpora ao verbo, passando a funcionar como desinência de futuro: "amarei".

Concluindo, vimos neste capítulo que o funcionalismo difere das abordagens formalistas – estruturalismo e gerativismo – primeiro por conceber a linguagem como um instrumento de interação social e, segundo, porque seu interesse de investigação linguística vai além da estrutura gramatical, buscando no contexto discursivo a motivação para os fatos da língua. A abordagem funcionalista procura explicar as regularidades observadas no uso interativo da língua, analisando as condições discursivas em que se verifica esse uso. O funcionalismo admite que um grande conjunto de fenômenos linguísticos é o resultado da adaptação da estrutura gramatical às necessidades comunicativas dos usuários da língua. Se a função mais importante da língua é a contínua interação entre as pessoas, que se alternam como falantes e ouvintes, essa função deve, de algum modo, condicionar a forma do código linguístico.

Para essa corrente teórica, os domínios da sintaxe, semântica e pragmática são relacionados e interdependentes. Por um lado, não há estruturas linguísticas que operem independentes do significado; por outro lado, se fatores discursivos contribuem para a codificação sintática, então a pragmática deve ser incorporada à gramática. Ao lado da descrição sintática, cabe investigar as circunstâncias discursivas que envolvem as estruturas linguísticas – seus contextos específicos de uso e os propósitos comunicativos dos interlocutores. Segundo a hipótese funcionalista, a estrutura é uma variável dependente, pois são os usos da língua que, ao longo dos tempos, dão forma ao sistema. A necessidade de investigar a sintaxe em termos da semântica e da pragmática é comum a todas as abordagens funcionalistas atuais.

Exercícios

1) A abordagem funcionalista da linguagem não corresponde a uma teoria particular, mas a vários modelos teóricos que, embora diferentes em certos aspectos, apresentam pontos essenciais em comum. Quais são esses pontos?

2) Estabeleça uma correspondência entre as diferentes escolas funcionalistas e as características apresentadas abaixo:

a) O funcionalismo estruturalista

b) A teoria funcional de Halliday

c) O modelo de Dik

d) O funcionalismo norte-americano

( ) analisa as expressões linguísticas com o intuito de compreender os processos relacionados ao êxito comunicativo dos falantes.

( ) utiliza um conceito abrangente de função que compreende tanto as funções de enunciados e textos quanto as funções de unidades linguísticas dentro de uma sentença.

( ) postula uma forte vinculação entre discurso e gramática, de tal modo que a sintaxe resulta, em grande parte, das estratégias de organização da informação utilizadas pelos falantes no evento comunicativo.

( ) ressalta a função dos fonemas na distinção das palavras e o papel da organização estrutural da sentença na transmissão de informação contextual.

3) Assinale as afirmativas que estão de acordo com os postulados da abordagem funcionalista:

a) A existência de universais linguísticos é explicada em termos de uma dotação linguística genética compartilhada pela espécie humana.

b) A existência de universais linguísticos é motivada pelos usos comuns a que a linguagem se presta nas comunidades de fala.

c) As funções que a língua desempenha têm influência sobre a organização interna do sistema linguístico, o que significa que a relação entre forma e conteúdo é motivada.

d) A arbitrariedade, ou ausência de relação direta entre expressão e significado, permeia todos os níveis de organização do sistema linguístico.

e) A gramática é um organismo maleável, que se adapta às necessidades comunicativas e cognitivas dos usuários da língua.

4) Classifique os elementos em itálico em termos do seu *status* informacional nas duas passagens retiradas do *corpus* do Grupo de Estudos Discurso & Gramática de Natal, RN:

a) *Eu* tive *um namorado*, meu vizinho, que *minha mãe* não queria, e por este motivo eu não conseguia de deixar de namorar *este rapaz*, fiz muita coisa que hoje eu não faria, mentia; apanhei por causa dele, mais não valeu a pena porque hoje *nós* estamos com *outras pessoas*.

b) Eu vou contar *uma viagem* que *a gente* fez, hoje faz quinze dias, lá pra casa de *minha avó*, sabe? *Bom Jesus*. Aí quando meu pai chegou *lá*, começou beber *umas*, né? Aí a gente veio. No caminho, *o carro* ficava no meio da *pista* e a gente tudo preocupado. Parecia que eu que vinha dirigindo, sabe?

Notas

1 As correntes estruturalista e gerativista focalizam, em suas análises, os aspectos estruturais ou formais da sentença, deixando de lado os fenômenos interacionais a ela relacionados.

2 Em sentido estrito, "universal linguístico" é um termo designativo de uma propriedade que todas as línguas têm (por exemplo, todas as línguas têm elementos que são foneticamente vogais). Mais recentemente, admite-se que os universais linguísticos não são absolutos, mas uma questão de grau ou tendência, de modo que refletem uma propriedade que se manifesta na maioria das línguas.

3 O termo "cognição" está associado ao exercício da inteligência humana e pode englobar nossa capacidade de compreender o mundo em que vivemos, de organizar e armazenar mentalmente os resultados dessa compreensão, bem como de adaptar esse conhecimento a fim de transmiti-lo aos nossos interlocutores nos diferentes contextos de comunicação.

4 O termo "pragmática" associa-se normalmente os estudos que focalizam a relação entre a estrutura da língua e o comportamento dos seus usuários no ato concreto da comunicação.

5 Atualmente, Kees Hengeveld, J. Lachlan Mackenzie e outros vêm desenvolvendo os estudos de Dik em direção ao que eles chamam de gramática discursivo-funcional.

6 Linguistas que se dedicam ao estudo de crioulos, línguas que se desenvolveram historicamente de um pidgin, uma forma relativamente simplificada de falar que surgiu através do contato, em geral comercial, entre grupos linguísticos heterogêneos. Quando o pidgin se torna a língua materna de uma comunidade de fala e passa a ser usado para todos os fins, ele é chamado crioulo. Ex: tok pisin, língua de origem pidgin de Papua-Nova Guiné, ilha ao norte da Austrália.

7 Conjunto de entrevistas gravadas por falantes do Rio de Janeiro, de Niterói, de Natal, de Juiz de Fora e do Rio Grande, organizado por pesquisadores do Grupo de Estudos Discurso & Gramática, formado por professores da UFRJ, da UFF e da UFRN.

8 A preposição "entre" dá uma ideia de algo localizado no interior de algum espaço físico, de algum espaço de tempo e, por extensão, no espaço localizado entre dois ou mais acontecimentos.

Linguística cognitiva

Mário Eduardo Martelotta
Roza Palomanes

Para uma melhor compreensão dos pressupostos da chamada linguística cognitiva, é importante que façamos uma análise resumida do cenário que caracterizava os estudos linguísticos no momento em que surgiu essa nova proposta teórica. Nesse sentido, comecemos com algumas informações básicas sobre o linguista norte-americano Noam Chomsky e o gerativismo, escola linguística que se desenvolveu a partir de suas teorias.

Desde seu surgimento no final da década de 1950, o gerativismo de Chomsky fundou uma tendência, nos estudos linguísticos, de considerar a linguagem um sistema de conhecimento autônomo, depositado no cérebro dos indivíduos e constituído de uma série de princípios inatos referentes à estrutura gramatical das línguas (ver o capítulo "Gerativismo"). Esses princípios, por hipótese, restringem as possibilidades de variação na estrutura das línguas, que se manifestam como dados universais, ou seja, presentes em todas as línguas do mundo.

Chomsky demonstrou, de modo definitivo, a importância, para a compreensão da linguagem, dos fenômenos de natureza cognitiva, ou seja, relativos ao modo como nossa mente interage com o mundo que nos cerca, bem como os processos que permeiam essa interação. Entretanto, limitou sua abordagem a questões relacionadas ao desenvolvimento ou à maturação de uma capacidade biológica, postulando uma estrutura racional e universal inerente ao organismo humano.

Considerando as línguas naturais o reflexo de princípios inatos e autônomos em relação a outras formas de conhecimento, os gerativistas privilegiaram em suas análises a busca de aspectos linguísticos universais, deixando de lado, portanto, as questões sociais e interativas que caracterizam, de modo mais localizado, o uso concreto da língua nas situações reais de comunicação. Para efetivar essa estratégia, Chomsky postula um falante/ouvinte ideal, pertencente a uma comunidade linguística ideal, cuja criatividade se limita à manipulação de um conjunto finito de regras para gerar um conjunto infinito de sentenças.

Outro aspecto importante da teoria chomskiana está no princípio da modularidade da mente, segundo o qual a mente é composta de módulos ou partes. Cada um desses módulos responde pela estrutura e desenvolvimento de uma forma de conhecimento. Um módulo é responsável pela capacidade do raciocínio matemático, outro, pela habilidade de criar e compreender estruturas musicais, outro, pela faculdade da linguagem, apenas para citar alguns exemplos. E o mais importante é que esses módulos atuam separadamente, de maneira que cada um deles só tem contato com o resultado final do trabalho dos outros.

A esse princípio está relacionada a proposta de que a sintaxe é autônoma e constitui a essência da descrição linguística. Além de ser autônomo em relação a outros aspectos da cognição humana que tradicionalmente não são associados à linguagem, o nível sintático se caracteriza por ser independente dos outros níveis de estrutura gramatical, como o nível fonológico e o nível semântico. Nesse sentido, quando construímos frases, estamos utilizando, pelo menos em essência, mecanismos sintáticos inatos, que pouco têm a ver com questões relacionadas aos significados que elas veiculam.

A hipótese da autonomia da sintaxe tem relação com uma abordagem matemática das línguas. O gerativismo, tendo base racionalista, busca na matemática – que é uma forma de razão transcendental – a descrição dos processos mecânicos de manipulação de símbolos abstratos que se refletem na sintaxe das línguas. Em termos mais gerais, a linguagem é vista como um sistema formal interpretado no sentido lógico, isto é, as expressões são construídas por um sistema de regras exclusivamente formais que são posteriormente investidas de significação.

Muitos pesquisadores se posicionaram contra essa tradição. Entre eles podemos citar linguistas como George Lakoff e Charles Fillmore, cujas reflexões referentes à estrutura semântica das línguas acabaram levando a um questionamento dos pressupostos gerativistas e abrindo caminho para uma nova abordagem do fenômeno da linguagem. Recentemente, os linguistas que seguem essa nova tendência têm utilizado termos como "cognitivo" ou "cognitivista" para designar seu modo de analisar as línguas.

Para que possamos compreender a proposta teórica da chamada *linguística cognitiva*, é importante que analisemos alguns de seus princípios básicos.

Repensando a questão da modularidade

Inicialmente é importante registrar que a principal crítica que os cognitivistas fazem à tradição gerativista não se refere à hipótese do inatismo. Os humanos parecem possuir estruturas e habilidades inatas que os capacita a aprender e usar uma ou mais línguas, embora seja extremamente difícil distinguir de modo categórico o que é inato do que é aprendido. A crítica recai principalmente sobre a proposta de que essas estruturas e habilidades são específicas da linguagem.

Segundo os cognitivistas, a linguagem não constitui um componente autônomo da mente, ou seja, não é independente de outras faculdades mentais. Sua proposta teórica, portanto, busca uma visão integradora do fenômeno da linguagem com base na hipótese de que não há necessidade de se distinguir conhecimento linguístico de conhecimento não linguístico.

Mas que implicações advêm da proposta de não separar o conhecimento linguístico do não linguístico? Em primeiro lugar, podemos dizer que as línguas não podem ser explicadas apenas por mecanismos formais autossuficientes. Ao contrário, é fundamental levar em consideração os processos de pensamento subjacentes à utilização de estruturas linguísticas e sua adequação aos contextos reais nos quais essas estruturas são construídas.

Em termos mais específicos, podemos dizer que, de um modo geral, a proposta cognitivista leva em conta aspectos relacionados a restrições cognitivas que incluem a captação de dados da experiência, sua compreensão e seu armazenamento na memória, assim como a capacidade de organização, acesso, conexão, utilização e transmissão adequada desses dados. É importante aqui registrar que esses aspectos somente se concretizam socialmente, ou seja, não refletem apenas o funcionamento de nossa mente como indivíduos, mas como seres inseridos em um ambiente cultural. Em outras palavras, segundo essa visão teórica há uma relação sistemática entre linguagem, pensamento e experiência.

Isso nos leva a um outro aspecto da proposta cognitivista, que incorpora os fenômenos referentes à interação social. Esse outro aspecto de cunho social leva alguns autores a acrescentar ao vocábulo designativo dessa escola linguística o elemento socio-, criando o termo "sociocognitivismo"[1]. Esse termo enfatiza a importância do contexto nos *processos de significação* e o aspecto social da cognição humana. Mais do que isso, focaliza a linguagem como uma forma de ação, ou seja, através da linguagem comentamos, oramos, ensinamos, discursamos, informamos, enfim, enquadramo-nos nos milhares de papéis sociais que compõem nossa vida diária.

A expressão "processos de significação" foi empregada no parágrafo anterior com o objetivo de frisar que na concepção cognitivista não há significados prontos, mas mecanismos de construção de sentidos a partir de dados contextuais essencialmente ricos e dinâmicos. Em outras palavras, os significados não são elementos mentais únicos e estáveis, mas resultam de processos complexos de integração entre diferentes domínios do conhecimento.[2]

O processo de categorização da realidade é um bom exemplo de como isso acontece. Cognitivistas como Gilles Fauconnier e Mark Turner ressaltam que a mais simples das atividades do nosso dia a dia como, por exemplo, reconhecer que um objeto é uma xícara de café, implica associar, ao mesmo tempo, representações visuais e táteis de sua forma, a temperatura, o odor e o gosto do café, e também o modo como esse objeto é manuseado e utilizado. Todas essas representações são recriadas em regiões diferentes do cérebro a cada momento em que ouvimos essa expressão.

A abordagem formal que caracteriza a linguística gerativa nos leva a pensar que os elementos da nossa vida mental são primitivos formais, quando, na verdade, constituem o produto de um trabalho imaginativo da mente humana. Não é a forma dos objetos que causa a percepção de uma unidade: nosso cérebro e nosso corpo dão a eles esse *status*, do mesmo modo que o sentido de um quadro não está no quadro em si, mas na interpretação que fazemos dele. Assim nós dividimos o mundo, criando categorias associadas à nossa condição de seres humanos para que possamos manipulá-las em nossas vidas humanas. Esse nosso modo de interagir com a realidade que nos cerca é o resultado de bilhões de anos de evolução e alguns meses de treinamento durante a infância.

Da mesma forma que os objetos, as atividades recebem categorização. Gestos simples de nosso dia a dia podem apresentar significações diferentes. Um mesmo gesto de movimentar um objeto na direção de um interlocutor pode ser visto como ato de empréstimo, de doação, de aproximação do objeto para que o interlocutor veja melhor algum detalhe de sua estrutura, de repulsa em relação a esse objeto e assim por diante. Essa interpretação do gesto é um fato eminentemente sociocultural e provém de nossa capacidade de compreender as intenções que estão por trás desses gestos.

Isso está associado ao que os cognitivistas chamam de "princípio da escassez do significante". Segundo esse princípio, a forma linguística é uma pista para as complexas tarefas cognitivas associadas à linguagem. Ou seja, o sentido não constitui uma propriedade intrínseca da linguagem, mas o resultado de uma atividade conjunta – que pressupõe cooperação – associada a operações de projeção e transferência entre domínios. Os conceitos de "domínio" e de "projeção" serão apresentados mais detalhadamente no decorrer do texto.

Se esses aspectos cognitivos e interativos estão associados ao funcionamento das línguas, podemos dizer que a formação de frases em qualquer língua recebe influência desses fatores. Ou seja, a visão integradora da linguagem proposta pelos cognitivistas se manifesta também na hipótese de que léxico, morfologia e sintaxe são uma espécie de *continuum* de unidades simbólicas que se subordinam à estrutura conceptual para fins comunicativos. Consequentemente, podemos dizer que os cognitivistas consideram incoerente o tratamento da estrutura gramatical como algo dissociado do significado, assim como a segmentação da estrutura gramatical em componentes discretos e isolados. Em outras palavras, eles não concordam com a hipótese da autonomia da sintaxe.

O caráter interacional da construção do significado

A linguística cognitiva propõe uma mudança de perspectiva no estudo da linguagem, colocando os usuários da língua no centro da construção do significado. Ou seja, a busca da compreensão do fenômeno da significação impossibilita a exclusão dos principais personagens desse processo: o falante e o ouvinte. O falante não é mais visto como um mero manipulador de regras preestabelecidas, mas como um produtor de significados em situações comunicativas reais nas quais interage com interlocutores reais.

Desse modo, fenômenos característicos do uso da língua passam a ter maior importância para a compreensão do fenômeno da linguagem. Para os cognitivistas, a gramática de uma língua constitui um conjunto de princípios dinâmicos os quais, nas palavras do linguista Ronald Langacker, se associam a rotinas cognitivas que são moldadas, mantidas e modificadas pelo uso. Mais do que isso, para os cognitivistas, a comunicação é uma atividade compartilhada, ou seja, implica uma série de movimentos feitos em conjunto pelos interlocutores em direção à compreensão mútua. Isso quer dizer que a significação é negociada pelos interlocutores em situações contextuais específicas, o que torna possível que os elementos linguísticos se adaptem às diferentes intenções comunicativas, apresentando flutuações de sentido, como, por exemplo, as que caracterizam as metáforas como as que apresentaremos mais adiante.

O pensamento corporificado

Como foi mencionado anteriormente, a análise cognitivista, com sua visão integradora do fenômeno da linguagem, leva em conta a captação dos dados da experiência para a construção da significação referente ao nosso universo cultural. Mas como se dá esse processo? Como nos relacionamos culturalmente com o ambiente em que vivemos?

A resposta a essa pergunta obviamente não é simples. Entretanto, podemos postular, como fazem alguns cognitivistas, que nosso primeiro contato com o mundo se dá através dos nossos sentidos corporais, e a partir daí algumas extensões de sentido são estabelecidas. Segundo esse ponto de vista, nossa estrutura corporal é extremamente importante, já que a percepção que temos do mundo é limitada por nossas características físicas. A mente, portanto, não é separada do corpo. Ao contrário, o pensamento é *corporificado*[3] no sentido de que a sua estrutura e sua organização estão diretamente associadas à estrutura de nosso corpo, bem como às nossas restrições de percepção e de movimento no espaço.

Para melhor compreender essa hipótese, tomemos uma parte de nosso corpo: a *cabeça*. É interessante lembrar que a grande maioria dos órgãos dos sentidos – boca, nariz, olhos – localizam-se na parte frontal da cabeça. Por esse e por vários outros motivos, é difícil escapar à conclusão de que somos seres feitos para andar para frente.

Entre as consequências desse fato no modo como organizamos nosso pensamento, podemos citar o fato de que nos habituamos a pensar situações da nossa vida que já vivenciamos e que ainda vamos vivenciar, em termos, respectivamente, de lugares pelos quais já passamos e de locais à nossa frente a que ainda pretendemos chegar. Um exemplo interessante são os usos de elementos com valores originalmente espaciais para formar expressões temporais que o trecho a seguir apresenta:

> Cem anos *atrás*, o mundo era bem diferente. Portanto, podemos esperar que *daqui para frente* as coisas continuem mudando.

Podemos notar que as expressões originalmente espaciais "atrás" e "daqui para frente" estão sendo utilizadas no exemplo não para se referir a pontos no espaço, mas a momentos no tempo. É interessante registrar que esse tipo de fenômeno não se restringe à língua portuguesa, o que dá a esse processo um caráter de universalidade.

Os cognitivistas associam esse tipo de fenômeno à hipótese de que a experiência humana mais básica, que se estabelece a partir do corpo, fornece as bases de nossos sistemas conceptuais. Em termos mais específicos, de acordo com as características de nosso corpo, nós andamos para frente e nos habituamos a pensar os pontos da paisagem que vamos deixando para trás na medida em que nos movimentamos, em termos de tempo passado. Por outro lado, os pontos que estão à nossa frente e que ainda vamos atingir servem de referência para a expressão do futuro.

Isso significa que nós compreendemos o tempo, que é uma noção mais abstrata, a partir de uma noção mais básica, que é a noção de espaço. Podemos estender esse processo para outros domínios do conhecimento, propondo que, de um modo geral, os conceitos abstratos são inerentemente metafóricos já que refletem movimentos dessa natureza, que, como veremos mais adiante, constituem o que se convencionou chamar de *projeção entre domínios*.

Segundo os cognitivistas, essas relações associativas somente são possíveis pela existência prévia de um processo cognitivo chamado *mesclagem*, o qual estabelece uma conexão entre diferentes domínios conceptuais, ou seja, diferentes conjuntos de conhecimentos pré-linguísticos que são estruturados por nossas experiências coletivas ou individuais.

É interessante notarmos como esse processo de extensão de sentidos na direção de noções mais abstratas se reflete na construção das frases. Os exemplos a seguir ilustram isso:

a) O ministro foi *para* São Paulo.
b) O ministro adiou a entrevista *para* o dia seguinte
c) O ministro elaborou o relatório *para* mudar a opinião do presidente.
d) O ministro entregou o relatório *para* o presidente.

Analisemos a presença da preposição "para". Preposições são elementos de valor gramatical, ou seja, sua função, em termos sintáticos, é basicamente a de estabelecer uma relação entre dois termos da frase. Entretanto, há questões semânticas interessantes envolvidas nos usos dessa preposição nos exemplos.

A preposição "para" originalmente designa movimento em direção a um ponto no espaço: é o que se vê no exemplo (a), em que o ponto de chegada no espaço é o estado de São Paulo. No exemplo (b), podemos notar que essa mesma preposição passa a indicar movimento no tempo: "para o dia seguinte". Temos aqui mais um exemplo de como noções temporais são extensões de valores espaciais. Mas os usos mais interessantes estão nos exemplos (c) e (d). Em (c), a preposição "para" é utilizada para unir duas orações, fazendo da segunda a finalidade ou objetivo do que está expresso na primeira. Em outras palavras, o ponto de chegada, nesse exemplo, não é mais um ponto no espaço ou no tempo, e sim uma reação de outra pessoa causada pelo que está expresso na primeira frase: uma *finalidade*. Já no exemplo (d), a preposição "para" se justifica pelo movimento que um objeto ("relatório") realiza em direção à pessoa que o recebe ("presidente"). Esses exemplos sugerem que essas relações sintáticas são estruturadas em termos de relações espaciais, ou, ampliando mais o campo de visão, que aspectos semânticos estão associados à construção sintática, o que põe em xeque a hipótese gerativista da autonomia da sintaxe.

A organização do conhecimento

Enfatizar a importância do corpo e das restrições que ele impõe ao modo como experienciamos o mundo implica admitir a importância da noção de perspectiva no processo de significação e expressão do mundo. Os cognitivistas tomam os sentidos como sendo *entidades conceptuais*, e as palavras e as estruturas da língua como recursos para simbolizar a construção que o falante faz de cenas ou fatos da vida cotidiana. A construção de uma cena envolve sempre uma relação entre um falante (ou um conceptualizador) e uma situação que ele toma em consideração.

Toda informação é posicionada, no sentido de que, normalmente, não falamos a respeito do que o mundo é, mas da visão que temos dele. Ou seja, os conceitos humanos associam-se à época, à cultura e até mesmo a inclinações individuais caracterizadas no uso da linguagem. Incorpora-se, portanto, ao processo de significação o sujeito, ou seja, a perspectiva de quem produz no discurso. Isso reforça o que já dissemos anteriormente, quando mencionamos a centralidade do sujeito na construção do significado.

Os elementos linguísticos possuem a função de garantir a perspectiva que o falante quer transmitir no ato comunicativo. Nesse sentido, os cognitivistas propõem, por exemplo, noções como "ponto de vista", "alinhamento de figura e fundo" e "conhecimento de base em relação ao qual o conhecimento é compreendido".

A noção de *ponto de vista* relaciona-se com as diferentes possibilidades de o falante realizar mentalmente a cena. Os exemplos que seguem ilustram essa questão:

a) O caminho para *dentro* da floresta é tortuoso.
b) O caminho para *fora* da floresta é tortuoso.

O que diferencia essas duas frases é o modo como o falante conceptualiza o referente. As expressões "caminho para dentro da floresta" e "caminho para fora da floresta" designam a mesma entidade, a diferença está no movimento mental que o conceptualizador faz da cena, ou seja, como ele vê mentalmente o sentido da trajetória.

Por outro lado, a noção de *alinhamento de figura e fundo* diz respeito à maior proeminência que nós atribuímos a um dos elementos de uma cena, colocando-o em primeiro plano de nossa atenção, ou seja, em *figura*. Nesse sentido, não é difícil compreender a diferença entre as expressões apresentadas a seguir:

a) O quadro que está sobre o sofá.
b) O sofá que está sob o quadro.

As duas frases designam a mesma cena. A diferença está em qual das entidades envolvidas é apontada como primeiro ponto de atenção ou *figura* e qual é representada como segundo plano ou *fundo*.

Com relação à noção de *conhecimento de base em relação ao qual o conceito é compreendido*, é interessante falarmos um pouco mais. A linguagem é um instrumento cognitivo que tem como função organizar e fixar a experiência humana. Desse modo, os significados só podem ser descritos com base nessas experiências, assim como no conjunto de conhecimentos delas provenientes. Um exemplo disso é o termo "joelho", que não pode ser compreendido sem a necessária referência à concepção do que é uma "perna", de como ela se estrutura, de como se movimenta e, de um modo geral, de como ela funciona. Sendo compreendida como uma parte de um todo, a palavra "joelho" necessariamente ativa uma estrutura de conhecimentos subjacentes pertencente a algo mais amplo. Em outras palavras, "perna" atua como domínio cognitivo de "joelho".

Subjacente a esses fenômenos está a noção de *enquadre* ou *enquadramento*. Por *enquadre* entende-se a base do conhecimento em relação à qual se impõe uma determinada mobilização atencional. O efeito do enquadre é colocar em foco determinados aspectos do significado que se quer transmitir e, consequentemente, deixar em segundo plano outros aspectos que podem ser inferidos a partir da informação transmitida.

Os *domínios conceptuais*, ou conjuntos de conhecimentos estruturados, são espaços de referenciação[4] ativados quer por formas linguísticas, quer pragmaticamente, ajudando a construir, assim, os significados. São de duas naturezas:

a) Domínios estáveis

São conjuntos de conhecimentos armazenados na memória pessoal ou social, que se constituíram historicamente como uma herança da espécie humana, ou seja, é um conjunto de informações que o homem aprendeu a partilhar. É importante compreendermos que qualquer transmissão de informação implica trazer da memória esses conhecimentos.

Os chamados domínios estáveis subdvidem-se em três tipos: *modelos cognitivos idealizados*, *molduras comunicativas* e *esquemas imagéticos*. Comecemos falando do conceito de modelo cognitivo idealizado (MCI).

Os *modelos cognitivos idealizados* são estruturas através das quais nosso conhecimento se organiza. Têm importância fundamental para a cognição humana no sentido de que aliviam a memória, organizando a imensa quantidade de informações adquiridas no nosso dia a dia. Para que possamos compreender a noção de MCI, tomemos o termo "domingo": qual é o sentido desse termo? A resposta a essa pergunta envolve o conceito de "semana", já que domingo é o primeiro dia da semana. Ou seja, o termo "domingo" implica a criação de um ciclo determinado pelo movimento do sol que indica o fim de um dia e o início de outro, caracterizando-se por uma sequência de sete dias, assim como implica a nossa experiência diária ao longo desses sete dias. É importante ressaltar que essa divisão do tempo em termos de semanas de sete dias – assim como em meses e anos – é uma convenção humana, tendo, portanto, fundamento cultural. Em outras palavras, a semana de sete dias constitui o domínio semântico – ou o MCI, como veremos adiante – em relação ao qual o termo "domingo" é normalmente compreendido. Do mesmo modo, a concepção do que é uma "perna", como mencionamos anteriormente, atua como domínio cognitivo de "joelho", e o espaço tridimensional é o domínio em relação ao qual são entendidos termos como "acima" e "abaixo".

Já as *molduras comunicativas* constituem estruturas de conhecimento relacionadas a formas organizadas de interação. Caracterizam-se por um conjunto de procedimentos que identificam um tipo de atividade social: uma aula, uma reunião, uma conversa casual típica do nosso dia a dia, ou seja, atividades que implicam comportamentos estabelecidos em que cada participante possui um papel previamente determinado.

Tomemos como exemplo uma aula de linguística em uma universidade. Nessa situação temos um professor que, provido do saber necessário, faz uso quase exclusivo da palavra para transmitir aos alunos seu conhecimento e que, dotado de autoridade, dá ao aluno a palavra no momento em que ele acha conveniente, podendo repreendê-lo caso o seu comportamento não seja adequado ao que se espera dessa situação de interação. Assim, não cabe ao professor falar de seus problemas pessoais, virar cambalhotas ou tomar qualquer atitude que não seja adequada ao contexto da sala de aula. Por outro lado, ao aluno cabe ouvir e absorver as informações dadas pelo professor, sem interrompê-lo. Para se manifestar, o aluno deverá fazer algum sinal, como levantar a mão, e, após o consentimento do professor, utilizar a palavra para fazer perguntas que melhorem sua compreensão do assunto da aula, e não para contar uma piada, por exemplo.

Esses comportamentos são estabelecidos culturalmente e, é claro, nem sempre são tomados de modo radical, de maneira que os indivíduos muitas vezes se permitem uma certa liberdade em relação a essas regras. Entretanto, essas convenções são importantes, já que constituem molduras comunicativas partilhadas em nossa comunidade ou cultura que nos permitem identificar o que está acontecendo naquele momento e saber exatamente qual o comportamento consensual desejado.

Essas molduras comunicativas possuem um caráter histórico e são construções resultantes da cristalização consensual de comportamentos negociada por grupos sociais. Mas o mais importante é compreender que as molduras comunicativas funcionam cognitivamente como instrumentos indispensáveis à construção dos significados. Para compreender isso, basta pensarmos na pergunta "Como você tem passado?", dita por um médico em uma interação médico-paciente dentro de um consultório, por exemplo, ou por um transeunte que cruza com uma pessoa conhecida na rua. Não apenas o sentido da frase é diferente, como a expectativa de resposta é totalmente distinta: não se espera, por exemplo, que a pessoa conhecida, em resposta àquela pergunta, pare no meio da rua para contar seus problemas de saúde.

Os *esquemas genéricos* são configurações conceptuais de natureza mais ampla, global, abstrata, e, portanto, mais flexíveis em suas aplicações. Eles se relacionam ao processamento de fluxos muito heterogêneos de informação, pois são estruturas que organizam o nosso pensamento, projetando-se nos usos diários que fazemos da linguagem.

Entre os esquemas genéricos estão os chamados esquemas imagéticos. Para compreendermos o que são esses esquemas, devemos nos lembrar de que grande parte do nosso conhecimento não é estático. É estruturado por padrões dinâmicos, não proposicionais e imagéticos dos nossos movimentos no espaço, da nossa manipulação dos objetos e de interações perceptivas.

As relações espaciais constituem um esquema imagético que serve de base para uma série de outras representações, como vimos nos exemplos envolvendo a preposição "para" apresentados anteriormente.

Entre os esquemas imagéticos mais frequentes e linguisticamente realizados de muitas variadas maneiras estão os seguintes: *contentor* (ou contêiner) ou *recipiente, origem-percurso-destino, percurso* (ou caminho), *elo* (*link*), *força, equilíbrio* (ou balança), *bloqueio, remoção, contraforça, compulsão, parte-todo, centro-periferia, em cima-embaixo, à frente-atrás, dentro-fora, perto-longe, contato, ordem linear*. Os esquemas imagéticos não existem como entidades individuais e isoladas, mas ligam-se entre si através de *transformações de esquemas imagéticos* (*image-schema transformations*). Cada *transformação de esquema imagético* reflete, pois, aspectos importantes da experiência humana (sobretudo corporal) visual, auditiva ou sinestésica.

b) Domínios locais

Os domínios locais recebem o nome de *espaços mentais* e constituem operadores do processamento cognitivo, ou seja, têm um caráter dinâmico e sequencial, já que são produzidos na medida em que falamos. Esses espaços mentais são domínios dinâmicos estruturados internamente por domínios estáveis, o que significa que são elementos que suscitam aspectos do conhecimento compartilhado entre os interlocutores em um determinado ponto do discurso.

Por outro lado, os espaços mentais são ativados através de conectores, chamados *construtores de espaços mentais*,[5] que no nível gramatical podem assumir estrutura de conectivos, de sintagmas preposicionais ou adverbiais, de orações, entre outras possibilidades, criando diferentes tipos de espaço. Vejamos um exemplo:

No filme, a atriz loura tem cabelos escuros.

No exemplo acima, o sintagma preposicional "no filme" indica a situação ou espaço mental em que o restante da frase deve ser interpretado. Ou seja, constrói um espaço mental – que poderíamos caracterizar como *espaço de drama* – em que a atriz loura tem cabelos escuros, o que difere do espaço da realidade em que a frase seria contraditória. Eis outros exemplos de construtores de espaços mentais:

Modelo cultural: *Na novela*, o ator brasileiro é americano.
Imagem: *Na fotografia*, Brad Pitt está feio.
Lugar: *No Brasil*, as pessoas não falam inglês.
Tempo: *Quando eu era pequeno*, eu gostava de assistir desenho animado.
Hipótese: *Se ele estivesse aqui*, certamente saberia como agir.

Em todos os exemplos acima, os elementos em itálico expressam o espaço em que a informação passada no resto da frase deve ser tomada como verdadeira.

O princípio de projeção

A construção do sentido implica, como já vimos, o estabelecimento de conexões entre domínios cognitivos. Essas conexões se dão através de um processo chamado *projeção*. Existem diferentes tipos de projeções:

a) *Projeções de domínios conceptuais estruturados ou MCIs* – projetam parte de um domínio em outro. As metáforas e as analogias exemplificam esse tipo de projeção. O processo de projeção consiste em tomar a estrutura de um determinado domínio (chamado domínio-fonte) para falar ou pensar outro domínio (chamado domínio-alvo). Ilustra bem esse fenômeno o exemplo mencionado anteriormente: "Cem anos *atrás*, o mundo era bem diferente. Portanto, podemos esperar que *daqui para frente*, as coisas continuem mudando". Nesse caso, os elementos "atrás" e "daqui para frente", que originalmente expressam noções relativas ao espaço (domínio-fonte), no contexto, são usados para a expressão do tempo (domínio-alvo). Temos aí a *metáfora do tempo como espaço*.

Outra metáfora interessante nesse aspecto é a metáfora *comunicar é enviar*. Segundo Lakoff, através dessa metáfora, as ideias (comparadas a objetos) são inseridas pelo falante dentro de palavras (comparadas a recipientes), que são enviadas através de algum canal para um ouvinte. Por sua vez, o ouvinte retira de dentro das palavras/ recipientes essas ideias/objetos. Essa metáfora propicia construções do tipo:

a) Vou tentar passar minha ideia para você.
b) Ele me enviou umas palavras de carinho.
c) O deputado não recebeu bem as palavras do ministro.
d) Não sei como colocar isso em palavras.
e) Você só utiliza palavras vazias.
f) Estas são palavras sem conteúdo.

Nesses casos, os domínios podem ser sistematizados da seguinte maneira:

Domínio-fonte	**Domínio-alvo**
ENVIAR	COMUNICAR
Remetente Destinatário Recipiente Objetos	Falante Ouvinte Palavras Ideias
MCI	MCI

Lakoff apresenta vários exemplos como esse, demonstrando que a metáfora, longe de ser um mero recurso poético, é uma constante em nossa linguagem cotidiana e está enraizada no nosso sistema conceptual ordinário segundo o qual pensamos e agimos.

b) *Projeções de funções pragmáticas* – projetam um domínio em outro a ele relevante em consequência de uma relação estabelecida localmente por uma função de caráter pragmático. Esse tipo de projeção é característico das metonímias e desempenha um papel importante na organização do nosso conhecimento, provendo meios de identificar elementos de um domínio através de sua contraparte em um outro domínio. Vejamos um exemplo:

Joana nunca leu Machado de Assis.

No exemplo, há uma relação entre o autor do livro e sua obra. Ou seja, o que Joana nunca leu não é o autor, mas os livros que compõem sua obra. Esse típico exemplo de metonímia é representado através do esquema abaixo:

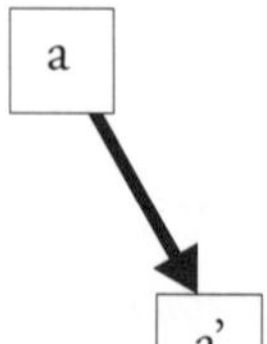

a: Machado de Assis: autor de livro

a': livro

Esse esquema implica a atuação de um *princípio da identificação*, que vai permitir que se estabeleça a relação entre a entidade *a*, chamada de *gatilho* por prover a fonte da relação, e sua contraparte *a'*, chamada de *alvo*.

Podemos ver outros exemplos desses fenômenos nas frases a seguir:

a) Deixei meu Aurélio em casa.
b) Ele bebeu uma garrafa inteirinha.

No primeiro exemplo, temos novamente a relação entre livro (dicionário) e autor (Aurélio) e, no segundo, entre o conteúdo (bebida) e o continente (garrafa). Em todos esses casos, nosso conhecimento de mundo, juntamente com informações contextuais mais localizadas, fornecem os dados necessários para que o princípio da identificação atue, estabelecendo a relação entre as entidades gatilho e alvo.

c) *Projeções entre espaços mentais* – a partir do contexto discursivo e situacional, construímos os significados através de uma rede de espaços mentais, operando um sistema de referenciação entre domínios cognitivos responsável pela compreensão e produção dos significados. Quando se insere um introdutor de espaços mentais no discurso, estabelece-se uma conexão entre diferentes espaços de referenciação.

Como já foi visto anteriormente, a projeção de um domínio sobre outro é feita através do *princípio de identificação*. No caso dos espaços mentais, essa projeção é propiciada pelos construtores de espaços mentais com a consequente construção de um novo significado. Tomemos como exemplo a frase:

A vida tem a cor que você pinta.

Nessa frase, a vida é projetada como uma tela, fazendo-nos ativar um espaço mental em que temos a pintura e outro espaço mental em que temos a vida. Há uma projeção entre os elementos desses dois espaços, e da relação analógica entre eles é construído um espaço-mescla em que pintura e vida se integram. Dessa rede de espaços, projeções e integrações surgem várias interpretações das relações entre pintura/vida, dentre as quais podemos citar a ideia de que a vida é vista de várias perspectivas e que nós somos os seus autores, imprimindo-lhe o colorido que quisermos.

Mesclagem

Segundo os cognitivistas, relações associativas como as apresentadas na seção anterior são possíveis pela existência prévia do processo de *mesclagem*, o qual estabelece uma conexão entre diferentes domínios conceptuais, ou seja, diferentes conjuntos de conhecimentos pré-linguísticos que são estruturados por nossas experiências coletivas ou individuais.

A teoria dos espaços mentais desenvolvida por Gilles Fauconnier na década de 1980 permitiu que se analisasse, de modo mais sistemático, o processo de projeção entre bases de conhecimento, projeto cujo desenvolvimento desembocou na noção de *mesclagem* (correspondente português ao termo inglês *blending*).

O conceito de mesclagem é definido pelo referido autor como o espaço que herda estruturas parciais de espaços denominados *fonte* e que possui uma estrutura emergente própria. Logo, o *espaço-mescla* surge a partir da composição de elementos provenientes de um esquema genérico, dos MCIs ativos e dos espaços mentais locais.

Assim, um enunciado ativa domínios conceptuais sobre os sentidos que veicula. Dependendo do que é referido, múltiplos domínios podem ser ativados, e informações são transferidas dessas estruturas cognitivas para a construção de novos significados na linguagem. Esses novos significados "mesclam" informações dos domínios dos quais partiram. Logo, o enunciado resultante dessas combinações é pré-organizado na mente pelo processo cognitivo de mesclagem.

O processo da mesclagem, portanto, implica a conexão de pelo menos quatro domínios: dois espaços-fonte (EF 1 e 2), um esquema genérico (EG), que define a homologia entre eles, possibilitando assim a migração parcial da informação para o espaço-mescla resultante.

Apresentamos a seguir, a título de exemplificação, como se configuram as relações que se efetivam na pré-organização das mesclagens:

A floresta amazônica é o pulmão do mundo.

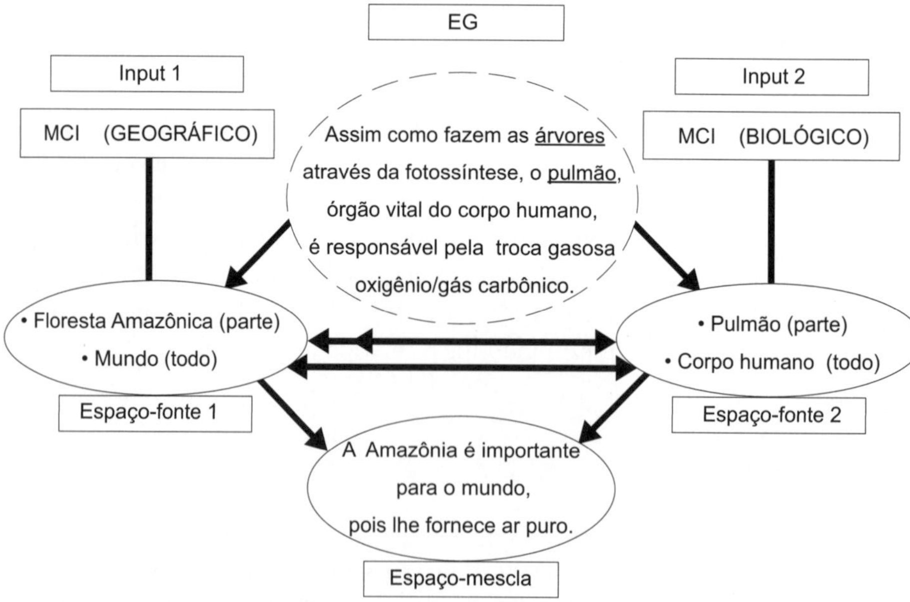

Na *mesclagem*, podem-se perceber as visões distintas que se combinaram na estruturação do espaço que emerge para pré-organizar o enunciado mesclado: "floresta"

e "pulmão" ativam dois MCIs – o geográfico e o biológico. Cria-se, então, um espaço genérico (EG) com estrutura mais abstrata que é compartilhada por ambas as fontes e mais dois outros espaços-fonte (EF), um criado a partir do MCI geográfico e outro, do MCI biológico. Importando somente o que é relevante de cada EF, temos o espaço-mescla resultante da projeção entre os EFs.

Exercícios

1) É muito comum, na linguagem do dia a dia a criação de expressões de sentido abstrato a partir de termos designativos de partes do nosso corpo. São exemplos disso expressões como "dar uma *mãozinha*" (= oferecer ajuda) e "ser o *cabeça* do grupo" (= ser o líder). Encontre outros exemplos de expressões formadas a partir de partes do corpo humano, apresentando também seu significado.

2) Indique os marcadores de espaços mentais nas frases a seguir:

    a) Na novela, a moça de cabelos castanhos era loura.

    b) No retrato, a moça de cabelos castanhos era loura.

    c) Em 1998, a moça de cabelos castanhos era loura.

    d) Paulo acha que a moça de cabelos castanhos era loura.

3) Lakoff fala em *metáforas orientacionais*, que organizam todo um sistema de conceitos a partir de orientações espaciais do tipo "para cima/para baixo", "frente/trás", "dentro/fora", entre outros casos. Essas orientações são também consequentes da estrutura do nosso corpo e sua atuação no mundo físico. São exemplos desse fenômeno as seguintes frases que contêm metáforas do tipo: FELIZ É PARA CIMA; TRISTE É PARA BAIXO

    Ex. a) Ele é um cara *para cima.*

    b) Ele tem estado *pra baixo* esses últimos dias.

    c) Pensar em dinheiro *levanta* o meu astral.

    Crie exemplos em que apareçam informações associadas aos termos "frente" e "trás".

4) Uma metáfora comum em várias línguas é a metáfora DISCUSSÃO É GUERRA. As frases abaixo exemplificam esse caso:

    a) Seus argumentos são indefensáveis.

    b) Destruí sua argumentação.

Crie outros exemplos que exemplifiquem essa metáfora.

Notas

[1] O termo também aparece grafado como "sociocognitivismo".

[2] A visão dinâmica e interativa do significado se deve, sobretudo, às inovações de Giles Fauconnier, que introduziu a teoria dos espaços mentais e a noção de mesclagem nos Estados Unidos. No Brasil essa visão foi implantada através da proposta sociocognitivista de Margarida Salomão.

3 Alguns autores preferem o termo "encarnado", que parece passar também a ideia de que o falante não deve ser visto como algo idealizado, mas como ser real, inserido no ambiente cultural em que atua.

4 Turner propõe que as expressões linguísticas, por si só, não possuem significado, pois são sinalizações para que o homem possa construir significados a partir do que ele já conhece e dos poderosos processos cognitivos que são acionados por ele. Um *processo de referenciação* parte do conhecimento da realidade, do mundo, captáveis por uma forma de cognição, de compreensão e interpretação do discurso.

5 Alguns autores preferem utilizar a expressão "introdutores de espaços mentais". Optamos, portanto, pela utilização do termo "construtores de espaços mentais" por ser uma tradução mais fiel ao termo inglês *space builders*, termo de Fauconnier (1997).

Linguística textual

Mariangela Rios de Oliveira

Ao contrário dos capítulos antecedentes, que apresentam e descrevem distintas abordagens linguísticas com base em distintos enfoques teóricos, ou seja, em variadas concepções de linguagem, vamos, a partir de agora, tratar de um ramo dos estudos linguísticos que se caracteriza pelo escopo de sua investigação, pelo objeto que toma como unidade de foco analítico – o texto. Nessa forma de tratamento, cujo material de análise também é compartilhado com outras abordagens, os propósitos são outros, uma vez que o que está em jogo agora é a observação das relações textuais em seus variados matizes e interseções.

A linguística textual começou a se desenvolver na Europa no século XX, durante a década de 1960, e a partir daí se disseminou; no Brasil, conta com expressivo número de pesquisadores.[1] Trata-se, portanto, de uma abordagem relativamente recente se comparada, por exemplo, à obra de Saussure, que data do início do século XX. A linguística textual representa um momento em que se procura a superação do tratamento linguístico em termos de unidades menores – palavra, frase ou período – no entendimento de que as relações textuais são muito mais do que um somatório de itens ou sintagmas – nessa perspectiva, dois mais dois é mais que quatro.

Um dos maiores desafios para a linguística textual é exatamente definir seu objeto de análise – o texto. Fávero e Koch (1994) apresentam-no em uma multiplicidade de conceituações, partindo de um enfoque bastante amplo, na base da concepção de texto como toda e qualquer forma de comunicação fundada num sistema de signos (como um romance, uma peça teatral, uma escultura, um ato religioso, entre outros), e chegando a uma definição mais estrita. Nessa última definição, o conceito de texto se refere a uma unidade linguística de sentido e de forma, falada ou escrita, de extensão variável, dotada de "textualidade", ou seja, de um conjunto de propriedades que lhe conferem a condição de ser compreendido pela comunidade linguística como um texto. Assim, podemos dizer que o texto é a unidade comunicativa básica, aquilo que as pessoas têm a declarar umas às outras. Essa declaração pode ser um pedido, um relato, uma opinião, uma prece, enfim, as mais diversas formas de comunicação. Neste capítulo estamos partindo do sentido estrito da conceituação de texto.

A seguir, apresentamos as propriedades mais salientes e relevantes que têm sido apontadas em termos de textualidade, de acordo com Beaugrande e Dressler (1981). Por motivos meramente didáticos, essas propriedades encontram-se distribuídas em dois grandes rótulos, já consagrados na área – *coesão* e *coerência*; na verdade, trata-se de faces da mesma moeda, uma vez que dizem respeito, respectivamente, às articulações de forma e de sentido construtoras da malha textual, articulações que, em geral, se sobrepõem, se interseccionam, numa verdadeira confluência funcional. Para ilustrar os comentários teóricos, utilizaremos dois textos, em versão falada e em sua correspondente escrita, componentes do "*Corpus* Discurso & Gramática – A língua falada e escrita na cidade de Niterói". Esses textos foram produzidos pela informante Eliane, do último período universitário, no final da década de 1990, sob forma de entrevista, a partir da seguinte proposta: "eu gostaria que você me narrasse uma história, que pode ser uma história triste ou alegre, que tenha ocorrido com alguém que você conhece, e que esse alguém contou para você":

FALA

"bom... eu lembrei agora não sei por que... de uma... de uma história assim um pouco... um pouco triste... né? de uma colega que estava trabalhando comigo... que eu não vou dizer o nome dela... é que ela tem problema de::/ ela tem uma assim/ muita timidez... então ocorreu um fato na vida dela... de separação dos pais... tal... e ela estava apaixonada por um rapaz... esse rapaz morreu atropelado... e ela tentou:: cortar... um dos pulsos... ela me contou assim::... eu:: fiquei tão::/ um pouco chocada... porque eu... assim... não conheci ninguém que já tenha... eh::... praticado assim/ tentando suicídio... entendeu? então eu fiquei muito chocada com isso... aí depois eu tive até que rir... porque ela contando.. né? como é que ela cortou o pulso... então ela cortou só um pulso... e numa linhazinha assim bem fininha... né? eu tive que rir... porque ((risos)) porque ela contando... estou crente que é uma coisa assim... aquele suicídio... aquela coisa assim for::te... mas ela cortou/ graças a Deus... cortou bem de leve o braço... então eu cheguei a rir... quer dizer... parecia ser uma história triste mas no final... deu tudo certo... ela/ não aconteceu nada com ela... foi uma pequena tentativa mas... que fracassou... graças a Deus..."

ESCRITA

"Certo dia, eu e uma colega de Faculdade conversávamos sobre alguns problemas existenciais. E em determinado momento da conversa, contou-me que sofreu muito na época em que seus pais estavam se separando, que tinha sido um processo muito doloroso para todos de sua família, e ela nunca soube lidar direito com esse problema.

No decorrer de sua adolescência, ela conheceu e se apaixonou por um menino que morava perto da casa de seu padrinho. E como a vida tem seus percalços, volta e meia, prega uma peça na gente, esse menino veio a falecer sendo vítima de um atropelamento. Parecia que a vida estava lhe roubando a melhor parte de sua própria vida.

Foi quando ela me contou que tentou cortar os pulsos, logo após o acontecido. Fiquei chocadíssima e perguntei-lhe mais detalhes sobre o ocorrido. Perguntei-lhe se havia tentado cortar os dois pulsos, ela olhou-me com um olhar meio enigmático que eu não consegui decifrá-lo. Disse-me que só havia cortado um dos pulsos e o corte foi de leve.

Senti um grande alívio e, ao mesmo tempo, uma vontade de rir, afinal, graças a Deus, a sua tentativa de suicídio não se configurou. Acabamos rindo e fazendo piadas da "triste" situação. Pedi-lhe que nunca mais ousasse repetir a dose."

Coesão

Esta propriedade, uma das mais fundamentais para o estabelecimento da textualidade, diz respeito à unidade semântico-sintática que deve marcar a produção textual. A coesão pode ser definida como o conjunto de estratégias de sequencialização responsável pelas ligações linguísticas relevantes entre os constituintes articulados no texto. Essas ligações podem ocorrer tanto no nível semântico, referentes aos sentidos veiculados, como no nível sintático, relativas às questões de ordenação desses constituintes. A coesão, pois, se obtém por intermédio da ativação do sistema léxico-gramatical.

Segundo Halliday e Hasan (1976), são cinco os mecanismos básicos de coesão textual:

a) Referência

Trata-se do relacionamento dos constituintes textuais com outros constituintes do texto ou não, numa correspondência necessária à interpretação e expansão dos sentidos articulados. A referência pode se processar no nível situacional, numa relação extralinguística – ou *exofórica* – ou nos limites do texto – denominada então de *endofórica*. Dos dois tipos de referência, a endofórica parece representar o modelo mais comum, sendo, inclusive, mais tratada e pesquisada pelos estudiosos da linguística textual.

A referência exofórica diz respeito à situação comunicativa, em que o referente está fora do texto. Em geral, trata-se de um tipo de relação coesiva recorrente em textos orais devido às condições de produção da fala, em que a situação comunicativa tem papel fundamental. Dentre os textos de Eliane, observamos apenas no início de sua fala uma referência desse tipo, quando ela diz "... eu lembrei agora não sei por que...", em que o advérbio "agora" refere-se ao momento em que o entrevistador faz a proposta da narrativa – horário, dia, mês e ano em que ocorre a entrevista.

Na remissão endofórica, o referente se situa no texto, podendo preceder ou suceder o item com o qual se relaciona. Tomemos as duas produções de Eliane; em ambas, temos a história da tentativa de suicídio de sua amiga. Assim, ao longo das narrativas falada e escrita, encontramos diversas referências a essa personagem principal, constantemente retomada pelos pronomes "(d)ela", "sua" e "lhe", por exemplo.

O tipo mais comum de referência endofórica é aquele em que a remissão ocorre por precedência, o que chamamos classicamente de *anáfora*. Procedimentos anafóricos garantem a unidade temática dos textos ao promoverem a manutenção dos sentidos referidos. Constituintes pronominais prestam-se especialmente a esse modo de referenciação. Voltemos aos textos de Eliane: na fala, após a menção da história "de uma colega que estava trabalhando comigo" já comentada, temos a sequência "e ela estava apaixonada por um rapaz... esse rapaz morreu atropelado... e ela tentou:: cortar... um dos pulsos... ela me contou assim::...", em que o pronome "ela" anaforicamente refere-se a "uma colega que estava trabalhando comigo". Na escrita, o mesmo tipo de referenciação se verifica: no início do segundo parágrafo, os pronomes "ela" e "seu/sua" remetem ao sintagma "uma colega de Faculdade: No decorrer de sua adolescência, ela conheceu e se apaixonou por um menino que morava perto da casa de seu padrinho". Como todos os comentários, tanto na fala como na escrita, giram em torno das dificuldades da amiga de Eliane, é natural e mesmo previsível que, por meio da anáfora, se mantenha tal remissão.

Quando a referência endofórica se articula numa conexão com o item subsequente, a nomeamos *catáfora*. Embora menos frequentes do que os procedimentos anafóricos, os mecanismos catafóricos contribuem de modo considerável para a coesão textual. Diferentemente da anáfora, a catáfora está a serviço da expansão temática, dos sentidos novos articulados na superfície textual. Nas produções de Eliane encontram-se alguns exemplos dessa articulação. Na fala, o sintagma "*uma* história assim um pouco... um pouco triste" prepara a cena para o que vai ser contado – a história dos problemas da amiga e o desfecho final, quase trágico – e, portanto, todo o relato refere-se a esse sintagma. Na escrita, logo no primeiro período, a sequência "problemas existenciais" cataforicamente inaugura o texto e a partir daí a referência dessa expressão será preenchida por intermédio da informação acerca da separação dos pais, da morte do rapaz por quem era apaixonada e, por fim, da tentativa de suicídio da amiga.

Os procedimentos de referenciação endofórica representam eficazes recursos de unidade e de sequenciação semântico-sintáticas. Anáfora e catafóra constituem faces da mesma moeda, responsáveis, respectivamente, pela manutenção e expansão do fluxo textual num jogo que organiza progressivamente informações recorrentes, já conhecidas pelos interlocutores, e outras novas, mencionadas pela primeira vez no texto. Num texto, por vezes o mesmo constituinte apresenta essa dupla função, como podemos observar com o "assim" no trecho citado "uma história assim um pouco... um pouco triste". Nesse fragmento, podemos dizer que o "assim" tem valor anafórico e catafórico já que remete ao nome antecedente "história" (anáfora) para lhe fazer a atribuição "um pouco triste" (catáfora).

b) Substituição

Consiste num tipo de remissão coesiva em que, distintamente da referenciação, o termo substituído não recupera totalmente o item a que se refere; na substituição, há uma certa matização dos sentidos então articulados, que pode se traduzir sob a forma de uma maior especificação, uma reorientação ou reavaliação. Em língua portuguesa, por exemplo, ao substituirmos "feliz" por "contente" ou "alegre" num fragmento textual, não estamos lidando com a mera troca de qualificadores, já que esses adjetivos, embora se aproximem em termos semânticos, não possuem equivalência absoluta de sentido. Esse comentário ilustrativo se aplica, em geral, às palavras tratadas como sinônimos. Dentre os recursos linguísticos utilizados nessa modalidade de coesão citam-se sintagmas nominais e mesmo sintagmas oracionais.

No texto oral de Eliane, a história da amiga anônima começa a ser mencionada pelo sintagma "uma história assim um pouco... um pouco triste". A partir daí, Eliane conta o ocorrido coesivamente. Esse sintagma inicial vai progressivamente sendo substituído por outros, que passam a atuar como formas correferentes a contribuir para a progressão narrativa; assim atuam os sintagmas "e ela tentou:: cortar... um dos pulsos"; "suicídio" e "ela cortou só um pulso", até a substituição final "foi uma pequena tentativa". Na escrita, verificamos a substituição coesiva na sequência "alguns problemas existenciais", que evolui textualmente, no segundo parágrafo, para "percalços" e "uma peça". Como declaramos no parágrafo anterior, esses sintagmas, nas duas modalidades da narrativa, não correspondem ou substituem totalmente os termos antecedentes, mas sim recuperam parte do conteúdo da referência inicial.

Devemos ressaltar que a substituição representa muito mais que questão de estilo individual. Trata-se de uma estratégia comprometida com a progressão informacional; representa uma expansão da forma – termos substituídos – correlata à expansão do sentido – conteúdos veiculados.

c) Elisão

Também chamada de *anáfora zero*, constitui um mecanismo de coesão em que a recuperação de um constituinte é processada num espaço formalmente vazio; o preenchimento se faz no plano semântico com a ativação das informações subentendidas, e essas informações, em princípio, já ocorreram no texto num momento anterior.

Em português, podem ser elididos, ou suprimidos, constituintes de natureza morfolológica ou extensão distintas. Por se tratar de recurso muito recorrente e consagrado, principalmente na modalidade escrita, não há maiores dificuldades para, na recepção, os usuários recuperarem ou preencherem as elisões. A morfologia verbal portuguesa, por exemplo, muito rica em seus paradigmas flexionais, por vezes torna dispensável a presença formal do sujeito na sequencialização textual. Nesses casos, a própria norma culta orienta no sentido de que se processe a elisão, sob pena de o texto se tornar um tanto redundante ou "pleonástico".

É o que observamos, por exemplo, com as frases "nós narramos" ou "eu narrei", em que a referência à primeira pessoa, respectivamente do plural e do singular, encontra-se tanto no pronome reto quanto no verbo; em sequências como essas, bastaria a utilização da forma verbal, já que as desinências -mos e -rei são privativas de primeira pessoa – do plural e do singular.

Os textos de nossa informante Eliane ilustram o comentário. Na fala, como já mencionamos, a elisão é pouco recorrente, uma vez que o modo de produção oral tende a se articular com maior preenchimento de constituintes; assim, apenas na estrutura "estou crente que é uma coisa assim" encontramos a forma verbal de primeira pessoa elidida do pronome "eu"; em todas as demais referências a si, Eliane utiliza-se do referido pronome. Já na produção escrita, a informante recorre mais à elisão, como verificamos em "fiquei chocadíssima e perguntei-lhe", "senti um grande alívio" e "pedi-lhe que nunca mais". As condições de organização do texto escrito motivam a baixa frequência do pronome "eu" nessa modalidade, cabendo às desinências número-pessoais dos verbos a função de referenciar a primeira pessoa – "eu".

d) Conjunção

Distintas dos mecanismos coesivos anteriores, as relações conjuntivas caracterizam-se por estabelecer vínculos de natureza lógico-semântica na sequencialização textual, como temporalidade, causatividade, consequência, condição, finalidade, proporcionalidade, entre outros. Constituintes de natureza adverbial ou de função relacional, como conjunções ou preposições, prestam-se especialmente a esse tipo de articulação ao concorrerem para a integração das partes constitutivas do texto.

Voltemos à narrativa oral de Eliane e observemos as quatro ocorrências de "então", tradicionalmente classificado como advérbio de tempo numa abordagem restrita ao âmbito da frase ou do período. Numa perspectiva textual tal como a aqui apresentada, esse termo circunstanciador, sem deixar de preservar sua referência temporal, assume outros valores, abstratiza-se em distintos graus, redimensiona sua funcionalidade ao articular praticamente todo o relato da informante.

Com a primeira ocorrência, "então ocorreu um fato na vida dela", inaugura-se efetivamente a narrativa após um comentário introdutório de Eliane, em que "prepara a cena" para o que será contado. Assim, podemos dizer que esse "então", iniciador do relato, retoma e amplia coesivamente a citação de "uma história assim um pouco... um pouco triste", articulado preliminarmente. A terceira ocorrência, "então ela cortou só um pulso", e a quarta, "então eu cheguei a rir", também articulam essa função de retomada do fio narrativo, concorrendo para a unidade semântico-sintática de todo o relato – como a informante vai contando e comentando a história ao mesmo tempo, recorre a mecanismos de retomada do eixo narrativo ao se desviar em comentários e avaliações pessoais; para tanto, um dos instrumentos de que se utiliza é a reiteração de "então" tal como se estivesse voltando a olhar a cena, a rememorar o acontecido.

Devemos destacar a segunda ocorrência, "então eu fiquei muito chocada com isso", em que a noção de temporalidade torna-se mais abstrata ainda na medida em que aquilo que se retoma não é o eixo narrativo, e sim o estado emocional da informante diante do ocorrido que já constava da declaração inicial: "eu lembrei agora não sei por que... de uma... de uma história assim um pouco... um pouco triste... né?". Trata-se de um comentário paralelo à história contada. Em contextos como esse, a referência temporal de "então" abstratiza-se de tal forma que pode assumir outros sentidos, como consequência ou conclusão, ou, ainda, adicionalmente, como o exemplo aqui comentado, pode retomar a informação anteriormente veiculada.

No texto escrito, em termos de relações conjuntivas, um dos destaques é o uso dos sintagmas adverbiais "certo dia" e "no decorrer de sua adolescência" a iniciar, respectivamente, o primeiro e o segundo parágrafos. Na verdade, esses constituintes não fazem referência somente aos períodos em que se integram. Eles circunstancializam todo o parágrafo – é o conjunto de períodos a que se referem, numa ampliação de seu escopo, já que tradicionalmente o advérbio é considerado termo modificador de um verbo, um nome ou outro advérbio.[2] Tomemos o segundo parágrafo como ilustração: o encontro da amiga com o amor de sua vida, a paixão subsequente (primeiro período), o atropelamento do rapaz e sua morte (segundo período), bem como a sensação de que havia sido roubada de boa parte da vida (terceiro período), tudo se enquadra "no decorrer de sua adolescência". A função relacional de constituintes adverbiais estende-se ainda mais com o sintagma introdutor do terceiro parágrafo "foi quando", que atua aí como conjunção. Na verdade, essa estrutura não só concorre para a expansão dos dois últimos parágrafos, que articulam o grande acontecimento narrativo – a tentativa de suicídio – como também retoma coesivamente o parágrafo inicial, que trata da conversa com Eliane e sua amiga, de certa forma "interrompida" pelo segundo parágrafo, com os comentários da fase adolescente da amiga.

Quando os constituintes examinados nesta seção organizam ou retomam porções textuais mais amplas, promovendo a orientação ou reorientação dos sentidos ou termos articulados – tal como se verifica com "então", no texto falado, e "foi quando", no texto escrito –, são denominados, no âmbito da linguística textual, de operadores discursivos.[3] Trata-se de uma função macrossintática relativamente recente na descrição do português, uma vez que a abordagem da gramática tradicional restringe-se ao âmbito do chamado período composto por coordenação ou subordinação. Com o advento da investigação do texto e a consequente análise de seus mecanismos de expansão semântico-sintáticos, é possível a depreensão e pesquisa dos operadores discursivos.

e) Coesão lexical

Essa última modalidade de coesão relaciona-se a, pelo menos, dois mecanismos aqui já mencionados: a referenciação endofórica – por promover certa remissão a constituintes já ocorridos na superfície textual – e a substituição – uma vez que diz respeito a processos de sinonímia e hiperonímia, entre outros. Destacada sua característica de dependência em relação aos demais mecanismos citados, passemos à definição da coesão lexical: trata-se de um tipo de vinculação textual fundado na seleção e na relação dos termos lexicais articulados, termos esses retomados literalmente, como no caso da repetição, ou parcialmente, por intermédio de sinônimos ou hiperônimos, por exemplo. Vale ressaltar que, dadas as especificidades do oral e do escrito, há certa distinção entre esses termos: na escrita, os itens lexicais costumam ser mais específicos ou precisos, enquanto na oralidade utilizam-se itens mais genéricos ou imprecisos.

Observados os textos de Eliane sob a perspectiva da coesão lexical, podemos depreender em sua organização a concorrência de dois eixos polares e complementares – a tristeza (o que parecia) e o riso (o que era); em outros termos, o suicídio frustrado. No primeiro eixo encontramos no texto falado termos como "história assim um pouco triste", "separação dos pais", (esse rapaz) "morreu atropelado", (ela) "tentou:: cortar... um dos pulsos", "tentado suicídio", "eu fiquei muito chocada", "aquele suicídio" e "aquela coisa assim for::te". No texto escrito levantamos os termos "alguns problemas existenciais", "sofreu muito", "seus pais estavam se separando", "processo muito doloroso", "esse problema", "a vida tem seus percalços", "prega uma peça", "vítima de atropelamento", "a vida estava lhe roubando", "tentou cortar os pulsos" e "fiquei chocadíssima". Já o segundo eixo na oralidade apresenta-se articulado em torno dos itens "eu tive até que rir", "cortou só um pulso", "linhazinha ... bem fininha", "eu tive que rir", "estou crente", "eu cheguei a rir", "deu tudo certo", "não aconteceu nada", "pequena tentativa", "fracassou" e "graças a Deus". Na escrita verificamos "olhar meio enigmático", "o corte foi de leve", "grande alívio", "vontade de rir", "graças a Deus", "não se configurou", "acabamos rindo", "fazendo piadas", "'triste situação" e "dose". Esses termos, semanticamente vinculados e dispostos num mesmo espaço textual, concorrem para a unidade de conteúdo e forma das produções linguísticas, um dos mais básicos fatores de textualidade.

Coerência

Estamos assumindo aqui a coerência com uma propriedade marcada pelo traço da interpretabilidade. A coerência diz respeito à construção do sentido textual, seja na perspectiva da produção pelo locutor, seja na da recepção da codificação linguística pelo interlocutor. A coerência, portanto, trata da possibilidade, e mesmo da necessidade, de atribuição de sentido às produções textuais, condição básica para que essas produções sejam entendidas e assumidas como tais.

Diante dessa conclusão, o que dizer a respeito de textos com problemas de coerência localizados, motivados por uso indevido de mecanismos de coesão? Ou ainda daqueles textos aparentemente incoerentes, marcados por sérios e generalizados desvios de padrões gramaticais básicos de ordem morfossintática? Ou das produções linguísticas de indivíduos portadores de distúrbios psíquicos? Ou de certas obras literárias que parecem romper com os princípios de aceitabilidade, provocando o chamado "estranhamento" na recepção?

Nossa resposta a esses questionamentos é que essas produções não podem ser vistas como incoerentes em termos absolutos, já que o contexto comunicativo em que estão inseridas precisa ser levado em conta na atribuição de sentido às mesmas. Essa perspectiva permite-nos declarar, com ressalva à falta de consenso dos estudiosos da área a respeito dessa questão, que: a) em princípio, não há textos totalmente incoerentes; b) é possível alguma incoerência localizada em textos escritos, que, numa atividade de reescritura ou releitura, pode ser superada; c) as aparentes incoerências de textos falados se resolvem, em geral, no contexto situacional, nas condições comunicativas específicas da interação.

Trata-se a coerência de uma propriedade articulada no âmbito da situação comunicativa levando-se em conta, para se chegar a tal articulação, os domínios linguístico, pragmático e extralinguístico. Passemos a examinar cada um desses componentes:

a) Domínio linguístico

Diz respeito ao controle e à utilização de recursos gramaticais nos níveis fonético-fonológico, semântico e morfossintático, e à seleção de itens lexicais tanto no âmbito do sintagma nominal ou verbal como nos limites do período, do parágrafo ou do texto como um todo.

Em termos linguísticos, tanto a versão falada quanto a escrita da narrativa de Eliane mostram-se igualmente coerentes. Na fala, Eliane, conforme o processamento característico da oralidade, produz unidades menores marcadas por pausas (reticências), algumas hesitações, alongamentos (quatro pontos) e rupturas (barras), além de se utilizar de conectores próprios da conversação ("bom", "né?", "tal", "eh::"). Na escrita, a aluna trabalha adequadamente com a paragrafação e com a pontuação, parâmetros específicos dessa modalidade que atuam a serviço da progressão de sua narrativa; a escrita favorece ainda a utilização de clíticos como em "contou-me e perguntei-lhe", além de termos mais convencionais, como "problemas existenciais", "percalços", "falecer", por exemplo, constituintes estes ausentes em sua produção oral.

b) Domínio pragmático

Refere-se às condições de processamento da interação. Nesse sentido, diz respeito às questões envolvidas no ato comunicativo em que o texto é produzido e recebido. Assim, pertencem ao domínio pragmático fatores como: contexto situacional, tipo de ato de fala, intenção e aceitação comunicativas, valores e crenças dos participantes da interação – produtor e receptor –, enfim, todos os aspectos ou constituintes situacionais que interferem na produção de sentido textual, definindo-a.

Voltemos às produções de Eliane para nossa exemplificação da propriedade de coerência pragmática. Seus dois textos respondem suficientemente ao comando inicial do entrevistador: "eu gostaria de que você me narrasse uma história, que pode ser uma história triste ou alegre, que tenha ocorrido com alguém que você conhece, e que esse alguém contou para você". Diante da proposta, Eliane elabora, em versão falada e escrita, uma narrativa que começa em tom meio triste (no oral, encontramos a referência inicial a "uma história assim um pouco... um pouco triste"; na escrita, ela menciona preliminarmente os "problemas existenciais") e progressivamente vai tomando novo rumo, atingindo níveis de comicidade, inclusive, nas duas modalidades, com a menção ao riso final. A personagem da história é uma amiga (no oral, trata-se de uma colega de trabalho; na escrita, passa a uma colega de faculdade; de qualquer forma, é uma pessoa conhecida), o que satisfaz o comando do entrevistador, que lhe solicita uma história ocorrida com alguém conhecido, e que esse alguém lhe havia contado. Portanto, do ponto de vista pragmático, os textos apresentam-se coerentemente. Dentre os vários episódios que poderia relatar, Eliane, cooperativamente, seleciona um que considera aceitável e preenchedor dos quesitos referidos pelo entrevistador, procurando algo interessante e inusitado, mas preservando o anonimato de sua amiga, a protagonista do narrado.

c) Domínio extralinguístico

É relativo ao conhecimento de mundo, às vivências e experiências daqueles envolvidos na situação comunicativa. Essa bagagem experiencial representa o conjunto de informações advindas do cotidiano, fruto da condição de todos os humanos de "estarem no mundo", e de contextos mais específicos, como o acadêmico, o artístico, entre outros. O conhecimento de mundo vai depender, de fato, da trajetória de vida de cada indivíduo, daquilo que teve oportunidade de ver, sentir, fazer, ler, trocar, enfim, de viver.

Quando aludimos ao conhecimento de mundo, estamos falando tanto do conhecimento do produtor do texto, daqueles conteúdos e informações necessários à elaboração linguística, quanto do conhecimento do receptor do texto, que necessita compartilhar pelo menos parte das experiências do produtor para que possa dar sentido ao que lê ou ouve.

No que concerne ao domínio extralinguístico, ambos os textos revelam-se igualmente coerentes. Contam uma história aparentemente triste, já que em nossa sociedade, em geral, pessoas que tentam o suicídio encontram-se em situação de extrema dificuldade, perdem o controle da própria vida em momento de total desespero. E a amiga de Eliane enquadra-se coerentemente nesse rol: sofreu com a separação dos pais, com a qual não soube lidar, e o rapaz por quem era apaixonada morreu vítima de um atropelamento em plena juventude. Mas o que seria trágico se transforma em cômico devido ao procedimento suicida pouco arriscado, já que o corte dos pulsos da amiga, na verdade, foi num só deles e, como declara Eliane, "numa linhazinha assim bem fininha, o corte foi de leve". Esse desfecho meio inusitado, que de certa forma frustra a expectativa de morte, conduz ao riso, à comicidade. No final dos relatos ocorre a expressão "graças a Deus", forma linguística estereotipada de desfecho e de agradecimento em consonância com os princípios da doutrina cristã vigente em nossa sociedade.

Esse aspecto interacional ou dialógico do domínio extralinguístico, no nível da coerência, tem a ver com questões mais específicas da organização textual, no nível da coesão. A inter-relação pode ser observada no processamento do fluxo informacional, no jogo entre informes dados e novos, ou seja, entre referências já conhecidas ou compartilhadas pelos envolvidos na interação (no âmbito intra ou extralinguístico) e outras introduzidas ou apresentadas pela primeira vez na superfície textual. Assim, não por acaso as referências iniciais à personagem principal e ao rapaz atropelado são feitas, respectivamente, por intermédio de artigo indefinido: "uma colega", "um rapaz" e "um menino". Após essa primeira menção, ou seja, uma vez conhecidos os referentes, eles passam a figurar como dados, como informação já conhecida, e, portanto, alteram-se também os instrumentos linguísticos para sua retomada. Nessas recorrências, têm papel fundamental os pronomes como eficientes alternativas de reintrodução informacional, tais como: "o nome dela", "esse rapaz" e "seus pais".

Com o comentário anterior, ratificamos a sobreposição das propriedades textuais, a inter e multifuncionalidade dos constituintes linguísticos quando examinados numa perspectiva mais ampla. A linguística textual, como uma das recentes áreas de investigação científica, ainda tem muito o que trilhar, uma vez que centra seu olhar num amálgama de sentidos e de formas – o texto.

Exercícios

1) A partir da leitura da crônica a seguir de Luis Fernando Veríssimo, faça os exercícios sugeridos:

O homem trocado

O homem acorda da anestesia e olha em volta. Ainda está na sala de recuperação. Há uma enfermeira do seu lado. Ele pergunta se foi tudo bem.

– Tudo perfeito – diz a enfermeira, sorrindo.

– Eu estava com medo desta operação..

– Por quê? Não havia risco nenhum...

– Comigo, sempre há risco. Minha vida tem sido uma série de enganos...

E conta que os enganos começaram com seu nascimento. Houve uma troca de bebês no berçário e ele foi criado até os dez anos por um casal de orientais, que nunca entenderam o fato de terem um filho claro com olhos redondos. Descoberto o erro, ele fora viver com seus verdadeiros pais. Ou com sua verdadeira mãe, pois o pai abandonara a mulher depois que esta não soubera explicar o nascimento de um bebê chinês.

– E o meu nome? Outro engano.

– Seu nome não é Lírio?

– Era para ser Lauro. Se enganaram no cartório e...

Os enganos se sucediam. Na escola, vivia recebendo castigo pelo que não fazia. Fizera o vestibular com sucesso mas não conseguia entrar na universidade. O computador se enganara, seu nome não apareceu na lista.

– Há anos que a minha conta do telefone vem com cifras incríveis. No mês passado tive que pagar mais de Cr$ 300 mil.

– O senhor não faz chamadas interurbanas?
– Eu não tenho telefone!
Conhecera sua mulher por engano. Ela o confundira com outro. Não foram felizes.
– Por quê?
– Ela me enganava.
Fora preso por engano. Várias vezes. Recebia informações para pagar dívidas que não fazia. Até tivera uma breve, pouca alegria, quando ouvira o médico dizer:
– O senhor está desenganado.
Mas também fora um engano do médico. Não era tão grave assim. Uma simples apendicite...
– E se você diz que a operação foi bem...
A enfermeira parou de sorrir.
– Apendicite? – perguntou, hesitante.
– É. A operação era para tirar o apêndice.
– Não era para trocar de sexo?

(Luís Fernando Veríssimo Seleção de crônicas do livro *Comédia da vida privada*. Porto Alegre: L&PM, 1996)

a) Toda a crônica se desenvolve linguisticamente em torno do que o título sugere: "O homem trocado". Destaque do texto termos que retomam as sucessivas e marcantes "trocas" do personagem.
b) No primeiro parágrafo, "o homem" é referido inicialmente e, em seguida, é retomado por intermédio de outras três estratégias de remissão coesiva. Informe que artifícios são esses.
c) Observe o trecho do diálogo entre a enfermeira e o homem:

– Por quê? Não havia *risco* nenhum.
– Comigo, sempre há *risco*...

O termo destacado, embora formalmente repetido, é articulado com distintos sentidos. O que "risco" significa para cada uma das personagens?
d) O que justifica dizer que em "– Comigo, sempre há *risco*. Minha vida é uma série de enganos..." O termo em destaque articula uma referência catafórica?
e) Qual o papel dos termos em destaque nas seguintes sequências para a configuração da unidade textual?
Mas também fora um engano do médico.

– *E* se você diz que a operação foi bem...

f) Como a declaração do médico "– O senhor está desenganado" pode ser interpretada pelo personagem como uma boa informação? Por que essa possibilidade leva ao humor?
g) Por que podemos classificar a crônica "O homem trocado" como um texto coerente?

Notas

1 Dentre as produções mais expressivas da linguística textual no Brasil, citam-se, entre outros, os trabalhos de Ingedore Koch, Leonor Fávero, Luiz Antonio Marcuschi, Luiz Carlos Travaglia e Hudinilson Urbano.

2 Segundo a Nomenclatura Gramatical Brasileira, o advérbio pode chegar a modificar uma oração por inteiro, quando é nomeado de "advérbio de oração" (Cunha e Cintra, 1985: 530). Mas a tradição gramatical não vai além, deixando sem classificação ou referência as funções textuais mais amplas desse termo.

3 Há muita variação na denominação, e às vezes na definição, desses constituintes por parte dos especialistas da área; podem ser chamados também de *operadores argumentativos* (Koch, 1987), *marcadores discursivos* (Risso, 1999), entre outras denominações. No âmbito da análise da conversação, são encontrados também sob o rótulo de *marcadores conversacionais* (Urbano, 1993).

Aquisição, processamento e ensino

Aquisição da linguagem

Maria Maura Cezario
Mário Eduardo Martelotta

Como as crianças aprendem a falar? O papel do adulto na aprendizagem da língua pelas crianças é fundamental? Existe uma gramática universal guiando a aquisição das línguas? Essas e outras questões intrigam os estudiosos da linguagem há muito tempo. Neste capítulo, veremos algumas das hipóteses existentes para explicar a aquisição da linguagem. Daremos maior ênfase à hipótese do inatismo, porque sua descrição aprofunda algumas noções da linha teórica gerativista, corrente bastante estudada nos cursos de letras.

Hipótese behaviorista

O estruturalismo americano (ver o capítulo "Estruturalismo") buscou na psicologia behaviorista a explicação para a aprendizagem de língua. Segundo essa corrente da psicologia, os conhecimentos são adquiridos através das experiências vividas. A aprendizagem dá-se através de respostas bem-sucedidas a determinados estímulos do meio, e a repetição das respostas associadas aos estímulos é fundamental para essa aprendizagem. O behaviorismo teve muita influência sobre a linguística e, por muitas décadas, serviu de base para o ensino de línguas estrangeiras e também para o ensino em geral.

No que se refere à aprendizagem de língua materna, o processo seria também feito através de respostas a estímulos. No entanto, nesse processo, a resposta física é substituída por uma resposta linguística, e o estímulo pode ser linguístico ou não. Segundo Bloomfield, a criança herda a capacidade de pronunciar e de repetir sons vocais sob diferentes estímulos. A articulação torna-se um hábito, e a criança, numa etapa seguinte, passa a imitar os sons que ouve. Ela faz associações entre sons e coisas inicialmente e, em seguida, aprende a associar uma palavra a uma coisa que está ausente.

Um estímulo, como, por exemplo, "sede", terá como resposta a palavra "aga" ("água"). Essa resposta será reforçada se a mãe pegar água para seu filho. A criança abandona as respostas erradas, pois não haveria reforço externo. Portanto, a aprendizagem linguística se dá, segundo a concepção behaviorista, em decorrência da sequência "estímulo > resposta > reforço". Dessa forma, para essa concepção o meio é fundamental para a aprendizagem de todos os conhecimentos, inclusive o conhecimento linguístico.

Hipótese do inatismo

Outros estudiosos não aceitaram uma explicação tão simples, como a formulada pelo estruturalismo americano, para um fenômeno tão complexo e tão diferente de outros tipos de aprendizagem. O behaviorismo não consegue explicar como produzimos e compreendemos frases que nunca foram proferidas, como entendemos frases cuja referência não se encontra no contexto em que são produzidas ou como as crianças aprendem a falar tão rapidamente. Na metade do século XX, o linguista Noam Chomsky fez uma crítica severa a essa abordagem que dava grande importância ao meio. Ao formular a teoria gerativa com base no racionalismo cartesiano (ver o capítulo "Gerativismo"), Chomsky afirma que existe uma gramática universal, que é uma matriz biológica responsável pela grande semelhança entre as línguas e pela rapidez com que as crianças aprendem a falar. Segundo essa concepção, o homem já nasce provido de uma grande variedade de conhecimentos linguísticos e não linguísticos. Essa corrente dá maior importância ao organismo, à codificação genética, que traz muitas informações sobre o comportamento humano, a personalidade, a capacidade de compreensão de quantidades, a capacidade de distinção entre os sons da fala e outros sons, entre outras informações. No caso da aquisição da linguagem, o meio cumpriria o papel de acionar o dispositivo responsável pela aquisição de língua.

Os gerativistas procuram descrever a gramática universal (GU), composta por *princípios*, os quais determinam a estrutura comum a todas as línguas e limitam as variações entre elas, e por *parâmetros*, que são as variações possíveis que as línguas podem ter. As crianças aprendem a falar rapidamente porque, na verdade, já nascem dotadas de um dispositivo inato de aquisição da linguagem. Para Chomsky, a criança fica exposta a uma fala fragmentada, repleta de frases incompletas, mas é capaz de internalizar num tempo muito curto a gramática de uma língua devido a esse dispositivo inato, que aciona o conhecimento linguístico prévio geneticamente herdado. Na idade certa, o dispositivo será acionado, e ela começará a falar. Seu argumento é conhecido como "pobreza do estímulo" e se vincula ao chamado "problema de Platão", que assim se desdobra: "como o ser humano pode saber tanto diante de evidências tão passageiras, enganosas e fragmentárias?".

As crianças criam palavras, fazem analogias, falam frases inéditas ainda muito cedo. Além disso, com 4 ou 5 anos já utilizam praticamente todas as estruturas gramaticais de sua língua. Para Chomsky e seus seguidores, esses fatos são fortes argumentos para se conceber a existência de uma GU específica do ser humano.

Os gerativistas também se questionam sobre a forma como as crianças adquirem os elementos linguísticos. Para os estudiosos dessa linha, existem as *categorias lexicais*, que são os substantivos, os verbos, os adjetivos e as preposições, e existem as *categorias funcionais*, que são os instrumentos gramaticais das línguas, como os artigos, os pronomes, as conjunções e os advérbios, além das categorias gramaticais de número, gênero, caso, pessoa, tempo, etc.

Uma das hipóteses mais conhecidas para explicar a aquisição desses elementos é a *hipótese maturacional da aquisição da linguagem*, bastante trabalhada por Radford (1993). Segundo o autor, existem diferentes fases para a aquisição da linguagem e a passagem de uma fase para outra é determinada pela maturação do organismo. Existe uma ordem na configuração da GU que determina que as categorias lexicais surjam antes das categorias funcionais. Para Radford, todas as crianças passam pelas seguintes fases de aquisição da linguagem:

(a) *fase pré-linguística*: 0 a 12 meses;
(b) *fase de uma palavra*: de 12 a 18 meses;
(c) *fase multivocabular inicial*: de 18 a 24 meses;
(d) *fase multivocabular tardia*: de 24 a 30 meses.[1]

Ele só considera uma forma como adquirida quando esta é usada de modo sistemático, seletivo e contrastivo. Assim, por exemplo, com cerca de 18 meses de idade, a criança faz algumas concordâncias de gênero e de número, mas de forma bastante assistemática, o que não é considerado aquisição. Quando a criança começa a usar repetidas vezes em sua fala, e de modo contrastivo, o masculino e o feminino, o singular e o plural, considera-se que houve aquisição das categorias de gênero e de número.

Das quatro fases propostas por Radford, a primeira é caracterizada pela falta de qualquer manifestação linguística. Há apenas gestos e balbucios. A segunda fase é caracterizada pela presença de sentenças com apenas uma palavra. É uma fase acategorial por natureza, pois não há produção de sintagmas e sentenças propriamente ditas, assim como faltam as categorias funcionais que estabelecem relações gramaticais entre as palavras.

Na fase seguinte, há o desenvolvimento dos sistemas lexicais, que são aqueles que englobam o sistema nominal, o sistema verbal, o sistema adjetival e o sistema preposicional. As crianças adquirem as categorias lexicais juntamente com as suas características temáticas.[2]

É a chamada fase lexical ou temático-lexical, em que não há ainda os sistemas funcionais (sistema determinante, sistema complementizador e sistema flexional).

Nessa fase surgem as flexões nominais e a fixação dos parâmetros de ordem das palavras. Mas, em decorrência da falta das categorias funcionais, não há elementos como determinantes (artigos e pronomes demonstrativos e possessivos), pronomes pessoais (a criança não utiliza a flexão de caso, como, por exemplo, *eu/me/mim*), auxiliares, modais, verbos de ligação e flexões verbais.

Para Radford, a estrutura da sentença de crianças nessa terceira fase de aquisição assemelha-se à estrutura chamada "sentença curta" do adulto, como as destacadas a seguir:

> Eu acho *Pedro inteligente.*
> Eu considero *Pedro bom.*

Vejamos os exemplos de fala de uma menina brasileira com menos de 2 anos:

> a) Neném tá mexendo [no] mimédio de vovô. (aos 20 meses e 21 dias)
> b) Cigaga qué papá. (aos 21 meses)
> c) Fa faz bibi pequeno. (aos 21 meses e 6 dias) [ela pede para a mãe desenhar]
> d) Faz sol gande. (aos 21 meses) [idem]
> f) Casa de poquinho. (aos 21meses)
> g) Panta de vovó. (aos 21 meses e 6 dias)
> h) Coocá na cama. (aos 21 meses e 21 dias)
> i) Mamãe é pequeno. (aos 21 meses e 6 dias)
> j) Bichinho tá escondida. (aos 21 meses e 21 dias)
> l) Carro é minha. (A2)[3]

Verificamos nas frases a presença dos elementos da terceira fase: sintagmas nominais (como "neném", "cigaga", "bichinho" e "carro"), sintagmas verbais (como "tá mexendo no mimédio de vovô", "qué papá", "faz bibi pequeno" e "tá escondida"), sintagmas adjetivais (como "sol gande", "escondida" e "bibi pequena") e sintagmas preposicionais (como "casa de poquinho" e "mimédio de vovô"). Além disso, verificamos que ela já tinha fixado os parâmetros de ordem vocabular do português (como preposição + substantivo, e substantivo + adjetivo, por exemplo). Observando os dados, também vemos que ela não adquiriu ainda os artigos – como demonstram sentenças como (c), (d) e (g) –, os pronomes (ela fala "nénem" no lugar do pronome "eu", por exemplo) e também não faz concordância – como em (i), (j) e (l). Esses dados indicam que a menina está no terceiro estágio proposto por Radford.

A última etapa, denominada fase multivocabular tardia ou fase funcional, se caracteriza pela presença dos sistemas funcionais. Dessa forma, a criança utiliza todos os elementos que faltavam na fase anterior. Para Radford, essa fase só é atingida quando a criança dominou totalmente os sistemas lexicais.

Como explicar o fato de todas as categorias lexicais serem adquiridas antes das categorias funcionais? Para responder esta questão, o autor utiliza a *hipótese maturacional de aquisição* segundo a qual "os diferentes princípios da gramática universal são geneticamente programados para entrarem em operação em diferentes estágios da maturação biologicamente predeterminados." (Radford, 1993: 274). A criança, aos 20 meses aproximadamente, está biologicamente pronta para adquirir os sistemas de categorias lexicais. Nesse estágio, as crianças podem "criar" estruturas que têm um núcleo nominal, adjetival, verbal ou preposicional. O início dessa fase caracteriza-se por ser uma *fase crítica* de maturação, que facilita o aumento do vocabulário porque o desenvolvimento das estruturas dos sistemas lexicais simplifica a tarefa de identificar a estrutura argumental do predicado.[4]

Nesse estágio não há estruturas com artigo, pronome, flexão nominal e verbal e conjunção porque não houve maturação para a aquisição dos sistemas funcionais. Essa maturação ocorre aos 24 meses aproximadamente, época em que há outra fase crítica, agora voltada para a sintaxe. Essa fase caracteriza-se pelo aumento do número de sentenças na fala das crianças e pela aquisição das categorias funcionais.

As pesquisas de Radford foram voltadas para a fase multivocabular inicial (a terceira descrita aqui). Não houve uma pesquisa aprofundada sobre a forma de aquisição das categorias funcionais. A análise da fala de crianças americanas com 26 meses mostra que elas já possuem todas as categorias funcionais nessa idade.

Uma abordagem inatista também bastante conhecida é a *continuísta* (Hyams, 1986), segundo a qual todos os elementos (lexicais e funcionais) já estão disponíveis desde o início do desenvolvimento linguístico. Essa hipótese descarta a ideia de maturação e de fases de aquisição. Para Hyams (1986), os elementos funcionais não aparecem na fala inicial por causa da limitação do vocabulário infantil, o qual é desprovido de palavras que não tenham referência externa. Mas isso, segundo a autora, não significa que as categorias funcionais não existam na gramática da criança.

As pesquisas de Cezario (1996) e de Soares (2001), com base na fala da mesma menina, mostram que a criança tinha todos os elementos da terceira fase e alguns elementos da quarta fase. Como demonstram os exemplos a seguir, ela não fazia concordância nominal e não usava pronome e artigo. Mas já fazia flexão de tempo – exemplos (a) e (b) – e utilizava regularmente auxiliares, verbos de ligação e modais – exemplos (c), (d) e (e) –, que são elementos funcionais:

a) Mamãe abe, mamãe [a mãe abre um objeto]. Abiu. Esse abe não, abe não? [referência a outro objeto] (aos 21 meses e 6 dias)

b) B: Nené, vai caí? Neném vai caí?
E: Vai, se continuar andando prá trás vai.
B: Michel.
E: Michel?
B: É.
E: Cadê Michel?
B: Michel caiu. [ela lembra-se de um fato ocorrido no dia anterior]

c) Mamãe é pequeno? (aos 21 meses e 6 dias)
d) Tá sujo. (aos 21 meses e 14 dias)
e) Gaiinha tá comendo pão. (aos 21 meses)
f) Pode mexê? (aos 21 meses e 6 dias)

Hipóteses construtivistas e interacionistas

Há diferentes abordagens que tentam dar conta da linguagem a partir das relações interativas entre a criança e o ambiente, sendo a linguagem consequência da construção da inteligência em geral (hipótese construtivista de Piaget) ou entre a criança e as pessoas com quem ela convive (hipóteses interacionistas). Veremos, resumidamente, algumas dessas concepções.

Cognitivismo construtivista

Uma abordagem bastante conhecida é a denominada *cognitivismo construtivista* ou *epigenético*, desenvolvida pelo estudioso suíço Jean Piaget (1978 e 1990). Sua visão tem por base a ideia de que o desenvolvimento das estruturas do conhecimento ou estruturas cognitivas é feito pela interação entre ambiente e organismo. Em outras palavras, para Piaget não existe uma gramática independente de outros domínios cognitivos.

O aparecimento da linguagem dá-se por volta dos 18 meses de idade, na superação do estágio que o autor denominou de "estágio sensório-motor". Nesse momento há o desenvolvimento da função simbólica, por meio da qual um significante representa um objeto significado. Também há o desenvolvimento da representação, que permite que experiências sejam armazenadas e recuperadas. Nessa fase, a criança começa a se reconhecer como indivíduo, como senhora de seus movimentos, diferenciando-se das outras pessoas, ou seja, a criança faz uma oposição entre o "eu" e os "outros".

Quando a criança chega a esse estágio cognitivo, começa o desenvolvimento da linguagem, a qual é entendida por Piaget como um sistema simbólico de representações. Dessa forma, o conhecimento linguístico não seria inato, mas sim desenvolvido através da interação entre o ambiente e o organismo, sendo uma consequência da construção da inteligência em geral.

O interacionismo social

Uma outra proposta não inatista é a do psicólogo soviético Vygotsky (1996), que explica o desenvolvimento da linguagem e do pensamento com base na interação entre os indivíduos. Segundo o autor, a fala e o pensamento têm origens genéticas diferentes, havendo uma fase pré-verbal do pensamento, ligada à inteligência prática, e uma fase pré-intelectual da fala, relacionada ao balbucio e ao choro. Aos 2 anos, a fala e o pensamento se unem, e a fala passa a servir ao intelecto. A criança, nessa idade, fala sozinha quando está brincando, desenhando e fazendo outras tarefas. Essa fala egocêntrica é, para Vygostsky, muito importante, pois serve de instrumento para a criança planejar e encontrar a solução de um problema. A fala será internalizada à medida que a criança cresce. Para o autor, é na troca comunicativa entre a criança e o adulto que a linguagem e o pensamento são desenvolvidos. As estruturas construídas socialmente são internalizadas quando a criança passa a controlar o ambiente e o próprio comportamento. A história das relações reais entre a criança e as outras pessoas é constitutiva dos processos de internalização.

A visão sociocognitivista

A abordagem sociocognitivista junta a base social, interacional, com a base cognitiva. A explicação para a aquisição da linguagem dá-se em termos funcionalistas: a aquisição começa quando a criança passa a entender que existe uma intenção no ato comunicativo dos adultos.

Segundo essa visão, não faz sentido caracterizar o homem como detentor exclusivo da linguagem, cujas propriedades gerais são determinadas por aspectos mentais radicados na organização biológica da espécie. Isso porque os seis milhões de anos que separam os humanos dos grandes macacos constituem um período de tempo muito curto para que ocorressem os processos relativos à evolução biológica e seleção natural essenciais ao surgimento das habilidades necessárias para os humanos lidarem com tecnologias, formas complexas de organização social e comunicação.

Nesse sentido, o conjunto de habilidades cognitivas que caracterizam os humanos modernos constitui o resultado de algum tipo de processo – característico unicamente da espécie – de transmissão cultural: uma espécie de evolução cultural cumulativa, que não envolve apenas criação, mas, principalmente, transmissão social. Os humanos, portanto, parecem ter uma capacidade de socializar suas habilidades, o que os outros animais não têm.

O aprendizado cultural torna-se possível em função de uma única e especial forma de cognição social, que é a habilidade que os indivíduos possuem de compreender seus semelhantes como seres iguais, os quais têm vida mental e intencional como eles mesmos. Essa compreensão capacita os indivíduos a imaginarem-se "na pele" de outra pessoa e, portanto, ela pode aprender não apenas com a outra pessoa, mas através da outra pessoa.

A compreensão do outro como um *ser intencional* é crucial no aprendizado cultural humano porque os artefatos culturais (instrumentos) e as práticas sociais apontam para além de si mesmos: os artefatos apontam para sua função utilitária e os símbolos linguísticos, para a situação comunicativa. Portanto, para aprender socialmente o uso de um instrumento ou de um símbolo, a criança precisa compreender *por que* e *para que* as outras pessoas estão utilizando aquele instrumento ou aquele símbolo. Isso significa que elas precisam entender o significado intencional do uso do instrumento ou da prática simbólica.

No que se refere à aquisição da linguagem, por volta dos 9 meses de idade, a criança, segundo essa proposta, desenvolve a habilidade de compreender outras pessoas como agentes intencionais. Isso porque nessa fase ela começa a interagir com outras pessoas de vários modos. Para compreender os sons e os movimentos de mão feitos pelos adultos como algo com valor comunicativo que precisa ser aprendido e usado, a criança tem de entender que eles são motivados por um tipo especial de intenção chamada *intenção comunicativa*.

Mas o entendimento da intenção comunicativa só pode ocorrer dentro de algum tipo de *cena de atenção compartilhada*, que provê a base sociocognitiva para esse entendimento. Essa cena de atenção compartilhada é fundamental quando se considera que a referência linguística é, sobretudo, um ato social em que uma pessoa chama a atenção de outra para algo no mundo real. Nesse sentido, a referência só pode ser compreendida como um tipo de interação social, em que a criança e o adulto estão com a atenção voltada para um terceiro elemento, por um determinado espaço de tempo. A cena de atenção compartilhada implica dois aspectos importantes:

1) Por um lado, as *cenas de atenção compartilhada* não são eventos perceptuais. Elas incluem apenas uma parte das coisas do mundo perceptual da criança. Por outro lado, as *cenas de atenção compartilhada* são também eventos linguísticos, pois contêm mais coisas do que aquelas explicitamente indicadas por qualquer conjunto de símbolos linguísticos. As *cenas de atenção compartilhada* constituem algum tipo de meio-termo – um meio-termo essencial da realidade socialmente compartilhada – entre o grande mundo perceptual e o pequeno mundo linguístico.
2) A compreensão da criança de uma *cena de atenção compartilhada* inclui, como elemento constituinte (integrante de cena), a própria criança e o seu papel na interação conceptualizada a partir do mesmo perceptual externo da outra pessoa e do objeto. Isso significa que a criança entende que todos participam de um formato representacional comum, o que é de importância crucial para o processo de aquisição dos símbolos linguísticos.

Para funcionar como um "formato" para a aquisição da linguagem, as *cenas de atenção compartilhada* têm de ser compreendidas pela criança como tendo funções participativas que são, em certo sentido, intercambiáveis. Isso permite que a criança tome a função do adulto e use uma nova palavra para direcionar a atenção dele, da mesma maneira que o adulto acabou de usar para direcionar a dela. Tomasello (1999) chama esse processo de *imitação por reversão de papel*, ou seja, aprender a expressar a mesma situação comunicativa (usar os mesmos meios comunicativos) que as outras pessoas requer a compreensão de que as funções participativas do evento comunicativo podem ser trocadas: eu faço por ela o que ela fez por mim.

Como podemos ver, os linguistas dão diferentes respostas às perguntas que abrem este capítulo. Entretanto não conseguiram ainda desvendar por completo os segredos da aquisição da linguagem pelas crianças. A questão do inatismo continua sendo discutida. Há pesquisadores que defendem a ideia de que existe uma gramática universal no nosso código genético, responsável pelas características das línguas e pela aquisição da linguagem, assim como há cientistas que não admitem o inatismo tal como proposto por Chomsky e enfatizam outros pontos importantes para a aquisição: (a) o desenvolvimento cognitivo e a aprendizagem em geral; (b) a interação entre os indivíduos e (c) a percepção das intenções comunicativas. Caberá às próximas pesquisas validar ou refutar as hipóteses de uma ou de outra abordagem ou ainda criar novas hipóteses para a questão da aquisição da linguagem.

Exercícios

1) Caracterize a hipótese behaviorista para a aprendizagem da linguagem.
2) Segundo a teoria chomskiana, como se explica o fato de as crianças aprenderem uma língua num período tão curto de tempo?
3) Quais são as fases de aquisição de linguagem segundo Radford? Caracterize cada uma delas.
4) Com base em elementos morfológicos e sintáticos (observar elementos como concordância nominal, concordância verbal, oposição dos tempos verbais, artigo, pronome, verbo auxiliar, etc.) presentes na amostra de fala a seguir retirada de Cezario (1996), em qual das fases propostas por Radford esta criança parece estar?

   E: O que é que neném tá fazendo?

   C: Neném tá mexendo [no] mimédio de vovô.

   E- No remédio de vovô, né? Dá pra titia guardar.

   (...)

   E: É o lobo mal... e isso aqui?

   C: Hau

   E: É assim que ele faz?

   C: Qué casa... tá coendo... tá coendo... tá coendo... lobo mal... hô hô Hô comê ... poquinho... qué comê uma poquinho.

   E: Lobo mal quer comer o porquinho.

   (...)

   E: e agora?

   C: Qué qué moiá ... porquinho qué moiá aobo.

E: Por quê?

C: ( ) pé... pé

E: Quer molhar o pé?

C: Qué... cigaga cimiga é cimiga? é cimiga?

E: Hum hum

C: Aqui fô aqui a pata... aqui a panta

E: Ih é a planta

C: É a panta di cigaga

E: A planta da cigarra.

(C = criança; E = entrevistador)

5) Segundo a hipótese maturacional, as categorias lexicais ocorrem na fala antes das categorias funcionais. Por que isso acontece nesta ordem? O capítulo apresenta uma outra hipótese inatista que refuta a hipótese maturacional. Caracterize-a.
6) Como a abordagem construtivista explica a aquisição da linguagem?
7) Segundo a visão sociocognitivista, como o aprendizado cultural se torna possível? Como isso se relaciona com a aquisição da linguagem?

Notas

1 Segundo autor, pode haver diferença de 20% em relação à mudança de uma fase de aquisição.

2 As características temáticas ou papéis temáticos são as funções semânticas que expressam numa sentença quem fez o que a quem, como, onde, de que modo. São noções como a de agente, paciente, instrumento, experienciador, etc.

3 Cf. Cezario, 1996.

4 A estrutura argumental diz respeito à relação entre o verbo e seus argumentos e se refere não só ao número, mas também ao tipo de argumento que um predicado toma.

Psicolinguística experimental: focalizando o processamento da linguagem

Márcio Martins Leitão

Este capítulo tem como objetivo básico informar para os alunos a evolução da área de psicolinguística desde seu surgimento, no início da década de 1950, até os dias de hoje. Apresentaremos, de forma resumida, um histórico das principais mudanças ocorridas na pesquisa e na relação da psicolinguística com as teorias linguísticas durante esse período de consolidação da área. Além disso, focalizaremos a subárea da psicolinguística experimental, mais especificamente a subárea do processamento linguístico, cujos avanços vêm se desdobrando de modo rápido devido à utilização cada vez maior da tecnologia, especificamente de equipamentos utilizados nos experimentos científicos. Isso implica o aumento das possibilidades de acesso aos processos que ocorrem na mente/cérebro enquanto compreendemos e produzimos estímulos linguísticos.

Serão explicitados os modelos teóricos que atualmente vigoram na área. Serão também descritas e exemplificadas algumas das técnicas experimentais utilizadas no estudo do processamento sentencial e do processamento da correferência, e, por fim, serão também abordados alguns conceitos básicos dessas áreas do processamento. Todos os exemplos serão baseados em estudos já realizados em português, para que seja mais fácil a assimilação dos conceitos e da metodologia descritos.

Um breve resumo histórico

Os conceitos com que a psicolinguística trabalha de alguma forma têm sua origem nas ideias de Humboldt, retomadas por Wundt, psicólogo alemão que, na virada do século XIX para o XX, já se mostrava preocupado com a relação entre os processos mentais e o comportamento verbal. Entre outras coisas, Wundt defendia a impossibilidade de a psicologia cognitiva ser autônoma em relação à linguística e vice-versa. E é justamente na interação entre essas duas áreas das ciências cognitivas que a psicolinguística vai surgir e se desenvolver.

Como descreve Gardner (1995),[1] a psicolinguística moderna começa como uma aventura cooperativa entre linguistas e psicólogos durante os primeiros anos da década de 1950. Em 1951 ocorre o seminário de verão de pesquisa entre psicologia e linguística na Universidade de Cornell, seguido, dois anos depois (1953), por outro seminário de verão sobre psicolinguística na Universidade de Indiana, patrocinado pelo Conselho de Pesquisa em Ciência Social (*Social Science Research Council* – SSRC) em que linguistas e psicólogos interagiram produtivamente, sendo creditado a esse evento o nascimento da psicolinguística.

Nesse segundo seminário foram expostos procedimentos que refletiam um consenso entre os participantes: as tarefas teóricas e metodológicas desenvolvidas por psicólogos poderiam ser utilizadas para explorar e explicar as estruturas linguísticas que estavam sendo descobertas pelos linguistas. Esse consenso foi o que delineou, naquele momento, a agenda das pesquisas na área da psicolinguística.

Depois disso, a história da psicolinguística atravessou cinquenta anos, em que ocorreram mudanças radicais na abordagem dos estudos da cognição humana. Quando a psicolinguística nasceu, teve suas raízes na tradição behaviorista, muito aceita e difundida na época. Acreditava-se em uma teoria do aprendizado que tinha como base associações a determinados comportamentos linguísticos gerados em resposta a estímulos externos ao indivíduo que seriam fixados pela repetição. Acreditava-se que pela relação estímulo-resposta seria possível explicar a estrutura da linguagem, bem como se acreditava que essa linguagem seria adquirida e utilizada por seus falantes.

Durante a década de 1960, a psicolinguística foi dominada pela teoria chomskiana (ver o capítulo "Gerativismo") que surge como uma revolução no campo da linguística, propondo explicações sobre a natureza do conhecimento linguístico contrárias à tradição behaviorista ao mostrar que a linguagem humana não pode ser caracterizada como um sistema de hábitos e repetições, já que um dos princípios que a norteiam a, distinguindo-a da linguagem animal, é o da criatividade, ou seja, produzimos frases que nunca ouvimos ou lemos antes.

Além disso, a proposta gerativa internaliza o conceito de linguagem, definindo uma faculdade da linguagem, que seria inata e localizada na mente das pessoas, marcando claramente uma das distinções entre o modelo estruturalista de Saussure, que vê a linguagem como um fato social, e não como uma capacidade inata do ser humano. Decorre daí a diferença também refletida na metodologia baseada na análise de *corpora* utilizada pelo estruturalismo e a metodologia do gerativismo, baseada na introspecção e nos julgamentos de gramaticalidade. A psicolinguística então avança rapidamente por uma abordagem gerativa da cognição, em que regras e transformações formam o vocabulário das análises que foram sendo elaboradas.

A partir dessa mudança de paradigma teórico, a psicolinguística começa uma fase de pesquisas que tentam buscar nas regras da teoria da gramática transformacional de Chomsky uma estruturação explicativa para os resultados de experimentos psicolinguísticos. Nessa ocasião surgem os estudos de Miller, que inicialmente encontram apoio na teoria gerativa para evidenciar que as transformações propostas por essa teoria, ao explicar a estrutura da linguagem, são utilizadas durante o processamento linguístico.

Tomemos como exemplo as sentenças abaixo:

a) Os exercícios foram feitos por Eduardo.

b) Eduardo fez os exercícios.

Uma sentença na voz passiva, como a apresentada em (a), seria o produto, ou a estrutura superficial, de uma série de transformações que ocorreriam com base em uma sentença matriz, ou estrutura profunda, no caso a voz ativa que vemos no exemplo (b). Daí provém a chamada teoria da complexidade derivacional (abreviada DTC, em inglês), que assumia como ideia básica que sentenças com uma história derivacional mais complexa deveriam ser mais difíceis para o processamento, ou seja, os ouvintes primeiro computariam a estrutura superficial das sentenças e depois usariam as transformações para mapear essa estrutura a partir de sua estrutura profunda; com isso, a predição era de que o processamento da frase (a) seria mais demorado do que o da frase (b), já que essa última é menos complexa derivacionalmente.

Na década de 1970, a tendência geral da psicolinguística foi abandonar seus laços com a teoria da gramática transformacional. Isso porque os experimentos psicolinguísticos não conseguiam relacionar de maneira harmoniosa o arcabouço teórico transformacional com os resultados das pesquisas experimentais. O que foi concluído depois de uma série de pesquisas experimentais é que as estruturas sintáticas analisadas pela teoria da gramática transformacional eram reais psicologicamente, isto é, eram utilizadas durante o processamento, mas as regras utilizadas para transformar essas estruturas não o eram. Isso quer dizer que sentenças como as dos exemplos (a) e (b) tinham suas estruturas sintáticas levadas em conta ao serem processadas, mas as regras transformacionais que fariam a frase (b) transformar-se na frase (a) não eram utilizadas no processamento. Prova disso é que, nos experimentos com rigor metodológico, os participantes processavam com a mesma rapidez tanto as sentenças ativas quanto as sentenças passivas.

Com essa desvinculação da psicolinguística com os estudos teóricos gerativistas em meados dos anos 1970, as pesquisas na área começam a ser norteadas pela corrente teórica majoritária da psicologia cognitiva. Enquanto nos anos 60 a psicolinguística havia se concentrado nas variáveis sintáticas do processamento sentencial, na década seguinte os estudos focalizaram processos relacionados à compreensão do discurso e também ao reconhecimento de palavras (acesso lexical). Os estudos com foco na sintaxe dão lugar aos estudos com foco na semântica. Influenciados pela teoria da lógica conversacional de Grice e pelas análises dos atos de fala de Searle, os psicolinguistas começam a analisar também vários aspectos da pragmática, tais como pedidos indiretos e processos relacionados à metáfora. Surgem também nessa época, a partir da compreensão de narrativas e de textos, vários modelos de representação textual que abarcam como um dos tópicos centrais de pesquisa a interpretação da anáfora e de processos inferenciais.

Após as mudanças no arcabouço teórico gerativo que vêm se processando nas décadas recentes, a aproximação entre psicolinguística e teoria gerativa se dá de novo de forma bem produtiva, mais especificamente pelo modelo gerativo adotado no programa minimalista (Chomsky,1995, 1999), em que condições de legibilidade da informação linguística são ou não satisfeitas pelos sistemas de desempenho (nas interfaces forma lógica e forma fonológica), servindo como critério de validação empírica do modelo linguístico.

Além disso, na proposta minimalista, os procedimentos gerativos passam a ser entendidos como um sistema computacional não mais desvinculado da produção/compreensão de enunciados, mas sim como uma derivação que atua sobre itens lexicais ativos na memória, o que implica necessariamente uma relação mais íntima entre competência e desempenho (modelo linguístico e modelo psicolinguístico).[2] Entretanto não se pode deixar de dizer que ainda há muita polêmica a respeito da autonomia e independência da sintaxe em relação a outros componentes linguísticos (semântica, léxico, fonologia) no que concerne ao processamento de sentenças, por exemplo, e ainda há muito o que se pesquisar para que essa relação entre modelo de língua e modelo de processamento linguístico seja observada e analisada com maior precisão.

A partir desse brevíssimo resumo dos caminhos seguidos pela psicolinguística, faremos um recorte necessário a um texto de natureza introdutória e encaminharemos nas seções a seguir conceitos teóricos e metodológicos básicos relacionados à psicolinguística experimental, focalizando o campo do processamento linguístico. Essa escolha é baseada em alguns critérios: o primeiro e fundamental é calcado na ausência de textos que se debrucem sobre essa área da psicolinguística nas recentes obras de introdução à linguística publicadas no Brasil[3] e, em segundo lugar, por essa área ser um campo de estudos em fase de crescimento no país.

A psicolinguística experimental

O interesse central da psicolinguística pode ser resumido em três questões básicas:

a) Como as pessoas adquirem a linguagem verbal?
b) Como as pessoas produzem a linguagem verbal?
c) Como as pessoas compreendem a linguagem verbal?

A primeira questão se enquadra no campo da aquisição da linguagem (psicolinguística desenvolvimentista) e as duas outras questões formam o campo da psicolinguística experimental. É claro que em muitas situações esses campos se inter-relacionam e podem trocar informações relevantes para o avanço das pesquisas em suas áreas específicas.[4]

Sendo assim, a psicolinguística experimental tem como objetivo básico descrever e analisar a maneira como o ser humano compreende e produz linguagem, observando fenômenos linguísticos relacionados ao processamento da linguagem. Ou seja, esses fenômenos são tratados e focalizados do ponto de vista de sua execução pelos falantes/ouvintes a partir de seu aparato perceptual/articulatório e de seus sistemas de memória.

Mais especificamente, ao conversarmos com alguém oralmente, por exemplo, temos de transformar o sinal acústico que chega a nosso aparelho auditivo em algo que nos seja compreensível. Temos de retirar desse sinal informação sobre os sons e para traduzi-la em informação sintática, passando depois para o reconhecimento dos itens lexicais e para a projeção das propriedades formais e semânticas desses itens em estruturas hierarquicamente constituídas a partir de um núcleo. Ou seja, ocorre o processamento dos sintagmas e das sentenças formadas por eles, o que permite a interpretação do significado do que está sendo dito.

Por sua vez, em resposta ao que foi compreendido, temos que utilizar nossa capacidade de construir enunciados, em que estão envolvidos todos esses aspectos fonético-fonológicos, morfológicos, lexicais, sintáticos e semânticos, para coerentemente produzirmos também um sinal acústico verbal que permita toda essa decodificação, tornando-a compreensível para o nosso interlocutor.

Mesmo agora, no momento em que está lendo este texto, por exemplo, você tem que transformar os sinais visuais constituídos de letras que compõem as palavras, as frases e o próprio texto de maneira a também compreender o que, neste exato momento, estamos produzindo em forma de escrita. Você está transformando a informação visual em informação linguística relevante para reconhecer as estruturas sintáticas e o conteúdo semântico do texto.

Em ambos os processos, seja via oralidade, seja via escrita, o que se está colocando em funcionamento são as habilidades cognitivas relacionadas à linguagem. Esse processo de compreender e produzir linguagem verbal em nosso cotidiano, que parece extremamente simples, é na verdade algo complexo e que requer um conjunto de procedimentos mentais denominado de *processamento linguístico*.

A psicolinguística experimental busca fornecer hipóteses que deem conta de explicar como esse processamento linguístico se estrutura na mente dos seres humanos. E, para que esse objetivo seja alcançado, a psicolinguística lança mão de uma série de procedimentos metodológicos de acordo com o tipo de fenômeno ou de objeto linguístico que se está focalizando nas pesquisas. Essas pesquisas abrangem subdomínios associados à compreensão e à produção de linguagem.

Aqui cabe um esclarecimento sobre essas duas atividades fundamentais no estudo do processamento linguístico (compreensão e produção). Ambas são atividades básicas da linguagem humana, tanto em sua forma oral quanto em sua forma escrita. Inicialmente, nos estudos psicolinguísticos, considerou-se que essas duas atividades eram realizadas pelos mesmos processos cognitivos que atuavam de maneira inversa: na compreensão os estímulos externos eram convertidos em significados e na produção, ao contrário, os significados eram convertidos em estímulos externos.

Mais tarde, percebeu-se que as coisas não são tão simples assim, pois tanto dados experimentais de indivíduos "normais" como aqueles realizados com pacientes com algum tipo de lesão cerebral indicam que, na verdade, a compreensão e a produção são processos distintos, claramente dissociáveis e não completamente simétricos. Exemplos clássicos de estudos referentes a lesões cerebrais que evidenciam essa dissociação entre a compreensão e a produção da linguagem verbal são aqueles sobre os tipos de afasia[5] (ou disfasia) relacionados ora a distúrbios de produção sem maiores danos na compreensão, como é o caso das afasias com lesão na área de Broca, ora a distúrbios de compreensão sem maiores danos na produção, como é o caso das afasias com lesão na área de Wernicke.[6]

Outro argumento para a distinção entre essas duas atividades diz respeito ao fato de o esquema de funcionamento da produção ser, de certa maneira, mais complexo do que o esquema da compreensão. Quando o falante/escritor produz um enunciado (oral ou escrito), ele, ao mesmo tempo, escuta (ou lê) e compreende o que diz (ou escreve), o que afeta, de algum modo, o que está sendo dito (ou escrito) e o que se vai ainda dizer (ou escrever). Sendo assim, podemos dizer que a compreensão realimenta o sistema de produção da linguagem, ao passo que a compreensão não tem uma realimentação equivalente: compreendemos sem reproduzir o que compreendemos.

Feita essa distinção entre produção e compreensão, temos ainda que explicitar que, apesar de os estudos de ambas serem extremamente relevantes para o entendimento do processamento linguístico, há um desequilíbrio notório a favor da compreensão em termos do número de pesquisas, o que se refletirá nos exemplos comentados neste capítulo. Em grande medida, esse desequilíbrio se explica pelo mesmo fato de que, há algum tempo, os estudos sobre a modalidade escrita tornavam-se muito mais frequentes do que os estudos sobre a modalidade oral: há muito mais vantagens e facilidades metodológicas para execução de experimentos sobre compreensão do que sobre produção, assim como era muito mais fácil estudar os textos escritos antes de existir a possibilidade de gravação dos sons da fala.

Tentando entender os processos mentais relacionados à compreensão e à produção da linguagem, a psicolinguística experimental investiga o processamento linguístico nos vários níveis gramaticais que estão envolvidos nesses processos (fonológico, morfológico, sintático, semântico). Isso se reflete na especificidade de alguns campos de investigação:

a) estudos sobre a percepção da fala, em que se analisa o sinal acústico em seus vários aspectos. Por exemplo, tenta-se entender como o processamento desse sinal acústico

é possível a partir de estímulos que são variáveis tanto em um indivíduo quanto em uma dada sociedade ou investiga-se como ocorre a segmentação desse sinal acústico, que se apresenta em um contínuo na fala, etc.;
b) estudos sobre o reconhecimento de palavras ou sobre o acesso lexical que investigam como os elementos (morfemas, traços) que as compõem são acessados no momento em que as ouvimos ou lemos;
c) estudos sobre o processamento de frases que investigam a organização da estrutura sintática construída a partir do *parser* (ou processador sintático), uma espécie de processador mental que analisa a sintaxe dos enunciados linguísticos para que possamos compreendê-los;
d) o estudo da interpretação semântica dos enunciados linguísticos, que investiga como os níveis linguísticos (fonológico, morfológico, sintático) são integrados ao conjunto de conhecimentos de mundo que os indivíduos têm, viabilizando uma interpretação mais consciente e abrangente seja no escopo sentencial, seja no escopo discursivo.

A tarefa de compreender quais são e como se dão os processos mentais envolvidos no processamento linguístico é complexa, entre outras coisas, por não se ter acesso *in loco* aos procedimentos mentais que acontecem durante o processamento linguístico. Ou seja, apesar de as técnicas utilizadas pela neurolinguística, por exemplo, serem capazes de medir o fluxo sanguíneo ou a atividade elétrica no cérebro durante uma tarefa linguística, ainda não há como estabelecer uma relação transparente e inequívoca entre essas medidas e os processos mentais especificamente linguísticos. Na verdade, isso vem sendo buscado pela neurolinguística e muito já se caminhou nessa direção.

A psicolinguística, por sua vez, também busca entender esses processos e utiliza-se de aferições mais indiretas por meio de experimentos denominados *off-line* e *on-line*. Os experimentos *off-line* são baseados em respostas dadas por indivíduos após estes terem lido ou ouvido uma frase ou um texto, isto é, capturam-se reações após a leitura/audição dessa frase ou desse texto, momento em que o processamento já foi finalizado. De modo contrário, os experimentos *on-line*, como o próprio nome diz, baseiam-se em medidas a reações obtidas no momento em que a leitura/audição está em curso, são medidas praticamente simultâneas ao processamento.

A distinção entre essas duas metodologias experimentais reflete os tipos de informação linguística que se quer capturar em tempo real. As aferições obtidas a partir de experimentos *off-line* dão informação a respeito da interpretação (momento de reflexão) das frases ou enunciados, ou seja, conseguem capturar reações a estímulos linguísticos quando já houve uma integração entre todos os níveis linguísticos (fonológico, morfológico, lexical, sintático e semântico). Já as aferições obtidas a partir de experimentos *on-line* dão informação a respeito de processos mentais que acontecem antes que a integração entre todos esses níveis linguísticos esteja completa (momento reflexo). Isso permite a verificação e a análise de como esses níveis interagem e em que ordem temporal eles atuam.[7]

Para que fique mais claro o que é um experimento *off-line* e o que é um experimento *on-line*, descreveremos mais adiante alguns experimentos elaborados para estudar fenômenos linguísticos em português brasileiro (PB). Contudo, antes disso, descreveremos, em linhas bem gerais, os três principais modelos da arquitetura de processamento sentencial que de alguma forma vigoram e permeiam os estudos atuais na área da psicolinguística experimental.

Modelos teóricos associados ao processamento sentencial

A psicolinguística experimental, apesar de ser portadora de um arcabouço teórico independente, busca relacionar-se com teorias linguísticas de natureza cognitiva que apresentem um modelo de linguagem capaz de expressar a universalidade e as especificidades contidas e manifestas no conjunto das línguas humanas.

Como vimos no breve histórico traçado no início do capítulo, desde o nascimento da psicolinguística, vários modelos teóricos são associados a ela e servem não só de suporte aos estudos experimentais como também, muitas vezes, guiam a agenda desses estudos. No início, temos a influência do modelo behaviorista de Skinner e logo a seguir temos a revolucionária influência do modelo da gramática gerativa transformacional de Chomsky, que focaliza aspectos sintáticos. Mais adiante, com o afastamento do modelo gerativista, há a influência da psicologia cognitiva que encaminha a psicolinguística para a área do discurso.

Como já foi dito, mais recentemente, com as reformulações no modelo teórico gerativista, houve uma reaproximação muito produtiva entre psicolinguística e gerativismo, o que fez com que o foco nos aspectos sintáticos retornasse. Hoje em dia temos modelos teóricos voltados para questões da sintaxe e modelos voltados para questões do discurso. Mais uma vez nos atendo ao processamento sentencial, mostraremos alguns modelos que têm maneiras diferentes de explicar como o processamento de uma frase acontece.

O primeiro modelo proposto foi o da teoria da complexidade derivacional (DTC), que não se manteve após uma série de experimentos de metodologia rigorosa em que se mostrou sua incapacidade de dar conta do processamento de frases a partir da teoria linguística da gramática transformacional em suas primeiras versões.

Modelos mais recentes surgiram tentando dar conta de questões básicas para o processamento sentencial: atualmente se sabe que depois de ouvidas ou lidas, as palavras ficam retidas na memória de trabalho por cerca de um segundo no caso da percepção visual (escrita)[8] e cerca de quatro segundos no caso da percepção auditiva (fala).[9] Dessa forma, de que maneira podemos estabelecer relações complexas para processar e compreender frases tão rapidamente a partir de uma cadeia de palavras ouvidas ou lidas, encontradas uma a uma, como está ocorrendo agora com você, leitor, ao ler estas palavras?

Um dos modelos que tentam responder a essa questão é a teoria do *garden-path* (TGP) ou, como alguns traduzem em português, teoria do labirinto. Esse modelo é baseado na seguinte metáfora: quando ouvimos ou lemos uma frase, seria como se entrássemos em uma casa sem janelas e sem nenhuma referência externa e a partir daí quiséssemos chegar, por exemplo, no quarto. Quando entramos na casa nos deparamos com uma série de cômodos contendo várias portas; vamos rapidamente escolhendo as portas por onde achamos que encontraríamos o quarto mais rápido, mas, de repente, abrimos uma porta que dá para o jardim (*garden*), e percebemos então que temos que voltar e refazer o caminho para encontrar a porta que nos leva corretamente ao quarto. A questão é: o que nos fez ir pelo caminho equivocado e sair no jardim? Da mesma maneira acontece quando lemos ou ouvimos uma frase ambígua como a apresentada a seguir:

Alguém atirou no empregado da atriz [que estava na varanda].

Nessa frase temos dois caminhos estruturalmente legítimos para interpretar a oração relativa (ou oração subordinada adjetiva): podemos ligá-la ao sintagma nominal "empregado" ou ao sintagma nominal "atriz". O que o processador sintático faz? Ele escolhe um dos caminhos? O que faz com que escolhamos um dos caminhos em vez do outro? Por que ligamos, nesse caso, a sentença relativa com "empregado" e não com "atriz", ou vice-versa? Essas são perguntas que interessam aos estudos de psicolinguística experimental que buscam entender como o processamento linguístico acontece.

A TGP faz a analogia ao labirinto para argumentar que assim como, ao entrarmos na casa, só temos a informação que a sua estrutura interna nos dá a partir de suas paredes e portas, o processador de frases (*parser*) usa o seu conhecimento gramatical (estrutura sintática) isoladamente do conhecimento de mundo e de outras informações de caráter semântico para a identificação inicial das relações entre as palavras e os sintagmas. Essa analogia demonstra que a TGP é uma teoria *modularista*.[10]

Além disso, a TGP argumenta que, como no exemplo da casa em que vamos abrindo uma porta de cada vez, seguindo cegamente sem testar as outras portas possíveis, no processamento de frases também seguimos cegamente uma das possibilidades e nos comprometendo com uma estrutura sintática única, o que faz desse modelo um modelo *serial*.

Argumenta ainda a TGP que as escolhas que vão sendo feitas no momento do processamento seguem princípios baseados na economia dos nossos recursos cognitivos relacionados à linguagem, já que temos um sistema de memória com restrições de tempo de armazenamento, ou seja, escolhemos geralmente a estrutura menos complexa sintaticamente (ou com menos nós, se pensarmos em termos de árvore sintática) ou escolhemos o caminho a seguir por meio de uma estratégia que ofereça menos ônus à nossa memória de trabalho.

Um outro modelo de processamento sentencial é o da teoria interativa incrementacional (TII), que, em vez de funcionar como a TGP de forma serial, funciona em *paralelo*, pois, antes de escolhermos uma das possibilidades da frase ambígua ou uma das portas de dentro da casa para chegarmos ao quarto, esse modelo prevê que checaríamos as outras possibilidades e portas para só então decidirmos o caminho a seguir. Além disso, a TII diverge com a TGP também pelo fato de ser um modelo interativo, apesar de ser modular, ou seja, a TII argumenta que, além de podermos ter acesso às possibilidades dos caminhos a serem seguidos a cada momento da leitura/audição de frases, podemos também ter acesso à informação de natureza léxico-semântica logo no início do processamento, e essa informação ajudaria a trilhar todo o caminho. Voltando à metáfora da casa, é como se agora entrássemos em uma construção com janelas e com um telhado de vidro e que, com as informações que temos acesso através dessas janelas e desse telhado, pudéssemos mais facilmente nos guiar pelo labirinto de cômodos até chegarmos ao objetivo que é o quarto, no caso da casa, ou a estruturação e compreensão da frase, no caso do processamento sentencial.

Além desses modelos de processamento sentencial, temos o modelo conexionista da teoria da satisfação de condições (TSC), que é altamente interativo e não modular, baseado no sistema cerebral de redes neurais. Esse modelo argumenta que o caminho que seguimos no processamento de frases é guiado por uma constante e alta interação entre todos os tipos de informação, seja contextual, seja léxico-semântica e, fundamentalmente, informação relacionada à frequência de uso das frases e das palavras que as constituem e de suas estruturas sintáticas, ou seja, cada vez que usamos determinada estrutura isso contribui para que as condições de processamento sejam satisfeitas.

Mais uma vez voltando à metáfora da casa, é como se não existisse mais a estrutura física da construção, e sim só o caminho que nos leva até onde fica o quarto; para percorremos esse caminho, temos como guia a nossa experiência linguística que já fez e refez o mesmo circuito muitas e muitas vezes e, assim, quanto mais vezes percorremos o caminho, menos dificuldades teremos de processar as frases dentro de um contexto. Para exemplificar com uma evidência empírica a importância da frequência para esse modelo, temos a frase a seguir:

Um navio brasileiro entrava na baía de Guanabara um enorme rebocador.

Nessa frase, entramos em um efeito labirinto porque processamos o verbo como sendo o verbo "entrar" na terceira pessoa do singular do pretérito imperfeito; então, ao chegarmos ao sintagma "um enorme rebocador", temos um estranhamento e, reanalisando a frase, podemos perceber que o verbo da frase é "entravar" (= obstruir) na terceira pessoa do singular do presente do indicativo. Isso aconteceria, segundo o modelo de TSC, porque a frequência de uso do verbo "entrar" é muito mais alta do que a do verbo "entravar", e essa taxa alta de frequência faria com que seguíssemos o caminho mais provável: o de acessar a estrutura prevista para o verbo "entrar". Quando nos deparamos com uma estrutura diferente, surge o estranhamento e a necessidade de uma reanálise da frase.

Esses são três dos principais modelos de processamento sentencial que ilustram as vertentes teóricas que norteiam essa área da psicolinguística experimental. Como podemos ver, os modelos se dividem em vertentes que têm como foco central a sintaxe (modelo da

TGP) e que dialogam produtivamente com a teoria gerativa atual conhecida como programa minimalista, e em modelos conexionistas que têm como foco a semântica e que dialogam mais produtivamente com a teoria sociocognitiva (ver o capítulo "Linguística cognitiva").

Explorando a metodologia experimental: descrição de experimentos *off-line* e *on-line* em PB

Um tipo de frase que classicamente é estudada pela psicolinguística que investiga o processamento sentencial é a frase ambígua sintaticamente, ou seja, a frase que pode ter mais de uma interpretação em função da sua estrutura sintática ambígua. Veja a seguir dois exemplos desse tipo de frase:[11]

a) O policial viu o turista com o binóculo.
b) **A mãe suspeita do assassinato do filho** (e) vai para a delegacia.

A frase (a) pode ser interpretada de duas maneiras: o policial tinha um binóculo e, de posse do mesmo, viu o turista; e o policial viu o turista que portava um binóculo. Há nessa frase uma ambiguidade que só contextualmente poderia ser desfeita. Trata-se de uma ambiguidade estrutural permanente. Já na frase (b) temos uma ambiguidade local e temporária, ou seja, a ambiguidade não se mantém até o final da leitura da frase, permanece apenas até o momento em que se lê seu segmento final, que começa com a conjunção coordenativa "e", ou quando se nota a ausência dela. A ambiguidade dessa frase consiste na interpretação da palavra "suspeita" como um adjetivo, "a mãe que é suspeita", ou da interpretação da palavra "suspeita" como terceira pessoa do singular do presente do indicativo do verbo "suspeitar", "a mãe suspeita de alguma coisa". Com a conjunção, a interpretação é a de que "suspeita" é verbo, e sem a conjunção a interpretação é de que esse vocábulo é adjetivo. Esses são apenas dois exemplos de frases estruturalmente ambíguas que são utilizadas em experimentos psicolinguísticos na busca do entendimento dos processos mentais utilizados na hora em que se lê ou se ouve uma frase.

Existem muitos estudos em inglês sobre esse tipo de estrutura ambígua, mas nos ateremos aqui às pesquisas recentes em português. Dentre elas, iniciaremos focalizando as que investigam as sentenças relativas,[12] as tradicionalmente denominadas "orações subordinadas adjetivas", que foram investigadas por vários estudiosos do PB e que têm suscitado um interesse grande não só em inglês e em português, como em várias línguas do mundo, pois a partir da observação do processamento de sentenças relativas ambíguas pode-se estabelecer uma série de resultados interessantes que se convertem em reflexões relevantes para o arcabouço teórico da psicolinguística experimental. Vejamos então uma das frases utilizadas experimentalmente nesses vários estudos:

Alguém atirou no empregado da atriz que estava na varanda.

A pergunta seria: quem estava na varanda? Essa pergunta poderia ser respondida tanto com "o empregado é que estava na varanda" quanto com "a atriz é que estava na varanda", pois a sentença relativa "que estava na varanda" pode ser ligada a "empregado" ou a "atriz". Com base nessa ambiguidade estrutural, foram elaborados vários experimentos, usando uma vasta gama de procedimentos metodológicos, que capturaram a maior e a menor tendência entre as duas possibilidades de resposta, o que indicaria um caminho preferencial seguido no processamento.

Foi elaborada uma série de experimentos *off-line* que consistia na aplicação de um questionário em que várias frases com a mesma estrutura de (7) fossem lidas por sujeitos voluntários ao experimento que logo em seguida a cada frase respondiam à pergunta correspondente. Após a leitura e a resposta de um número determinado de pessoas, os resultados foram analisados estatisticamente, isto é, observando-se a probabilidade de a diferença – entre o número de respostas que acharam que era o empregado e o número de respostas que acharam que era a atriz que estava na varanda – não ter acontecido casualmente.

Nos experimentos *off-line* aplicados a falantes do PB, os resultados foram os seguintes: a maioria dos sujeitos respondeu que quem estava na varanda era o "empregado" e a minoria respondeu que era a "atriz". Isso é um indício de que os sujeitos que têm como língua materna o português brasileiro processam a sentença relativa ligada ao sintagma nominal "empregado" semelhante ao que acontece no espanhol e diferentemente do que ocorre no inglês em que os sujeitos tendem a ligar a relativa à "atriz".

Por ser um experimento *off-line*, não podemos dizer com esses resultados que o *parser*, ou processador sintático, tenha analisado exatamente dessa forma a estrutura sintática do tipo exemplificado, pois as respostas dadas são medidas ou capturadas depois que o processamento já ocorreu na mente dos sujeitos do experimento. Sendo assim, a partir desses resultados foram elaborados experimentos *on-line* para tentar capturar essa ligação ou aposição da sentença relativa com o sintagma nominal "empregado" na frase do exemplo anterior no curso do processamento, e não depois do seu término como nos experimentos baseados no estudo de questionário (*off-line*) anterior.

Para que essa aferição *on-line* possa ocorrer, utiliza-se, por exemplo, uma técnica experimental denominada *self-paced reading*, ou "leitura automonitorada" em português, em que se segmenta a frase e cabe ao sujeito a tarefa de ler cada segmento que aparece na tela de um computador, tendo, ele mesmo, o controle sobre o tempo de leitura de cada segmento, ao apertar um botão, sendo esse tempo registrado também pelo computador. Diferenças de tempo aferidas em um experimento (*on-line*) no curso do processamento podem indicar a maneira como as demandas cognitivas relacionadas à linguagem atuam, já que operações mais complexas cognitivamente demandam mais tempo do que outras mais simples, ou que possíveis dificuldades no processamento podem se materializar em uma demanda de tempo também maior.

Com esse procedimento é possível capturar efeitos durante a leitura da frase. Aplicando essa técnica experimental em sentenças relativas, temos frases experimentais (com ambiguidade temporária) do tipo (a) e frases de controle (sem ambiguidade) do tipo (b), a seguir:

a) Alguém atirou no empregado da atriz/ que estava na varanda/ com seu marido.

b) Alguém atirou na cabeça da atriz/ que estava na varanda/ com seu marido.

Com base em frases do tipo (a), as tarefas do experimento de leitura automonitorada são as seguintes: o sujeito aperta um botão e aparece na tela do computador o segmento "Alguém atirou no empregado da atriz"; em seguida ele aperta o mais rápido possível novamente o botão para continuar a leitura da frase, e aparece imediatamente o segmento seguinte "que estava na varanda"; após o mesmo procedimento aparece o último segmento "com seu marido", e então o sujeito aperta o botão finalizando a leitura. Esse procedimento é executado também com as frases de controle do tipo (b) em que não há ambiguidade. Para cada passo que o sujeito dá em sua leitura apertando o botão o tempo é medido em milésimos de segundo. Nas frases em questão, o último segmento é o crítico, ou seja, é o segmento em que o tempo medido é a base de dados para que se infira com que sintagma nominal a sentença relativa está sendo ligada durante o processamento, com "empregado" ou com "atriz".

O raciocínio é de que, se nas frases do tipo (a) a leitura do segmento "com seu marido" for feita em tempos semelhantes à leitura desse mesmo segmento em frases do tipo (b), isso indicaria que a aposição em (a) estaria sendo feita em favor de "atriz", e não de "empregado". Esse raciocínio é possível devido ao fato de que em (b), somente "atriz" pode ser interpretada como estando na varanda, enquanto que em (a) a ambiguidade entre "empregado" e "atriz" existe até a leitura do último segmento "com seu marido", que desambiguisa a frase em favor de "atriz" por meio de uma informação semântico-pragmática de que só a "atriz" pode ter marido. Ao obter essa informação com a leitura do segmento "com seu marido" na frase ambígua (a), o leitor que tiver feito a aposição da oração relativa com "empregado" terá algum tipo de efeito surpresa e terá que reanalisar a frase, ligando a oração relativa "que estava na varanda" a "atriz". Dessa maneira, se esperaria um tempo de leitura realmente maior no segmento "com seu marido" na leitura da frase do tipo (a) do que na leitura do mesmo segmento na frase do tipo (b). Dependendo então da semelhança ou da diferença entre os tempos de leitura do segmento "com seu marido" nas frases do tipo (a) e (b), podemos ter indícios de que tipo de ligação está sendo feita em relação à oração relativa "que estava na varanda" e podemos, a partir disso, tirar conclusões a respeito de qual modelo de processamento pode dar conta mais adequadamente do processamento desse tipo de estrutura.

O que os primeiros estudos[13] mostram em experimentos com estruturas semelhantes às que exemplificamos anteriormente é que, assim como os resultados

dos experimentos *off-line* demonstraram, a ligação preferencial em PB é pelo sintagma nominal "empregado", pois os tempos de leitura do segmento final em frases como a de (a) foram significativamente mais altos do que os tempos de leitura do mesmo segmento em frases do tipo (b). Dessa forma, até onde os estudos recentes mostram, o PB se enquadraria no mesmo grupo de línguas que o espanhol, o italiano, o francês, o alemão, o croata, o japonês, entre outras, que têm a mesma preferência de ligação (ou aposição) pelo sintagma "empregado" , diferentemente do outro grupo de línguas como o inglês, árabe, norueguês, romeno, sueco, entre outras, em que a preferência de ligação (ou aposição) é pelo sintagma nominal "atriz".

Outra área de interesse da psicolinguística experimental é a que investiga as relações referenciais entre elementos de uma frase ou de um texto. Essas relações são cruciais para a coesão e para a coerência textual/discursiva, já que servem como um mecanismo que evita uma série de redundâncias e repetições que sobrecarregariam a memória de trabalho se não existisse a possibilidade do estabelecimento de correferência (ou referir de novo) a partir de elementos linguísticos já mencionados em um texto, ou mesmo se não fosse possível fazer referência a elementos linguísticos estocados na memória lexical dos indivíduos por meio de outros elementos que ativam ou reativam na memória de trabalho esses referentes. Essa área é conhecida como processamento correferencial (ou processamento da correferência, ou, ainda, processamento anafórico) e tem origem já no início dos estudos psicolinguísticos. Em relação à compreensão de frases, Miller (1962), por exemplo, já discute o papel que o conhecimento gramatical desempenha nesse processo de correferência.

O estudo de Chang (1980) estabeleceu de modo pioneiro a chamada "realidade psicológica dos pronomes" do inglês, demonstrando que esses elementos possuem a propriedade de facilitar a compreensão de um sintagma nominal mencionado anteriormente. Os pronomes, por serem psicologicamente reais ou relevantes perceptualmente, provocariam na memória do leitor um efeito de reativação (*priming*) do referente denotado no sintagma nominal antecedente. Esse efeito será explicado mais adiante.

Em português já existem também estudos experimentais que mostram a relevância perceptual da correferência, seja ela estabelecida por pronomes, por categorias vazias, seja pela repetição de nomes ou, ainda, pela repetição de elementos relacionados semanticamente a um antecedente. Observemos o exemplo a seguir:

Ontem eu vi **o carro-i** de perto e... a) Eu achei **ele-i** bonito.
b) Eu **o-i** achei bonito.
c) Eu achei __-i bonito.
d) Eu achei **o carro-i** bonito.
e) Eu achei **o veículo-i** bonito.
f) Eu achei **o chevete-i** bonito.

Podemos observar no exemplo uma série de possibilidades no estabelecimento da correferência em PB entre o antecedente "o carro" e o pronome lexical "ele" em (a), o pronome oblíquo "o" em (b), a categoria vazia em (c), a repetição do nome "o carro" em (d), o hiperônimo "o veículo" em (e) e o hipônimo "o chevete" em (f). Existem estudos em psicolinguística experimental que investigaram algumas dessas formas de retomada correferencial em estruturas semelhantes a essas. Leitão (2005), por exemplo, mostrou a partir da técnica *on-line* de leitura automonitorada que, assim como em outras línguas já estudadas, os pronomes lexicais (ele ou ela), como em (a), são mais eficientes em termos de processamento da correferência do que os nomes repetidos, como em (d). O estudo mostrou também que hiperônimos, como em (e), são mais eficientes em termos de processamento do que hipônimos, como em (f).

Além da utilização do paradigma metodológico da leitura automonitorada no estudo do processamento da correferência em português, já explicado com os exemplos referentes às orações relativas, utilizamos também um paradigma baseado no efeito de reativação (ou *priming*, em inglês). Esse efeito tem como conceito básico a possibilidade de um estímulo linguístico ser capaz de facilitar o processamento de outros estímulos linguísticos. Por exemplo, se apresentamos a frase "ontem fui visitar minha avó doente no hospital" e depois mostramos a palavra "médico", essa palavra será processada mais rapidamente do que se tivéssemos apresentado a frase "ontem fui na escola para falar com a diretora sobre minha transferência" e depois mostrássemos a mesma palavra "médico". Por outro lado, a palavra "professor" seria processada mais rapidamente após a apresentação dessa última frase relacionada à escola.

A lógica, nesse caso, é que ocorre uma reativação (*priming*) semântica, ou seja, quando lemos a primeira frase sobre "hospital" e nos deparamos com a palavra "médico", relacionamos imediatamente as duas e por isso processamos a palavra "médico" mais rapidamente, pois a frase ativa em nossa memória uma série de palavras relacionadas a hospital, tais como "médico" e "enfermeira" por exemplo. Já a segunda frase, relacionada à escola, ativa em nossa memória palavras relacionadas semanticamente a ela, como "professor" e "aluno".

Esse exemplo ilustra uma reativação (ou *priming*) no nível semântico, mas podemos obter o mesmo efeito no nível morfológico, como, por exemplo, ao relacionarmos palavras a partir de sua estrutura morfológica ou da sua forma: "**canto**", "**can**teiro", "**cant**or", "en**cant**amento", etc.

Podemos também obter o mesmo efeito no nível sintático, o que ocorre no caso do estabelecimento da correferência do antecedente "o carro", do exemplo anterior, pela retomada com um pronome ou com uma categoria vazia – (a) e (c), respectivamente – que são capazes de reativar na memória de trabalho o antecedente "o carro".

Experimentos elaborados por Leitão (2005) e Maia (1994, 1997), utilizando o paradigma de reativação (*priming*), por exemplo, mostram resultados nessa direção, evidenciando que os pronomes e as categorias vazias são reais psicologicamente, ou seja, são relevantes perceptualmente, tendo um papel crucial em termos de processamento linguístico e, consequentemente, no estabelecimento da coesão e da coerência sintático/textual.

Uma outra técnica experimental muito usada nos estudos de psicolinguística é a que utiliza um aparelho denominado *eye-tracker*, ou "monitorador ocular" em português. Esse equipamento é capaz de localizar onde está o foco de visão no momento em que se está lendo uma frase ou um texto, ou mesmo quando figuras são vista. Além de localizar onde está o foco de visão, o aparelho mede em milésimos de segundo quanto tempo esse foco permanece em cada sílaba ou em cada palavra constituinte de uma frase ou texto. Devido à precisão desse equipamento, a sua utilização fornece resultados mais sensíveis do que a técnica de leitura automonitorada, pois são obtidas medidas em uma fase bem reflexa ou inicial da leitura. O aparelho também permite estudar os movimentos oculares regressivos, ou seja, os movimentos que os olhos fazem retroativamente quando estão lendo uma frase ou um texto.

Considerações finais

Como mencionamos no início do capítulo, a área da psicolinguística é vasta e vem crescendo a cada dia, seguindo as várias pesquisas executadas pelo mundo afora que vêm sendo facilitadas e aprofundadas graças às evoluções tecnológicas que permitem aferições mais precisas em relação ao processamento linguístico *on-line*. Também com base nesses avanços tecnológicos, tem havido uma aproximação forte entre as áreas da psicolinguística e da neurolinguística, pois, com equipamentos capazes de aferir reações cerebrais a estímulos linguísticos, a neurolinguística consegue determinar áreas no cérebro com maior ou menor ativação no momento da execução de tarefas especificamente linguísticas, o que permite uma rica e precisa aferição de dados referentes ao processamento.

Aqui neste capítulo apenas definimos alguns conceitos básicos relacionados ao estudo da psicolinguística, como o que é processamento linguístico e o que é o processador sintático (*parser*). Além disso, delineamos três dos principais modelos teóricos de processamento de frases que tentam dar conta das explicações a respeito de como o processamento é executado na mente das pessoas. Depois descrevemos de maneira genérica como são aplicados alguns tipos de técnicas experimentais no intuito de fornecer noções acerca da metodologia utilizada nos estudos de psicolinguística experimental: mostramos o que são experimentos *on-line* e *off-line*, descrevemos técnicas experimentais de questionário, de leitura automonitorada, de reativação (ou *priming*) e técnicas que utilizam o monitorador ocular (*eye-tracker*).

Os estudos sobre o processamento linguístico envolvendo vários tipos de estruturas estão em pleno vapor em várias partes do mundo, investigando uma série de línguas na busca de padrões e princípios universais envolvidos no processamento da compreensão e da produção da linguagem humana. Muito há que se descobrir ainda, mas o importante é frisarmos que o Brasil, por meio de vários de seus pesquisadores, faz parte do grupo de países que avança nas pesquisas em psicolinguística experimental do processamento linguístico, tanto na compreensão quanto na produção de frases, e avança também nas subáreas da psicolinguística que focalizam o processamento discursivo em que porções maiores que a sentença são estudadas.

Para finalizar, indicaremos alguns dos grupos de pesquisas que estão envolvidos com o estudo do processamento linguístico. Na Pontifícia Universidade Católica do Rio de Janeiro, temos o Laboratório de Psicolinguística e Aquisição da Linguagem (LAPAL), coordenado pela professora Letícia Maria Sicuro Corrêa; na Universidade Estadual de Campinas, temos o Laboratório de Fonética Acústica e Psicolinguística Experimental (LAFAPE), e na Universidade Federal do Rio de Janeiro (UFRJ), temos o Laboratório de Psicolinguística Experimental (LAPEX), coordenado pelo professor Marcus Maia, e na Universidade Federal da Paraíba, o Laboratório de Processamento Linguístico (LAPROL), coordenado pelo professor Márcio Leitão. Além desses laboratórios, temos pesquisadores isolados que desenvolvem trabalhos importantes na área da psicolinguística em várias partes do Brasil. Aqui não podemos deixar de citar o nome da professora Leonor Scliar-Cabral da Universidade Federal de Santa Catarina, pioneira nos estudos de psicolinguística no Brasil e ainda atuante na área, e o seu livro de *Introdução à psicolinguística* é sempre uma referência importante para quem se interessa por essa área de estudo.

Outro livro que não podemos deixar de destacar é o *Processamento da linguagem*, organizado pelo professor Marcus Maia da UFRJ e pela professora Ingrid Finger da UCPEL, que reúne uma série de artigos que fornece um panorama atualizado do que vem sendo feito na área de processamento linguístico no Brasil.

Exercícios

1) Com base na metodologia utilizada na psicolinguística experimental, responda:

   a) O que caracteriza as técnicas experimentais *on-line* e as técnicas *off-line*? Exemplifique.

   b) Por que as técnicas *on-line* são mais interessantes do que as *off-line* no que se refere aos estudos na área de processamento linguístico?

2) Observe a estrutura sintática da frase ambígua abaixo e responda às perguntas:

   Encontrei o amigo do porteiro que cantava no coral da escola.

   a) Quais as duas interpretações possíveis?

   b) Por que esse tipo de estrutura é relevante para os estudos de processamento sentencial?

3) Em que consiste a técnica experimental de reativação (*priming*) e como ela pode ser utilizada no estudo do processamento correferencial? Exemplifique.
4) Com a analogia utilizada no texto entre a estrutura de uma casa e a estrutura de uma sentença, explique as diferenças entre os três modelos de processamento sentencial presentes na literatura da área.
5) Como se deu o desprestígio da teoria da complexidade derivacional (DTC) que relacionava as transformações propostas pelo primeiro modelo gerativista com o custo de processamento em determinados tipos de sentença? Exemplifique.

Notas

1 Essa é a data da primeira edição em português. Em inglês, a data da primeira edição é 1985 com o título de *The Mind's New Science:* a history of cognitive revolution.

2 Os conceitos de *desempenho* e de *competência* são explicitados no capítulo "Gerativismo" deste livro.

3 Temos que mencionar aqui o capítulo sobre psicolinguística escrito por Ari Pedro Balieiro Jr., contido em Mussalim e Bentes (2001). Devemos, no entanto, ressaltar que o conteúdo tem um enfoque mais abrangente e só tangencia em alguns momentos a área de processamento linguístico.

4 Podemos citar como exemplo o trabalho que vem sendo feito no âmbito do Laboratório de Psicolinguística e Aquisição da Linguagem (LAPAL) da Pontifícia Universidade Católica do Rio de Janeiro, em que são executados experimentos sobre a aquisição do gênero de nomes novos em bebês, entre outros estudos que estabelecem uma ponte entre aquisição da linguagem e processamento linguístico (Name, 2002; Corrêa e Name, 2003).

5 Uma definição genérica de afasia encontra-se em Ortiz (2005): "[...] uma alteração no conteúdo, na forma e no uso da linguagem e de seus processos cognitivos subjacentes, tais como percepção e memória. Essa alteração é caracterizada por redução e disfunção, que se manifestam tanto no aspecto expressivo quanto no receptivo da linguagem oral e escrita, embora em diferentes graus em cada uma dessas modalidades. Tal dano cerebral ocorre, com maior frequência, em pacientes que sofrem um acidente vascular cerebral, ou seja, obstrução ou ruptura de vaso sanguíneo que nutre parte de um hemisfério cerebral".

6 As áreas de Broca e de Wernicke têm esses nomes em função dos primeiros estudos relacionados a esses tipos de distúrbio que foram feitos, respectivamente, por Paul Broca em 1861, e por Karl Wernicke em 1873.

7 Essa é uma das questões principais nos estudos sobre o processamento sentencial: saber em que momento no curso temporal os níveis sintático, prosódico e semântico-pragmático atuam e em que ordem essa atuação se dá, além de saber como se dá a interação entre esses níveis e em que momento ela ocorre e se há uma autonomia entre esses níveis ou se há uma interação constante e uma atuação simultânea dos mesmos.

8 Essa média de tempo referente à escrita foi estabelecida por estudos de Sperling (1960).

9 Essa média de tempo referente à fala foi estabelecida por estudos de Darvwin, Turvin e Crowder (1972).

10 Ver conceito de modularidade no capítulo "Gerativismo".

11 Essas estruturas foram estudadas com base em experimentos *off-line* e *on-line* em Maia et al. (1974).

12 Para maior detalhamento dos estudos sobre relativas em português, ver Ribeiro (1998, 2005), Maia e Maia (2005), Lourenço-Gomes, Maia e Moraes (2005), que serviram como referência para este capítulo.

13 Os primeiros estudos experimentais feitos no Brasil referentes às orações relativas, utilizando, como sujeitos voluntários, indivíduos monolíngues, falantes nativos do PB, foram realizados por Ribeiro (1998), e já no início foram encontrados resultados compatíveis com o espanhol, em que a preferência pela aposição é alta.

Linguística e ensino

Mariangela Rios de Oliveira
Victoria Wilson

Reservamos para a parte final deste livro um capítulo dedicado à interface linguística/ensino. Conforme vimos no capítulo "Linguística", um dos momentos em que os estudos linguísticos têm tentado contribuir no sentido de que seus resultados de pesquisa possam ter um retorno social, um caráter de maior "utilidade pública", digamos assim, é justamente quando estão voltados para as questões relativas ao ensino de língua, seja esta materna (L1) ou estrangeira (L2).

Dedicaremos este capítulo à exposição sobre as diferentes concepções de língua e gramática e seu impacto sobre o ensino de língua. Na verdade, não se trata de um capítulo específico sobre linguística aplicada (LA), ramo da linguística que se dedica ao estudo de vários aspectos relacionados à língua em situações reais de comunicação e interação, tais como o ensino de língua materna e estrangeira, as crenças, os valores e a questão do processo de construção de identidades em contextos institucionais variados, entre outros aspectos.

O ponto importante a ser ressaltado aqui é que a língua, sob a perspectiva da LA, é tomada em seu aspecto pragmático e interacional, centrada no uso do código, e não no código em si, o que implica pensar, segundo Moita Lopes (1998:52), "nas práticas de uso da linguagem em tempos, lugares, sociedades e culturas específicas, relações antes consideradas extralinguísticas, e, portanto, fora do escopo das ciências linguísticas".

Na seção que segue, trataremos das definições e concepções de língua e gramática e das implicações das referidas perspectivas e abordagens em relação ao ensino.

Concepções de linguagem

O primeiro desafio a ser superado na abordagem do binômio linguística/ensino é o de se chegar à resposta da seguinte pergunta: A partir de que concepção de linguagem serão tratadas as questões linguísticas? Conforme Geraldi (1997), esse é um ponto crucial e fundamental para a outra indagação que deve se constituir na reflexão maior dos docentes da área de letras: Para que os alunos aprendem o que aprendem nas salas de aula de língua?

Conforme vimos ao longo da unidade "Abordagens Linguísticas", há diversas e contrastivas, ou complementares, formas de pensar e compreender o fenômeno linguístico, cada qual com sua validade e contribuição para o maior conhecimento dessa entidade tão complexa. Ocorre que, ao fazermos opção por uma dessas maneiras de tratamento, estamos fazendo muito mais do que somente a eleição de uma perspectiva de abordagem. Automaticamente estamos aderindo a determinadas práticas e metodologias, a um aparato teórico específico e a objetos de análise mais ou menos definidos.

Assim, ao adotarmos um enfoque estruturalista – que vê a língua como um sistema virtual, abstrato, apartado das influências das condições interacionais – ou um enfoque gerativista – para o qual a gramática das línguas é um processo mental e inato, fundado num conjunto de princípios universais –, estamos, na verdade, assumindo uma concepção *formalista* de linguagem. Lidar com o fenômeno linguístico nessa perspectiva é tratá-lo de modo abstrato, considerando-o objeto único de investigação. De acordo com tal perspectiva, não importa à análise *quem*, *como*, *quando* ou *para que* (se) faz uso da língua, uma vez que o que está no foco da atenção é tão somente a própria estrutura linguística, de certa forma *descolada* de todas as interferências comunicativas que cercam sua produção e recepção.

Em termos de ensino, assumir uma concepção formalista significa considerar a linguagem uma entidade capaz de encerrar e veicular sentidos por si mesma, de expressar o pensamento. De modo geral, a vertente dos chamados "estudos tradicionais", incluídos aí os gramaticais, situam-se nessa perspectiva. A perspectiva formalista trata, assim, de uma concepção antiga e de forte prestígio, que concorreu e muito concorre ainda na formação dos docentes de letras. As noções de *certo* e de *errado*, as tarefas de análise linguística que ficam apenas no âmbito da palavra, do sintagma ou da oração, a atividade de interpretação de textos como o exercício da procura do *verdadeiro* sentido ou do que o autor quer dizer são poucos dos muitos exemplos que poderíamos citar de práticas envolvidas nas salas de aula sob a luz da concepção formalista da linguagem.

Outro contexto em que verificamos, numa distinta versão, a presença dessa concepção é o tratamento da linguagem como fenômeno de *comunicação e expressão*, com base no consagrado quadro de funções da linguagem proposto por Roman Jakobson, um dos mais importantes membros do Círculo Linguístico de Praga, comunidade acadêmica de tendência *funcionalista*. Ocorre que, embora para o Círculo a língua fosse concebida como um sistema funcional por conta do caráter de finalidade, de propósito comunicativo com que era tratada a atividade linguística, parece ter havido, em termos de ensino, certa incompreensão dessa proposta, com sua redução a um conjunto estruturado das seis "funções da linguagem".

Assim, na década de 1970, a influência desse tratamento chegou até a legislação oficial com a fixação do rótulo "comunicação e expressão" para referência ao ensino de língua materna no âmbito do "primeiro grau" de então, equivalente ao hoje denominado "ensino fundamental". Por conta da nova tendência, os livros didáticos passaram a incluir, ao lado da descrição fonético-fonológica e morfossintática da língua portuguesa, dos exercícios de leitura, de interpretação e de redação, um detalhamento dos elementos envolvidos na situação comunicativa – emissor, receptor, código, mensagem, canal e contexto.

Com base na centração ou preponderância da atuação de cada um desses elementos, foram apresentadas e classificadas as funções da linguagem, respectivamente: emotiva, conativa, metalinguística, poética, fática e referencial. Nos dias atuais, devido à incompreensão já mencionada por parte de pesquisadores, professores, autores de livros didáticos e legisladores, que reduziu a proposta de Jakobson a um esquema estruturado de seis funções, tendemos a compreendê-la como de caráter mais formal do que funcional. Embora sejam considerados os constituintes da situação comunicativa, esses elementos são descritos e tratados fora de contextos reais de interação, como entidades ideais, prontas a cumprir cada uma seu papel virtual sem maiores problemas ou interferências que possam abalar as condições de comunicação.

Dessa forma, apesar de os funcionalistas do Círculo de Praga terem alargado o foco de tratamento do fenômeno linguístico, os materiais didáticos restringiram as concepções de língua e código formuladas por Jakobson especialmente aos seis constituintes envolvidos na comunicação apenas, tratando-os estruturalmente e desvinculados dos aspectos interacionais, não superando a concepção formalista da língua. Vale ressaltar que "a contribuição de Jakobson para os estudos enunciativos se insere no campo daquilo que ele considera a "necessidade de revisão da hipótese monolítica da linguagem e o reconhecimento e da interdependência no interior de uma mesma língua" (Machado, 2001: 52).

Nos materiais didáticos de ensino de língua, geralmente o denominado "livro do professor", manual que traz as respostas aos exercícios do livro correspondente do aluno ou o conjunto de orientações didáticas para utilização do livro didático, ilustra também a concepção formalista da linguagem como instrumento de comunicação. Trata-se de um material que, em geral, propõe uma série de instruções para o procedimento do professor, desconsiderando maiores especificidades envolvidas na questão do ensino-aprendizagem, como a região onde se localiza a escola, o perfil do aluno e do professor, as condições histórico-culturais que cercam e marcam a experiência com a linguagem, entre muitas outras.

A outra vertente de concepção da linguagem, que contrasta com a que acabamos de apresentar, é a que podemos chamar, em termos gerais, de concepção *funcional e pragmática*. O que a marca é a visão do fenômeno linguístico como produto e processo da interação humana, da atividade sociocultural. Segundo tal concepção, os sentidos veiculados pelas estruturas da língua têm relação motivada, o que significa que estas são moldadas em termos daqueles. De modo geral, podemos dizer que do capítulo "Sociolinguística" ao capítulo "Linguística textual" encontramos uma concepção funcional, em que se destaca a questão do uso da linguagem como resultante das condições intra e extralinguísticas de sua produção e recepção. No âmbito da sociolinguística, por exemplo, as formas da língua são vistas como portadoras de marcas resultantes da interferência de fatores sociais, como escolaridade, localidade, sexo, profissão, entre outros. Nesse tipo de abordagem entendem-se os diversos usos linguísticos como contextos reveladores da pluralidade e diversidade de lugares sociais ocupados pelos membros de uma comunidade.

A influência da abordagem sociolinguística, também chamada "variacionista", no ensino de língua materna no Brasil tem história recente e mais efetiva, em termos gerais, a partir da última década do século XX. Há inúmeras publicações na área em torno da sociolinguística na sala de aula, tratando dos aspectos que dizem respeito às variações no uso da língua e sua relação direta com o ensino. Quando as aulas de português se voltam para a observação e análise de distintos e específicos usos linguísticos – como as gírias, os jargões profissionais, as marcas dialetais das diversas regiões brasileiras, entre outras manifestações –, relacionando esses usos com os fatores sociais que cercam os grupos que assim se expressam, assume-se uma forma específica de concepção funcional de linguagem.

Uma das grandes contribuições da abordagem variacionista para o ensino de língua foi a possibilidade efetiva de se superar o tratamento estigmatizado dos usos linguísticos por intermédio da consideração de que todas as expressões têm sua legitimação e motivação justificadas pela multiplicidade de fatores intervenientes do âmbito social. Com base nessa perspectiva, a chamada "norma culta" ou "língua padrão" passa a ser vista como mais uma variante de uso, uma forma de expressão tão eficiente como todas as outras que circulam na comunidade linguística, que assume a posição de forma modelar e exemplar do "bom" uso idiomático mais por razões extralinguísticas, ligadas à situação de prestígio (social, político, cultural, financeiro, por exemplo) do grupo que a detém. Assim, a norma culta passa a ser entendida como uma, entre outras tantas possíveis, marca de *status* social; seu domínio é entendido como o aprendizado de uma prática necessária à ocupação dos postos de prestígio, uma ferramenta capaz de concorrer para a ascensão a lugares de maior visibilidade e mérito social.

Outra contribuição efetiva da abordagem variacionista está relacionada com a formação de professores, notadamente os de língua materna. Por intermédio das contribuições da abordagem sociolinguística, pode o professor iniciar seu trabalho a partir dos usos de seus alunos, incorporando e valorizando essa expressão em suas aulas. Não nos esqueçamos de que, nos dias atuais, com a democratização do ensino em nível nacional, as chamadas "classes populares" têm acesso à escolarização, e esses grupos expressam-se por marcas linguísticas específicas muitas vezes distantes e distintas da chamada norma culta da língua, mas nem por isso menos eficientes ou linguisticamente inferiores.

Portanto, cabe à escola munir-se de instrumental teórico e metodológico eficiente para lidar com esses novos alunos, cidadãos brasileiros com direito a uma educação de qualidade. Nesse sentido, uma das primeiras tarefas da escola é a consideração dos usos linguísticos desses alunos como formas genuínas de expressão da língua portuguesa, convenientes e adequadas à sua inserção social. A partir da experiência educacional, deverão ser apresentadas as demais variantes sociolinguísticas do português, dentre as quais se destaca, como forma prestigiada de expressão, a norma culta, em sua modalidade falada e escrita, que cabe também à escola trabalhar, considerando sempre o caráter político e ideológico que recobre essa questão.

Infelizmente, os manuais didáticos, embora já apresentem a preocupação em apontar para os diferentes usos da língua, o fazem, em geral, de forma desvinculada das situações reais de comunicação, isto é, desconsiderando as relações entre língua e homem e entre este e seu meio social. O material didático disponível no mercado, em geral, ainda mantém a visão uniforme e homogênea da língua, seja na forma de concebê-la, seja no modo com que elabora os enunciados e estrutura as unidades.

As denominadas "correntes funcionalistas", apresentadas a partir do capítulo "Sociolinguística", inserem-se, como o próprio nome indica, nessa concepção funcional mais ampla. Dois pressupostos básicos orientadores da abordagem funcionalista podem ser considerados valiosos para a atividade de ensino de língua: a) os usos linguísticos são forjados e organizados nos contextos de interação, nas situações comunicativas e, a partir daí, se sistematizam para formar as rotinas ou padrões convencionais de expressão; b) as funções desempenhadas pela língua são motivadas por fatores externos, e é possível em alguns níveis de análise, como o textual e o morfossintático, se chegar à depreensão dessas funções.

Desse aparato teórico destacamos como subsídio ao ensino de língua a concepção de gramática, entendida, nesse contexto, como o conjunto de regularidades fixadas e definidas pela comunidade linguística como as formas ritualizadas de uso, ou seja, aquelas que se tornam rotineiras e se constituem como valor de troca e interação entre os usuários. Assim, quando, no trato dos conteúdos gramaticais, a escola privilegiar as questões mais regulares, as expressões de maior frequência, ou debruçar-se sobre uma investigação de categorias que passa do que é mais sistemático e geral para, posteriormente, lidar com as chamadas "exceções", ela estará efetivamente trabalhando com base num enfoque funcionalista.

Em termos de avaliação, esse entendimento de gramática pode responder satisfatoriamente a algumas questões sobre as quais refletem hoje os professores de língua, tais como: a) O que é "saber gramática"?; b) Para que conhecer e sistematizar os conteúdos gramaticais?; c) Como se verifica ou se avalia a aprendizagem de uma categoria gramatical – pelo conhecimento de seus representantes mais gerais ou dos casos raros, as exceções?

Como a abordagem funcionalista tem seu foco de investigação mais amplo, tratando não só dos constituintes que se limitam ao período, mas chegando à análise da instância textual, algumas das questões examinadas por essa abordagem são de interesse para as aulas de língua. Nos dias atuais, em que o magistério se pergunta como lidar com o texto em sala de aula sem transformá-lo em pretexto para continuar privilegiando antigas práticas de ensino de conteúdos gramaticais, a abordagem funcionalista pode realmente trazer alguma luz a essa indagação.

Com o advento da pragmática, a concepção funcional do ensino de língua enriquece-se pela incorporação, na investigação do fenômeno linguístico, de elementos constitutivos dos contextos externos de produção e de recepção da linguagem sob o ponto de vista da interação entre as pessoas. Ganham destaque os modos de dizer, as intenções (conscientes ou não) comunicativas, as informações implícitas, a eficácia do ato de fala, isto é, as condições de felicidade desse ato; enfim, privilegia-se o contexto extralinguístico e o ponto de vista do usuário da língua para se atingir os sentidos veiculados pelo texto.

Da abordagem pragmática podemos citar algumas contribuições relevantes para o ensino-aprendizagem de língua, como: a) os estudos sobre modalização, que focam não especificamente os conteúdos veiculados, mas os modos de produção e de organização do dizer; b) a investigação das formas de comportamento e expressão de sentimentos, calcadas na teoria da polidez, de acordo com a cultura de cada comunidade; c) a relevância do caráter interacional da linguagem, da necessária e previsível presença do outro, do interlocutor, a quem se dirige qualquer mensagem veiculada, em versão falada ou escrita.

À luz dessas perspectivas o professor passa a ser visto e também a agir como um mediador da tarefa de ensino-aprendizagem, deixando o lugar de centro, de primazia sobre um saber preconcebido uma vez que, assim como o saber é coconstruído, as relações humanas também o são, seja em que âmbito ocorram.

Numa perspectiva marcadamente interacional, como é hoje concebida e proposta a tarefa de ensino de língua, a abordagem funcional-pragmática tem muito a contribuir na formação dos professores, na conscientização do deslocamento de seu papel, que passa a ser o de intermediário da experiência com o uso linguístico. Notemos que não se trata da diminuição ou do desprestígio da tarefa de docência, mas da mudança na centração do grau e da amplitude dessa ação, que passa a recair no conjunto dos elementos envolvidos na atividade interacional, da qual faz parte o professor como um interlocutor privilegiado, um mediador mais experiente que irá concorrer para que seus alunos usem efetiva e eficientemente os recursos linguísticos a fim de produzirem e receberem textos com competência.

Mas, como afirmamos no início deste capítulo, se as concepções de língua e gramática se alteraram em função das novas abordagens e perspectivas adotadas em relação ao conhecimento teórico, estendendo-se para as noções de uso e interação, cabe também ao professor assumir o papel que de fato lhe diz respeito. O professor é leitor/(co)produtor de saberes, estudando e pesquisando, atualizando-se nas novas pesquisas que envolvem o seu trabalho a fim de optar por concepções de língua e gramática afinadas teórica e metodologicamente com os avanços científicos produzidos para, assim, desenvolver práticas de ensino transformadoras.

As dimensões social, funcional, interacional e pragmática incorporadas à noção de língua possibilitam a inclusão da noção de sujeito. Não se trata do sujeito teórico, mas de um sujeito real inserido em situações concretas, com papéis sociais múltiplos e diversificados, sobretudo aqueles pertencentes às sociedades urbanas e industrializadas e em constante processo de adaptação e readaptação.

Assumir uma perspectiva teórico-metodológica implica assumir crenças e valores a ela vinculados. Tais crenças e valores estão relacionados à questão de apropriação de conhecimento e à forma com que essa apropriação é realizada. No tocante à aquisição do conhecimento, é imprescindível lembrar que, se estamos reivindicando uma prática democrática de ensino, com uma perspectiva de língua distante do conceito de homogeneidade e idealização do modelo linguístico, é preciso ressaltar a importância do modo como tais práticas são apropriadas e incorporadas pelos alunos de diferentes classes sociais. É preciso haver espaço possível para a circulação de formas plurais de conhecimento e, consequentemente, de linguagem e de tantas competências pragmático-discursivas para quantas manifestações de comunicação e expressão houver. Como propõe Orlandi (1993: 93):

> Dessa maneira, considero que se deva, de um lado, reivindicar, politicamente, o direito de acesso ao conhecimento legítimo e, de outro, estabelecer condições para que se elaborem outras formas de saber que não sejam a mera reprodução do conhecimento dominante. Já que as diferentes formas de saber têm funções sociais distintas e que derivam sua diferença dos antagonismos das classes.

Exercícios

1) Para responder à questão que se segue, consulte um livro didático de sua escolha. Observe o modo como as unidades são apresentadas em termos da concepção sobre o trabalho de texto (interpretação), língua (gramática) e redação. Caso o livro seja assim concebido ou não (há obras em que essa divisão pode estar implícita), detenha-se particularmente na seção referente aos aspectos gramaticais da língua. Comente a respeito do modo como o autor do livro didático entende o fenômeno gramatical, ou melhor, como ele concebe o ensino de língua, justificando seus comentários com base em cada um dos tópicos citados a seguir.

a) Os manuais tradicionais, mesmo os mais recentes, descrevem somente a língua escrita e deixam de lado a língua falada, ou confundem os dois códigos.

b) Os manuais tradicionais, com frequência, detêm-se longamente em pontos secundários (abordando em particular o domínio da ortografia), mas negligenciam construções importantes.

c) Os manuais tradicionais apresentam definições, regras, explicações mais frequentemente de caráter lógico-semântico insuficientemente explícitas, ou mesmo equivocadas, e, portanto, pouco úteis ou perigosas.

d) Os manuais tradicionais apresentam definições e explicações que são muitas vezes incoerentes por se referirem a critérios de ordens diversas.

e) Os manuais tradicionais são caracterizados por uma fragmentação e uma dispersão nocivas das informações gramaticais.

(Roulet, *Teorias linguísticas, gramaticais e ensino de línguas*, 1972)

2) Levando em conta os tipos de concepção sobre o ensino de língua já estudados, como você caracterizaria a concepção proposta nos Parâmetros Curriculares Nacionais do ensino médio para o ensino da língua materna? Leia o que os Parâmetros Curriculares Nacionais definem como as competências a serem desenvolvidas em língua portuguesa no que tange à representação e informação:

a) Considerar a língua portuguesa como fonte de legitimação de acordos e condutas sociais e como representação simbólica de experiências humanas manifestas nas formas de sentir, pensar e agir na vida social.

b) Analisar os recursos expressivos da linguagem, relacionando textos/contextos, mediante a natureza, função, organização, estrutura, de acordo com as condições de produção/recepção (intenção, época, local, interlocutores participantes da criação e propagação de ideias e escolhas).

c) Confrontar opiniões e pontos de vista sobre as diferentes manifestações da linguagem verbal.

d) Compreender e usar a língua portuguesa como língua materna, geradora de significação e integradora da organização do mundo e da própria identidade.

(Parâmetros Nacionais Curriculares: ensino médio: Linguagens, códigos e suas tecnologias. Ministério da Educação. Brasília Ministério da educação/secretaria de educação Média e Tecnológica, 1999: 29.)

Bibliografia

Alkmin, Tânia. Sociolinguística – Parte i. In: Mussalim, F.; Bentes, A. C. (orgs.). *Introdução à linguística*: domínios e fronteiras. São Paulo: Cortez, 2001, pp. 21-47. (Volume 1).

Almeida, Guido. Resgatando a contribuição da sociolinguística laboviana. *D.E.L.T.A.*, v. 5. São Paulo: Educ, 1989, pp. 71-99.

Austin, J. L. *Quando dizer é fazer*: palavras e ações. Porto Alegre: Artes Médicas, 1990.

Bagno, Marcos; Gagné, Gilles; Stubbs, Michael. *Língua materna*: letramento, variação e ensino. São Paulo: Parábola, 2002.

Balieiro Jr., Ari Pedro. Psicolinguística. In: Mussalim, F.; Bentes, A. C. (orgs.). *Introdução à linguística*: domínios e fronteiras. São Paulo: Cortez, 2001. (Volume 2).

Batoréo, Hanna Jakubowicz. *Expressão do espaço no português europeu*: contributo psicolinguístcio para o estudo da linguagem e cognição. Coimbra: Fundação Calouste Gulbenkian/ Fundação para a Ciência e a Tecnologia, 2000.

Beaugrande, R.; Dressler, W. *Introduction to Text Linguistics*. London: Longman, 1981.

Beline, Ronald. A variação linguística. In: Fiorin, J. L. (org.). *Introdução à linguística*. São Paulo: Contexto, 2002, pp. 121- 40.

Berlinck, R. A.; Augusto, M. R.; Scher, A. P. Sintaxe. In: Mussalim, F.; Bentes, A. C. (orgs). *Introdução à linguística*: domínios e fronteiras. São Paulo: Cortez, 2001. (Volume 1).

Blomfield, Leonard. *Language*. New York: Holt, Rinehart & Winston, 1933.

Bolinger, Dwight. *Aspects of Language*. New York/Chicago/San Francisco/Atlanta: Harcourt Brace Jovanovich, inc, 1975.

________. *Meaning and Form*. London/New York: Longman, 1977.

Bouquet, Simon. *Introdução à leitura de Saussure*. São Paulo: Cultrix, 1997.

Bright, W. (org.). Sociolinguistics. 3. ed. *Proceeding of the ucia sociolinguistics conference*, 1964. Mouton: The Hague, 1966.

Brinton, Laurel J.; Traugott, Elizabeth Closs. *Lexicalization and language change*. Cambridge: Cambridge University Press, 2005.

Brown, P.; Levinson, S. *Politeness*: some universals in language usage. Cambridge: Cambridge University Press, 1987.

Callow, D.; Leite, Y. *Iniciação à fonética e à fonologia*. 2. ed. Rio de Janeiro: Jorge Zahar, 1993.

Camacho, Roberto Gomes. Sociolinguística Parte ii. In: Mussalim, F.; Bentes, A. C. (orgs.). *Introdução à linguística*: domínios e fronteiras. São Paulo: Cortez, 2001, pp 49-75. (Volume 1).

Câmara Jr, Joaquim Mattoso. *História da linguística*. Petrópolis: Vozes, 1975.

________. *Princípios de linguística geral*. Rio de Janeiro: Padrão, 1977.

Campos, Paulo Mendes. "Chatear" e "encher". In: *Para gostar de ler*. São Paulo: Ática, 1983, p. 35 (Volume 2).

Castilho, Ataliba T. de. O português do Brasil. In: Ilari, Rodolfo. *Linguística românica*. 3. ed. São Paulo: Ática, 2000.

CERBINO, Victoria Wilson C. *A manifestação de afeto em cartas de reclamação*. Rio de Janeiro, 2000. Tese (Doutorado em Linguística) – Pontifícia Universidade Católica do Rio de Janeiro.

CEZARIO, Maria Maura. *Corpus de fala infantil*. (Mimeo).

______. Alternância líquidas nos grupos consonantais. Abordagem variacionista em tempo real. *Anais do I Congresso da Assel-Rio*. Rio de Janeiro: PUC, 1991.

______. *A variação do sujeito na primeira pessoa do singular*. Rio de Janeiro, 1994. Dissertação (Mestrado) – Universidade Federal do Rio de Janeiro.

______. Aquisição de categorias funcionais segundo a hipótese maturacional. *Anais do VI Congresso da Assel-Rio*, Rio de Janeiro, 1996.

______. Sociolinguística. In: WILSON, V., MARTELOTTA, M.; CEZARIO, M. M. *Linguística*: fundamentos. Rio de Janeiro: CCAA, 2006.

CHAFE, Wallace. Givenness, contrastiveness definiteness, subjects topics and point of view. In: LI, Charles (ed.). *Subject and Topic*. New York: Academic Press, 1976.

______. *Discourse, consciousness and time*: the flow and displacement os conscious experience in speaking and writing. Chicago/London: University of Chicago Press, 1994.

CHANG, F. R. Active memory processes in visual sentence comprehension: cause, effects and pronominal reference. *Memory and Cognition*, n. 8, pp. 58-64, 1980.

CHAUI, Marilena. *Convite à filosofia*. São Paulo: Ática, 2001.

CHOMSKY, Noam. *Syntactic Structures*. Haia: Mouton, 1957.

______. *Reflexões sobre a linguagem*. São Paulo: Cultrix, 1980.

______. *O programa minimalista*. Tradução, apresentação e notas de Eduardo Raposo. Lisboa: Caminho, 1995.

______. Novos horizontes nos estudos da linguagem. In: PINGUELLI ROSA, Luiz; LEMLE, Miriam (coord.). *Noam Chosmky na UFRJ*. Rio de Janeiro: UFRJ, 1998.

______. Derivation by phase. *MIT Working Papers in Linguistics*, Cambridge, v. 18., 1999.

CHRISTIANO, Maria Elizabeth A.; SILVA, Camilo Rosa; HORA, Dermeval da (orgs.). *Funcionalismo e gramaticalização*: teoria, análise e ensino. João Pessoa: Ideia, 2004.

CORRÊA, Letícia Sicuro (org.). *Revista Palavra*, n. 6, Rio de Janeiro: Departamento de Letras, PUC-RJ, 2000. (Volume Temático II: Processamento linguístico e aquisição da linguagem).

CORRÊA, L. S.; NAME, M. C. The processing of determiner – Noum agreement and the identification of the gender of nouns in the early acquisition of Portuguese. *Jounal of Portuguese Linguistics*, v. 2, n. 1, pp. 39-44, 2003.

COSTA, Marcos Antonio. *Aspectos semântico-pragmáticos das construções de tópico*: por uma abordagem cognitivo-funcional. Rio de Janeiro, 2004. Tese (Doutorado em Linguística) – Universidade Federal do Rio de Janeiro.

COUTINHO, Ismael de Lima. *Gramática histórica*. Rio de Janeiro: Livraria Acadêmica, 1973.

CRYSTAL, David. *O que é linguística?* Rio de Janeiro: Ao Livro Técnico, 1981.

______. *The Cambridge encyclopedia of language*. Cambridge: Cambridge University Press, 1997.

CUNHA, Celso. *A questão da norma culta brasileira*. Rio de Janeiro: Tempo Brasileiro, 1985.

______.; CINTRA, L. *Nova gramática do português contemporâneo*. Rio de Janeiro: Nova Fronteira, 1985.

CUNHA, Maria Angélica Furtado da. *Transitividade e seus contextos de uso*. Rio de Janeiro: Lucerna, 2007.

CULPEPER, Jonathan. Towards an anatomy of impoliteness. *Journal of Pragmatics*, n. 25, pp. 349-67, 1996.

DARWIN, C. J.; TURVEY, M. T.; CROWDER, R.G. An auditory analogue of the sperling partial report procedure: evidence for brief auditory store. *Cognitive Psychology*, n. 3, pp. 255-67, 1972.

DASCAL, Marcelo (org.). *Fundamentos metodológicos da linguística*. Campinas: Edição Limitada, 1982. (Volume 4: Pragmática).

DIK, Simon C. *The Theory of Functional Grammar*. Berlin/New York: Mouton de Gruyter, 1977. (Parte 1: The structure of the clause).

DU BOIS, John W. Competing motivations. In: HAIMAN, John (ed.). *Iconicity in syntax*. Amstderdam/ Philadelphia: John Benjamnins, 1985.

DUCROT, O.; TODOROV, T. *Dicionário enciclopédico das ciências da linguagem*. São Paulo: Perspectiva, 1998.

ECO, Umberto. *Tratado geral de semiótica*. São Paulo: Perspectiva, 2000.

ELIA, Sílvio. *Sociolinguística*. Rio de Janeiro: Padrão, 1987.

FARACO, Carlos Alberto. *Linguística histórica*. São Paulo: Ática, 1991.

FARIA, Isabel Hub et al. *Introdução à linguística geral e portuguesa*. Lisboa: Caminho, 1996.

FAUCONNIER, Gilles. *Mappings in Thought and Language*. Cambridge: Cambridge University Press, 1997.

_______.; Sweetser, Eve. *Spaces, Worlds and Grammar*. Chicago/London: The University of Chicago Press, 1996.

_______.; Turner, Mark. *The Way We Think*: conceptual blending and the mind's hidden complexities. New York: Basic Books, 2002.

Fávero, Leonor L.; Koch, Ingedore V. *Linguística textual*: introdução. São Paulo: Cortez, 1994.

Ferrari, Lílian Vieira. A linguística cognitiva e o realismo corporificado: implicações filosóficas e psicológicas. *Veredas, Revista de Estudos Linguísticos*, n. 2, v. 5, pp. 23-9, jul./dez. 2001.

Fiorin, José Luiz (org.). *Introdução à linguística*. São Paulo: Contexto, 2002. (Volume i: objetos teóricos).

_______. *Introdução à linguística*. São Paulo: Contexto, 2002. (Volume ii: princípios de análise).

Fromkin, Victoria; Rodman, Robert. *Introdução à linguagem*. Coimbra: Livraria Almedina, 1993.

Furtado da Cunha, Maria Angélica; Oliveira, Mariângela Rios; Martelotta, Mário (orgs.). *Linguística funcional*: teoria e prática. Rio de Janeiro: dp&a, 2003.

_______. (org.). *Procedimentos discursivos na fala de Natal*: uma abordagem funcionalista. Natal: edufrn, 2000.

Gardner, H. *A Nova ciência da mente*: uma história da revolução cognitiva. Trad. Cláudia de Oliveira. São Paulo: Edusp, 1995.

Gennaro, C. *Semântica*. Campinas: Unicamp, 2003.

Geraldi, João Wanderley. *Portos de passagem*. São Paulo: Martins Fontes, 1997.

Givón, Talmy. *Syntax*: a functional-typological introduction. Amsterdam: John Benjamins, 1984, v. 1.

_______. *Syntax*: a functional-typological introduction. Amsterdam/Philadelphia: John Benjamins, 1990, v. 2.

_______. *Functionalism and Grammar*. Amsterdam/Philadelphia: John Benjamins, 1995.

_______. *Syntax*: an introduction. Amsterdam/Philadelphia: John Benjamins, 2001, v. 1.

_______. *Context as Other Minds*: the pragmatics of sociality, cognition and communication. Amsterdam/Philadelphia: John Benjamins, 2005.

Goffmann, E. *Interacional ritual*: essays on face to face behavior. New York: Pautton, 1967.

_______. *A representação do eu na vida cotidiana*. Petrópolis: Vozes, 1979.

_______. A elaboração da face. Uma análise dos elementos rituais da interação social. In: Figueira, S. (org.). *Psicanálise e ciências sociais*. Trad. I. Russo. Rio de Janeiro: Francisco Alves, 1980, pp. 76-114.

Goldberg, Adele E. *Constructions at work*: the nature of generalization in language. Oxford: Oxford University Press, 2006.

Gonçalves, Sebastião Carlos L.; Lima-Hernandes, Maria Célia; Casseb-Galvão, Vânia Cristina (orgs.). *Introdução à gramaticalização*. São Paulo: Parábola, 2007.

Gorski, Edair. *O tópico semântico-discursivo na narrativa oral e escrita*. Rio de Janeiro, 1994. Tese (Doutorado em Linguística) – Universidade Federal do Rio de Janeiro.

Greenberg, J. H. *Language universals*. The Hague Netherlands: Mouton, 1966.

Grice, H. P. Logic and conversation. In: Cole, P.; Morgan, J. (eds.). *Speech Acts*. New York: Academic Press, 1975. (Volume 3: syntax and semantics).

Guérrios, R. F. M. *Tabus linguísticos*. São Paulo: Companhia Ed. Nacional, 1979.

Gumperz, John J. *Discourse strategies*. Cambridge: Cambridge University. Press, 1982.

_______.; Hymes, D. (orgs.). *Directions in Sociolinguistics*: the ethnography of communication. New York: Holt, Rinehart and Winston, 1972.

_______. The etnography of communication. *American Anthropologist*, v. 66, 6, parte 2, 1964. (Special publication).

Halliday, M. A. K.; Hasan, R. *Cohesion in English*. London: Longman, 1976.

_______. *An introduction to functional grammar*. London: Edward Arnold, 1985.

Heine, Bernd; Claudi, Ulrike; Hünnemeyer, Friederike. *Grammaticalization*: a conceptual framework. Chicago: The University of Chicago Press, 1991.

_______.; Kuteva Tânia. *Language Contact and Grammatical Change*. Cambridge: Cambridge University Press, 2005.

_______; _______. *The changing languages of Europe*. Oxford: Oxford University Press, 2006.

_______; _______. *The genesis of grammar*: a reconstruction, 2007 (no prelo).

Holanda, Sérgio Buarque. *Raízes do Brasil*. São Paulo: Companhia das Letras, 1995.

Hopper, Paul J. Aspect and foregrounding in discourse. In: Givón, T. (ed.). *Syntax and Semantics*. New York: Academic Press, 1979. (Volume 12: Discourse and syntax).

_______. On some principles of grammaticization. In: Traugott; Heine (eds.). *Approaches to Grammaticalization*. Amsterdã: Benjamins, 1991, 2v.

________.; Thompson, Sandra. **Transitivity in Grammar and Discourse.** *Language*, v. 56, n. 2, jun. 1980, pp. 251-299.

________. Emergent grammar. In: Tomasello, Michael (ed.). *The New Psychology of Language*: cognitive and functional approaches to language structure. New Jersey/London: Lawrence Erlbaum Associates Publishers, 1998.

Hopper, Paul J.; Traugott, Elizabeth Closs. *Grammaticalization*. Cambridge: Cambridge University Press, 2003.

Hyams, N. *Discontinuous models of linguistic development*. Language Acquisition and the Theory of Parametres. Boston: D. Reidel Publishing Company, 1986.

Hymes, Dell. *Foundations in Sociolinguistics*: an ethnographic approach. London: Tavistock Publications Limited, 1977.

Ilari, Rodolfo. *Perspectiva funcional da frase portuguesa*. Campinas: Unicamp, 1987.

Jakobson, Roman. *Linguística e comunicação*. São Paulo: Cultrix, 1971.

Johnson, Mark. *The Body in the Mind*: the bodily basis of meaning, imagination and reason. Chicago: The University of Chicago Press, 1987.

Koch, Ingedore V. *A coesão textual*. São Paulo: Contexto, 1989.

________. *A inter-ação pela linguagem*. São Paulo: Contexto, 1992.

________. *Argumentação e linguagem*. 6. ed. São Paulo: Cortez, 2000 (1. ed. 1987).

Kristeva, Julia. *História da linguagem*. Lisboa:Edições 70, 1988 (Coleção Signos).

Labov, William. What can be learned about change in progress from synchronic descriptions? In: Snakoff, David; Cedergren, Henrietta (eds.). *Variation Omnibus*. Canada: Linguistic Research, Inc., 1981, pp. 177-99.

________. *The social stratification of English in New York*. Washington: Center of Applied Linguistics, 1966.

________. *The Social Stratification of English in New York City*. Washington: Center for Applied Linguistics, 1966.

________. *Sociolinguistics Patterns*. Philadelphia: University of Pennsylvania Press, 1972a.

________. *Language in the Inner City*. Philadelphia: University of Pennsylvania Press, 1972b.

Lakoff, George. *Women, Fire and Dangerous Things*: what categories reveal about the mind. Chicago/London: The University of Chicago Press, 1987.

________.; Johnson, Marc. *Philosophy in the Flesh*. New York: Basic Books, 1999.

________. *Metáforas da vida cotidiana*. São Paulo: Mercado de Letras/Educ, 2002.

Lakoff, Robin Tolmach. The logic of politeness. *Papers from the IX Regional Meeting of the Chicago Linguistics Society*. Chicago: Chicago University Press, 1974, pp. 292-305.

________. The logic of politeness; or minding your p´s and q´s. In: *Papers from the XIX Regional Meeting of The Chicago Linguistics Society*. Chicago, 1973, pp. 292-305.

Langacker, Ronald W. *A linguagem e sua estrutura*. Petrópolis: Vozes, 1972.

________. *Foundations of Cognitive Grammar*. Stanford: Stanford University Press, 1987. (Volume 1: Theoretical prerequisites).

________. *Foundations of cognitive grammar*. Stanford: Stanford University Press, 1991. (Vol 2: Descriptive application).

Leech, G. *Principles of Pragmatics*. New York: Longman, 1983.

Leitão, M. O *processamento do objeto direto anafórico no português brasileiro*. Rio de Janeiro, 2005. Tese (Doutorado em Linguística) – Universidade Federal do Rio de Janeiro.

________.; Maia, M. Processamento na interface sintaxe-semântica: objeto direto anafórico e traço de animacidade. In: Maia, M.; Finger, I. (orgs.). *Processamento da linguagem*. Pelotas: Educat, 2005.

Lemle, Miriam; Naro, Anthony Julius. *Competências básicas do português*. Rio de Janeiro, 1977. Relatório final de pesquisa apresentado às instituições patrocinadoras Fundação Movimento Brasileiro de Alfabetização (Mobral) e Fundação Ford.

Lepschy, Giulio C. *A linguística estrutural*. São Paulo: Universidade de São Paulo/Perspectiva, 1971.

Leroy, Maurice. *As grandes correntes da linguística moderna*. São Paulo: Cultrix, 1982.

Levinson, Stephen C. *Pragmatics*. Cambridge: Cambridge University Press, 1983.

Lobato, Lúcia Maria Pinheiro. *Sintaxe gerativa do português*: da teoria padrão à teoria da regência e ligação. Belo Horizonte: Vigília, 1986.

Lopes, Célia Regina dos Santos. *A inserção de a gente no quadro pronominal do português*. Madrid/Frankfurt: Iberoamericana/Vervuert, 2003.

Lopes, Edward. *Fundamentos da linguística contemporânea*. São Paulo: Cultrix, 1979.

LOURENÇO-GOMES, M. C.; MAIA, M.; MORAES, J. Prosódia implícita na leitura silenciosa: um estudo com orações relativas estruturalmente ambíguas. In: MAIA, M.; FINGER, I. (orgs.) *Processamento da linguagem*. Peklotas: Educat, 2005.

LYONS, John. *Introdução à linguística teórica*. São Paulo: Nacional/Universidade de São Paulo, 1979.

_______. *Linguagem e linguística*: uma introdução. Rio de Janeiro: Guanabara Koogan, 1987.

MACHADO, Irene A. Comunicação e estudos enunciativos: a contribuição de Roman Jakobson. In: BRAIT, Beth (org.). *Estudos enunciativos no Brasil*: histórias e perspectivas. Campinas/São Paulo: Pontes/Fapesp, 2001, pp. 87-106.

MAIA, M. *The Comprehension of Object Anaphora in Brazilian Portuguese*. Califórnia, 1994. Tese (Doutorado) – University of Southern Califórnia.

_______. A compreensão da anáfora objeto em português brasileiro. *Palavra*, v. 4, pp. 58-76, 1997.

_______.; FINGER, I. (orgs.). *Processamento da linguagem*. Pelotas: Educat, 2005.

_______.; MAIA, J. A compreensão de orações relativas por falantes monolíngues e bilingues de português e de inglês. In: MAIA, M.; FINGER, I. (orgs.). *Processamento da linguagem*. Pelotas: Educat, 2005.

MAIA, M. et al. O processamento de concatenações sintáticas em três tipos de estruturas frasais ambíguas em português. In: MALMBERG, Bertil. *As novas tendências da linguística*: uma orientação à linguística moderna. 2. ed. São Paulo: Companhia Editora Nacional, 1974.

MARCONDES, Danilo. *Filosofia, linguagem e comunicação*. São Paulo: Cortez, 1992.

MARCUSCHI, Luiz Antonio. *Análise da conversação*. São Paulo: Ática, 1991.

MARTELOTTA, Mário E.; VOTRE, Sebastião J.; CEZARIO, Maria Maura. *Gramaticalização no português do Brasil*: uma abordagem funcional. Rio de Janeiro: Tempo Brasileiro, 1996.

_______. Funcionalismo e cognição. In: FURTADO DA CUNHA, Maria Angélica. *Linguística funcional*: a interface linguagem e ensino. Natal: EDUFRN, 2006.

MARTINET, André. *A linguística sincrônica*. Rio de Janeiro: Tempo Brasileiro, 1974.

_______. *Elementos de linguística geral*. Rio de Janeiro: Martins Fontes, 1978.

_______. *Função e dinâmica das línguas*. Coimbra: Almeina, 1995.

MARTINS, Helena. Sobre linguagem e pensamento no paradigma experiencialista. *Veredas, Revista de Estudos Linguísticos*, n.1, v. 6, jan./jun. 2002, pp. 75-90.

MEHLER, Jacques; DUPOUX, Emmanuel. *Nascer humano*. Lisboa: Instituto Piaget, 1990.

MEILLET, A. *Linguistique historique et linguistique genérale*. Paris: Klincksieck, 1926.

MENDONÇA, Marina Célia. Língua e ensino: políticas de fechamento. In: MUSSALIM, F.; BENTES, A. C. (orgs.). *Introdução à linguística*: domínios e fronteiras. São Paulo: Cortez, 2001.

MENDES, Ronald Beline (org.). *Passando a palavra*: uma homenagem a Maria Luiza Braga. São Paulo: Paulistana, 2007.

MILLER, G. A. Some psychological studies of grammar. *American Psychologist*, 17, 1962, pp. 748-62.

MIOTO, C. et al. *Novo manual de sintaxe*. Santa Catarina: Insular, 2005.

MOERI, A. C. Fonologia. In: MUSSALIM, F.; BENTES, A. C. (orgs.). *Introdução à linguística*: domínios e fronteiras. São Paulo: Cortez, 2001, v. 1, pp. 23-64.

MOITA LOPES, Luiz Paulo da. *Oficina de linguística aplicada*: a natureza social e educacional dos processos de ensino/aprendizagem de língua. Campinas: Mercado de Letras, 1998.

MOLLICA, Maria Cecília; BRAGA, Maria Luiza. *Introdução à sociolinguística*: o tratamento da variação. São Paulo: Contexto, 2003.

_______. (org.). *Introdução à sociolinguística variacionista*. Rio de Janeiro: UFRJ, 1996. (Cadernos didáticos).

_______. *Influência da fala na alfabetização*. Rio de Janeiro: Tempo Brasileiro, 1998.

_______.; PAIVA, Maria da Conceição de. *Condicionamentos sociais na alternância das líquidas na fala carioca*. Rio de Janeiro, 1987. (Mimeo).

MONTEIRO, José Lemos. *Para compreender Labov*. Petrópolis: Vozes, 2000.

MOUNIN, Georges. *A linguística do século XX*. Portugal/Brasil: Editorial Presença/Martins Fontes, 1972.

MUSSALIM, F.; BENTES, A.C. (orgs). *Introdução à linguística*: domínios e fronteiras. São Paulo: Cortez, 2001.

NAME, M. C. L. *Habilidades perceptuais e linguísticas na identificação do sistema gênero no português*. Tese (Doutorado) – Rio de Janeiro, PUC-Rio, 2002.

NEGRÃO, E.; SCHER, A.; VIOTTI, E. A competência linguística. In: FIORIN, J. L. (org.). *Introdução à linguística*. São Paulo: Contexto, 2002, v. 1.

________. Sintaxe: explorando a estrutura da sentença. In: Fiorin, J. L. (org.). *Introdução à linguística*. São Paulo: Contexto, 2003, v. 2.

Neves, Maria Helena de Moura. *A gramática funcional*. São Paulo: Martins Fontes, 1997.

________. *Gramática de usos do português*. São Paulo: Unesp, 2000.

Newmayer, Frederick J. *The opposition to autonomus linguistics*. The Politics of Linguistics. Chicago: The University of Chicago Press, 1986, pp. 99-126.

Nöth, Winfried. *Panorama da semiótica*: de Platão a Peirce. São Paulo: Annablume, 1998.

Oliveira, Maria do Carmo Leite. Polidez: uma estratégia de dissimulação. Análise de cartas de pedido em empresas brasileiras. Rio de Janeiro, 1992. Tese (Doutorado em Linguística) – Pontifícia Universidade Católica do Rio de Janeiro.

Oliveira, Mariângela Rios de. *Repetição em diálogos*: análise funcional da conversação. Niterói: Eduff, 1998.

________.; Coelho, Victoria. Linguística funcional aplicada ao ensino do português. In: Cunha, M. A. F.; Oliveira, M. R.; Martelotta, M. E. (orgs.). *Linguística funcional*: teoria e prática. Rio de Janeiro: DP&A/Faperj, 2003.

Oliveira e Silva, Giselle M. de; Votre, Sebastião J. Estudos sociolinguísticos no Rio de Janeiro. *D.E.L.T.A.*, 7. São Paulo: Educ, 1991, pp. 357-76.

________.; Scherre, Maria Marta Pereira. *Padrões sociolinguísticos*. Rio de Janeiro: Tempo Brasileiro, 1996.

Orlandi, Eni. *Discurso e leitura*. São Paulo: Cortez, 1993.

Ortiz, K. Z. (org.). *Distúrbios neurológicos adquiridos*. Barueri: Manole, 2005.

Papi, Marcella Bertuccelli. *Que és la pragmática*. Barcelona: Paidós, 1996.

Parâmetros Curriculares Nacionais. *Língua portuguesa*. Secretaria de Educação fundamental. Rio de Janeiro: DP&A, 2000.

Paredes da Silva, V. L. P. *Cartas cariocas*: a variação do pronome na escrita informal. Rio de Janeiro, 1988. Tese (Doutorado em Linguística) – Universidade Federal do Rio de Janeiro.

Paveau, Marie-Anne; Sarfati, Georges Élia. *As grandes teorias da linguística*: da gramática comparada à pragmática. São Carlos: Claraluz, 2006.

Pedersen, Holger. *Linguistic Scince in the Nineteenth Century*: methods and results. Cambridge: Harvard University Press, 1931.

Peirce, Charles S. *Semiótica*. São Paulo: Perspectiva, 1999.

Piaget, J. *A formação do símbolo na criança*: imitação, jogo e sonho, imagem e representação. Rio de Janeiro: Zahar, 1978a.

________. A psicogênese dos conhecimentos e seu signficado epistemológico. In: Piatelli-Palmarini (org.). *Teorias da linguagem, teorias da aprendizagem*: o debate entre Jean Piaget e Noam Chomsky. Rio de Janeiro: Zahar, 1978b.

________.; Inhelder, B. *A psicologia da criança*. Rio de Janeiro: Bertrand Basil, 1990.

Pietroforte, Antonio V. A língua como objeto da linguística. In: Fiorin, J. L. (org.). *Introdução à linguística*. São Paulo: Contexto, 2002, pp.75-94. (Volume ?)

Pinker, Steven. *O instinto da linguagem*: como a mente cria a linguagem. São Paulo: Martins Fontes, 2002.

Pinto, Joana Plaza. Pragmática. In: Mussalim, Fernanda; Bentes, Anna C. (orgs.). *Introdução à linguística*: domínios e fronteiras. São Paulo: Cortez, 2001. (Volume 2).

Radford, A. *Syntactic Theory and the Acquisition of English Syntax*. Oxford: Blackwell Publishers, 1993.

Raposo, Eduardo Paiva. *Teoria da gramática*: a faculdade da linguagem. Lisboa: Caminho, 1992.

Ribeiro, A. *Um caso de não aplicação preferencial do princípio de late closure*. Rio de Janeiro, 1998. (Manuscrito).

________. Late closure em parsing no português do Brasil. In: Maia, M.; Finger, I. (orgs.). *Processamento da linguagem*. Pelotas: Educat, 2005.

Rios de Oliveira, Mariângela. *Repetição em diálogos*: análise funcional da conversação. Niterói: EDUFF, 1998.

Risso, Mercedes. Aspectos textuais-interativos dos marcadores discursivos de abertura *bom, bem, olha, ah,* no português culto falado. In: Neves, M. H. (org.). *Gramática do português falado*. São Paulo/Campinas: Humanitas-FFLCH-USP/Unicamp, 1999, pp. 259-96. (Volume 7: Novos estudos).

Robins, R. H. *Pequena história da linguística*. Rio de Janeiro: Ao Livro Técnico, 1983.

Rocco, M. T. Oral e escrito: secções e intersecções. *Leitura*: teoria e prática, n. 14. Porto Alegre: Mercado Aberto, 1989 pp. 24-31.

Rocha Lima, Carlos Henrique da. *Gramática normativa da língua portuguesa*. Rio de Janeiro: José Olympio, 1976.

Romaine, Suzanne. *Socio-Historical Linguistics*: its status and methodology. Cambridge: Cambridge University Press, 1982.

RONCARATI, Cláudia; ABRAÇADO, Jussara (orgs.). *Português brasileiro*: contato linguístico, heterogeneidade e história. Rio de Janeiro: 7Letras, 2003.

ROULET, Eddy. *Teorias linguísticas, gramáticas e ensino de línguas*. São Paulo: Pioneira, 1972.

ROXO, Maria do Rosário; WILSON, Victoria. *Entretextos*: leitura e produção de textos em língua portuguesa. São Paulo: Moderna, 1995. (Caderno do professor).

SABINO, Fernando. *A mulher do vizinho*. Rio de Janeiro/São Paulo: Record, 1962.

SACKS, H.; SCHEGLOFF, E.; JEFFERSON, G. A simplest systematics for the organization of turn-taking for conversation. *Language*, n. 50, 1974, pp. 696-735.

SALOMÃO, Maria Margarida Martins. A questão da construção do sentido e a revisão da agenda dos estudos da linguagem. *Veredas, Revista de Estudos Linguísticos*, n.1,v. 3, jan./jun. 1999, pp. 63-74.

______. Gramática das construções: a questão da integração entre sintaxe e léxico. *Veredas, Revista de Estudos Linguísticos*, n.1, v. 6, jan/jun. 2002, pp. 63-74.

SANDALO, F. Morfologia. In: MUSSALIM, Fernanda; BENTES, Anna C. (orgs.). *Introdução à linguística*: domínios e fronteiras. São Paulo: Cortez, 2001. (Volume 1).

SANKOFF, Gillian e BROWN, Penélope. The origins of syntax in discourse: a case study of Tok Pisin relatives. *Language*, v. 52, n. 3, set. 1976, pp. 631-666.

SANTOS, R. A aquisição da linguagem. In: FIORIN, J. L. (org.). *Introdução à linguística I*. São Paulo: Contexto, 2002.

SANTOS, Leonor Werneck dos. *A articulação textual na literatura infantil e juvenil*. Rio de Janeiro: Lucerna, 2003.

SAUSSURE, Ferdinand de. *Curso de linguística geral*. São Paulo: Cultrix, 1975.

SCARPA, E. M. Aquisição da linguagem. In: MUSSALIM, Fernanda; BENTES, Anna C. (orgs.). *Introdução à linguística*: domínios e fronteiras. São Paulo: Cortez, 2001. (Volume 2).

SCHIFFRIN, Deborah. *Approaches to Discourse*. Oxford/Cambridge: Blackwell, 1994.

SCLIAR-CABRAL, Leonor. *Introdução à psicolinguística*. São Paulo: Ática, 1991.

SEARLE, John R. A classification of illocutioanry acts. *Language in Society*, n. 5. Londres: Cambridge University Press, 1976, pp. 1-23.

______. *Os actos de fala*. Coimbra: Almedina, 1984.

SIGNORINI, Inês; CAVALCANTI, Marilda (orgs.). *Linguística aplicada e transdisciplinaridade*: questões e perspectivas. Campinas: Mercado de Letras, 1996.

SILVA, Thaïs Cristófaro. *Fonética e fonologia do português*: roteiro de estudos e guia de exercícios. São Paulo: Contexto, 1999.

SKINNER, B. F. *O comportamento verbal*. São Paulo: Cultrix, 1978.

SLOBIN, Dan Isaac. *Psicolinguística*. São Paulo: Nacional/Edusp, 1980.

SOARES, S. S. *Aquisição de flexão verbal no português como primeira língua*: hipótese maturacional x continuidade. Rio de Janeiro, 2001. (Mimeo).

SPERLING, G. The information available in brief visual presentations. *Psychological Monographs*: general and applied, 74, 11, 1960, pp. 1-30.

TAYLOR, John. *Linguistic categorization*: prototypes in linguistic theory. Oxford: Clarendon Press, 1995.

TARALLO, Fernando. *A pesquisa sociolinguística*. São Paulo: Ática, 1986.

______. A estrutura na variação: do falante-ouvinte ideal ao falante ouvinte real. *D.E.L.T.A.*, n. 5. São Paulo: Educ, 1990a, pp. 195-222.

______. *Tempos linguísticos*: itinerário histórico da língua portuguesa. São Paulo: Ática, 1990b.

______. Debate a Oliveira e Silva e Votre. *D.E.L.T.A.*, n. 7. São Paulo: Educ, 1991, pp. 377-93.

TOMASELLO, Michael (ed.). *The new psychologie of language cognitive and functional approaches to language structures*. New Jersey/London: Lawrence Erlbaun Associates Publishers, 1998, v. 1.

______.; *The cultural origins of human cognition*. Cambridge/ London: Harvard University Press, 1999.

______. (ed.). *The new psychologie of language cognitive and functional approaches to language structures*. New Jersey/ London: Lawrence Erlbaun Associates Publishers, 2003. (Volume 2).

______. *Origens culturais do conhecimento humano*. São Paulo: Martins Fontes, 2003.

TRAUGOTT, Elizabeth Closs; ADSHER, Richard B. *Regularity in semantic change*. Cambridge: Cambridge University Press, 2005.

TRAVAGLIA, Luiz Carlos; KOCH, Ingedore Villaça. *A coerência textual*. São Paulo: Cultrix, 1992.

TRUDGILL, Peter. *Sociolinguistics*: an introduction. Great Britain: Penguin Books, 1974.

ULLMANN, Stephen. *Semântica*: uma introdução à ciência do significado. Lisboa: Fundação Calouste Gulbebkian, 1964.

Ungerer, Friedrich; Schmid, Hans-Jörg. *An introduction to cognitive linguistics*. London/New York: Longman, 1996.

Urbano, Hunilson. Marcadores conversacionais. In: Preti, Dino. *Análise de textos orais*. São Paulo: FFLCH/USP, 1993, pp. 81-101.

Van Dijk, T. A. Macro-speech acts. *Text and context*. London: Longman, 1977, pp. 232-42.

Verissimo, L. F. *Seleção de crônicas do livro "Comédia da vida privada"*. Porto Alegre: L&PM, 1996.

Votre, Sebastião Josué. Linguística e educação, ou por uma teoria da atividade linguageira em sala de aula. In: Passegi, L.; Oliveira, M. do S. (orgs.). *Linguística e educação*: gramática, discurso ensino. São Paulo: Terceira Margem, 2001, pp. 9-54.

_________.; Cezario, Maria Maura; Martelotta, Mário E. *Gramaticalização*. Rio de Janeiro: Faculdade de Letras UFRJ, 2004.

_________.; Oliveira, M. R. *"Corpus" Discurso & Gramática*: a língua falada e escrita na cidade de Niterói. Niterói, 1998. (Inédito).

Vygotsky. L. S. *A formação social da mente*: o desenvolvimento dos processos psicológicos superiores. São Paulo: Martins Fontes, 1996a.

_________. *Pensamento e linguagem*. São Paulo: Martins Fontes, 1996b.

Werner, Heinz; Kaplan, Bernard. *Symbol-formation*: an organismic developmental approach to language and the expression of thought. New York/London/Sidney: Wiley, 1963.

Wenreich, U.; Labov, W.; Herzog, M. Empirical foundations for a theory in language change. In: Lehmann, W. P.; Malkiel, Yakov (eds.). *Directions for historical linguistics*. Austin: University of Texas Press, 1968, pp. 95-188.

Wilson, Victoria; Martelotta, Mário Eduardo; Cezario, Maria Maura. *Linguística: fundamentos*. 1. ed. Rio de Janeiro: CCAA, 2006.

Yule, George. *Pragmatics*. Oxford: Oxford University Press, 1996.

O organizador

Mário Eduardo Martelotta

Doutor em Linguística pela Universidade Federal do Rio de Janeiro (UFRJ), foi professor dessa disciplina na mesma universidade, além de coordenador geral do Grupo de Estudos Discurso & Gramática e membro do *Projeto para a história do português brasileiro*. Organizou e escreveu em coautoria diversos livros de destaque na área.

Os autores

Angélica Furtado da Cunha

Doutora em Linguística pela UFRJ e professora dessa disciplina na Universidade Federal do Rio Grande do Norte (UFRN). Tem dois pós-doutorados nos Estados Unidos com a orientação de Sandra Thompson. Coordenadora do Grupo de Estudos Discurso & Gramática da UFRN. É organizadora de livros na área.

Eduardo Kenedy

Doutor e mestre em Linguística pela UFRJ, licenciado em Letras pela UFF. Professor de Linguística da UFF, atua em cursos de graduação e no Programa de Pós-graduação em Estudos da Linguagem. É coordenador do Laboratório de Psicolinguística da UFF.

Mariangela Rios de Oliveira

Doutora em Letras Vernáculas/Língua Portuguesa pela UFRJ e professora dessa disciplina na Universidade Federal Fluminense (UFF). Coordenadora do Grupo de Estudos Discurso & Gramática e do Programa de Pós-Graduação em Letras da UFF. Autora e organizadora de livros e revistas científicas na área.

Maria Maura Cezario

Doutora em Linguística pela UFRJ e professora dessa disciplina também na mesma universidade. Atual Chefe do Departamento de Linguística e Filologia e coordenadora do Grupo de Estudos Discurso & Gramática. É organizadora e coautora de importantes obras na área.

Márcio Martins Leitão

Doutor em Linguística pela UFRJ. Membro do grupo de pesquisa Laboratório de Psicolinguística Experimental (Lapex) da UFRJ/CNPq. Professor da Universidade Federal da Paraíba (UFPB). Tem trabalhos publicados também na área de linguística histórica e linguística funcional.

Marcos Antonio Costa

Doutor em Linguística pela UFRJ e professor dessa disciplina na UFRN. Desenvolve atualmente pesquisa em torno de aspectos semântico-pragmáticos relacionados a diferentes processos de referenciação. Autor de capítulos e artigos diversos na área da morfossintaxe da língua portuguesa.

Roza Palomanes

Mestra e doutoranda em Linguística pela UFRJ. Possui especialização em Língua Portuguesa e ensino de língua materna, pela UERJ, além de contar com 22 anos de experiência na rede pública de ensino. Atualmente trabalha em uma escola municipal, onde vem desenvolvendo projetos voltados para a prática da leitura e escrita, dois deles contemplados com indicações para publicação pelo Prêmio Anísio Teixeira de 2005 e 2006. Além dessas publicações, é autora de vários artigos em revistas eletrônicas e coautora de artigos publicados em revistas científicas de sua área de atuação.

Victoria Wilson

Doutora em Linguística pela Pontifícia Universidade Católica do Rio de Janeiro e professora dessa disciplina na Faculdade de Formação de Professores da UERJ. Autora e coautora de artigos e livros na sua área de atuação.

GRÁFICA PAYM
Tel. [11] 4392-3344
paym@graficapaym.com.br